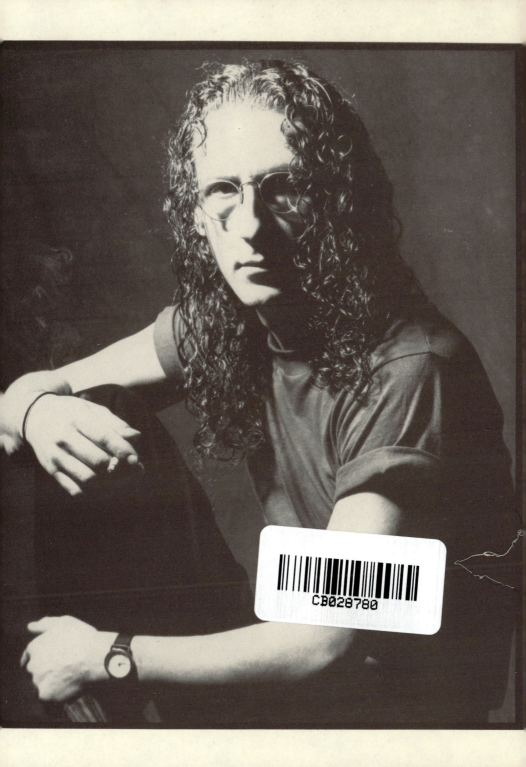

Foto: Gilda

um encenador de si mesmo:
gerald thomas

Signos 21

Coleção Signos	Dirigida por Haroldo de Campos
Supervisão editorial	J. Guinsburg
Assessoria editorial	Plinio Martins Filho
Revisão	Ingrid Basílio
Capa e projeto	Adriana Garcia
Produção	Ricardo Neves
	Sérgio Coelho

um encenador de si mesmo:
gerald thomas

SÍLVIA FERNANDES E J. GUINSBURG (ORGS.)

Copyright © by Editora Perspectiva 1996

Dados Internacionais de Catalogação na Publicação (CIP)
(Câmara Brasileira do Livro, SP, Brasil)

Um Encenador de Si Mesmo: Gerald Thomas/Sílvia Fernandes
e J. Guinsburg (orgs.) — São Paulo: Perspectiva, 1996. —
(Signos; v. 21)

ISBN 85-273-0095-8

1. Teatro Brasileiro — História e crítica   2. Thomas, Gerald — Crítica e interpretação   I. Fernandes, Sílvia.   II. Guinsburg, Jacó, 1921-III. Série.

96-4215   CDD-869.9209

Índices para catálogo sistemático:

1. Teatrólogos : Literatura brasileira : História e crítica   869.9209

Direitos reservados à
EDITORA PERSPECTIVA S.A.
Av. Brigadeiro Luís Antônio, 3025
01401-000 — São Paulo — SP — Brasil
Telefone: (011)885-8388
Fax: (011)885-6878
1996

SUMÁRIO

Um Artista e seus Filtros
Sílvia Fernandes e J. Guinsburg   11

I. DE GERALD THOMAS   21

O Diretor   23
Gerald Thomas e a Arte da Encenação   28
Brecht   36
Happy Birthday, Sam   38
Diretor Espremeu Impressionismo até os Ossos   42
Autor Traz Clássicos à Escrotidão do Dia-a-Dia   45
Heiner Müller — Morto   47
Heroísmo Sobrevive na Arte do Wooster Group   52
O Século XX Travestiu a Inocência da Criação   58
Royal Shakespeare   64
O Blá-Blá-Blá na Ribalta   68

Sobre Nelson Rodrigues	*74*
É o Maior Espetáculo da Terra	*79*
Antunes Encena Obsessão Perversa	*84*
Misterioso Vírus Webern	*88*
Doutor Fausto	*94*
Fausto Hoje	*100*
A Ficção Cinemática	*104*
True Lies	*111*
Travolta Surfa a Bomba Nuclear	*115*
A Diluição da Identidade do Homem Globalizado	*121*
Joguem essas Pedras, meus Amores	*128*
A Publicidade é a Extrema-Unção do Modernismo	*134*
A Porta Aberta da Internet	*138*
Minha Máscara Caiu na Esquina	*143*
Germânias	*148*
Let it Bleed	*154*
Mestre Cláudio	*159*
Menino, Você Esteve com Ele?	*162*
A Bandeira de Lugar Nenhum	*168*

II. GERALD THOMAS EM CARTAZ *175*

III. SOBRE GERALD THOMAS *193*

   1. Digressão ao Redor de um Inventor de Si Mesmo
      Alberto Guzik *195*

2. Gerald Thomas Joga Tragédia Grega no Urinol
   Haroldo de Campos — *212*
3. Thomas Liberta Carmem de seu Mito de Origem
   Haroldo de Campos — *215*
4. A M.O.R.T.E. e o Parangolé
   Haroldo de Campos — *217*
6. Thomas Muda o Sentido do Teatro Clássico
   e Faz o Avesso de Carmem
   Gerd Bornheim — *227*
7. Galáxias
   Sílvia Fernandes — *232*
8. Um Pentagrama para *Quartett*
   Sérgio Coelho — *239*
9. A Pós-Modernidade de Gerald Thomas:
   Mattogrosso e *Flash and Crash Days*
   David George — *244*
10. Os Teatros Estocásticos de Gerald Thomas
    Wladimir Krisinsky — *270*
11. A Imaginação Monológica
    Flora Süssekind — *281*

Um artista e seus filtros

SÍLVIA FERNANDES E J. GUINSBURG

1. Gerald Thomas e a Impossibilidade de Organização

A aparição de Gerald Thomas no teatro brasileiro acontece em meados da década de 80. Depois de alguns anos de trabalho em Londres, com o grupo performático Exploding Galaxy, e de bem sucedidas montagens de Beckett no La Mama, em Nova York, em julho de 1985, Thomas estréia *Quatro Vezes Beckett* no Rio de Janeiro. Rubens Correa, Sérgio Brito e Ítalo Rossi, atores e produtores do espetáculo, mergulham sem medo no projeto anticonvencional do jovem diretor de trinta anos. O talento plástico, o detalhamento formal e o uso da música como fio condutor dos textos exasperantes de Beckett encantam o público e a maior parte da crítica.

Nesse primeiro momento, Thomas não era autor completo de seu teatro. Amparado na dramaturgia beckettiana, acima de qualquer suspeita, podia ser avaliado dentro de grades e critérios teatrais previsíveis. Era mais um encenador de Beckett, ainda que bastante talentoso.

A radicalização acontece depois. Na primeira montagem de *Carmem com Filtro*, em 1986, Gerald é responsável não apenas pela direção, mas pela totalidade do espetáculo. Concebe o texto, a iluminação, as marcações, o espaço — em parceria com Daniela Thomas —

e leva a interpretação dos atores para um caminho inteiramente oposto ao realismo.

Datam dessa época as polêmicas, alimentadas pela imprensa, que tentavam opor Thomas a Antunes Filho, não por acaso os encenadores mais atuantes dos nossos anos 80. Enquanto Gerald, para todos os efeitos, era colonizador teatral, que chegava ao país trazendo na bagagem formalismos e procedimentos emprestados ao teatro de vanguarda novaiorquino, Antunes Filho — tanto quanto Zé Celso — figurava como o divulgador de nossa identidade "lá fora". Thomas vinha "de fora" ou, pior ainda, era um *nowhere man*, como ele mesmo se qualificaria mais tarde.

Nesse sentido, para que se transcenda qualquer conceituação ligada à rasa estratégia de mídia, são significativos os textos que Gerald escreve sobre *Ham-let*, de Zé Celso, e *Transilvânia*, de Antunes Filho, que mostram o encontro do artista com seus parceiros no jogo da teatralidade moderna; ou o comentário sobre o amigo Hélio Oiticica em "A Bandeira de Lugar Nenhum". Neles, Thomas consegue "quebrar o sigilo que envolve nossas almas nacionalistas de si mesmas" e aponta a trajetória emocionante de Antunes, brasileiro "através das obras do mundo", e de Zé Celso, "que entendeu a conexão entre a Grécia antiga e a figura de Elza Soares". No tropicalismo de Oiticica, que "falava com sotaque do Bronx", Gerald reconhece a condição ao mesmo tempo estrangeira e exilada de todo artista.

Na verdade, o que Thomas estreava no Brasil era uma tendência presente na cena mundial, especialmente na americana, pelo menos desde meados da década de 70. Com maior ou menor grau de afinidade, ele se aproxima da linha de trabalho dos encenadores Richard Foreman e Bob Wilson, dos grupos Mabou Mines e Wooster, das *performers* Meredith Monk e Lucinda Childs. O que todos tinham em comum era a exploração auto-reflexiva da linguagem formal das artes cênicas. Centravam o interesse em experimentações radicais de tempo e espaço e punham em xeque métodos mais tradicionais de criar o teatro. Não havia texto dramático, personagens definidas, conflito teatral, nem cenário, no sentido de um lugar onde o espetáculo se localiza. O espaço cênico era o próprio teatro e a progressão da narrativa acontecia através da mudança de temas espaciais, que se repetiam no decorrer do espetáculo. *Eletra com Creta*, que estreou em 1986, no Museu de Arte Moderna do Rio de Janeiro, era uma espécie de partitura formada por quatro telas de filó, nos quais Thomas inscrevia seu texto cênico.

Desde então, o teatro de Gerald começou a ser feito de fragmentos sem unidade aparente. Os espectadores foram convidados a mergulhar no meio de dezenas de citações de filósofos, artistas plásticos, escritores, cineastas, músicos, todos democraticamente fervidos no caldeirão de referências do diretor. Marcel Duchamp, Samuel Beckett, Tadeusz Kantor, os dois Richards — Wagner e Foreman — Dante Alighieri, Christo e Cristo, Francis Bacon, James Joyce, Proust, Shakespeare e Haroldo de Campos passaram a ser "incestuados" na ópera seca de Gerald Thomas.

Não era fácil a leitura dessa ópera. Os elementos que compunham a representação estavam longe de formar um único projeto. A desorganização das referências, justapostas por processos que às vezes lembravam a *collage*, impedia que o espectador reorganizasse a narrativa num sentido único. Thomas se divertia em contar várias histórias ao mesmo tempo, embaralhando propositalmente épocas e personagens, no procedimento que chamava de "incesto". Emprestava de um determinado autor uma idéia ou narrativa e "incestuava" esse fio temático com uma série de elementos que o contrariavam ou, mesmo, polemizavam com ele. Os fragmentos, imagens e personagens não revelavam seu grau de parentesco, pois se juntavam ao núcleo original por relações consangüíneas ocultas.

A ligação do material genético, não visível, estimulava leituras insuspeitadas. Thomas exibia no palco várias lógicas em movimento, bombardeando o espectador com estímulos sonoros e visuais que desenhavam o rastro de um pensamento em ação. O que ficou conhecido no varejo como "teatro de imagens" nada mais era que a desconstrução de textos, códigos e personagens, feita através de mecanismos de deslocamentos e estranhamento de sentido. O projeto de Thomas era um exemplo de uso irônico da herança cultural. *The Flash and Crash Days* partia do conflito entre duas personagens wagnerianas, interpretadas por Fernanda Montenegro e Fernanda Torres, mas tornava a referência inicial irreconhecível, transformando a luta das duas mulheres numa oposição de estéticas e gerações. *M.O.R.T.E.* mostrava um Cristo crucificado e grávido de um relógio. O herói-ecologista de *Mattogrosso* contracenava com Batman. No *Império das Meias Verdades* a cabeça de Eva era servida em banquete a Mefistófeles. Carmem era preterida pela *Roda de Bicicleta* de Duchamp. Joseph K sorria na hora da morte. Em certos aspectos, a desorganização de referências emprestadas à tradição cultural e artística se aproximava de algumas experiências brechtianas. Mas Brecht fragmentava para compor uma nova totalidade, em função do sentido que pretendia produzir. Em Thomas o mecanismo de estranhamento era auto-reflexivo. O meio que encontrava para demolir as referências era atacar, em primeiro lugar, seu próprio espetáculo, desmontando o mecanismo de encenar. Ao fazer isso, ritualizava uma concepção formal e acabava atraindo a atenção do espectador para o próprio teatro. Por isso, a paródia sempre foi tão importante no teatro de Thomas. Também por isso, os comentários sobre a criação são tão freqüentes, numa auto-referência irônica e, muitas vezes, raivosa.

M.O.R.T.E. foi a peça em que Thomas escancarou tal procedimento, usando a atriz Bete Coelho como seu duplo. O trabalho falava da paralisia do artista diante da criação e de uma arte sem território fixo. Como nos outros espetáculos, o diretor construía seus "movimentos obsessivos" a partir de códigos híbridos. A justaposição de elementos inesperados constituía o meio de suscitar uma linguagem de hesitação e desconfiança em relação às metanarrativas. Ele fazia no palco uma espécie de crítica em ação, que colocava as referências sob suspeita. Textos, mitos, temas e personagens eram postos em tensão cênica, rodeados de situações que instauravam um círculo hermenêutico ao redor deles. Nesse sentido, é possível considerar *M.O.R.T.E.* como um "trabalho teatral", a expressão brechtiana que fala da imbricação entre a reflexão prática e a atividade teórica.

M.O.R.T.E. acabou transformando-se em discussão sobre a maneira de fazer teatro e sobre o que o teatro pode ser. O que eram, afinal, os espetáculos de Thomas? Instalações de artes plásticas, coreografias de dança, óperas sem canto? O próprio diretor procurava novos nomes para batizar sua produção. Ópera seca, *Gesamtkunstfallwerk* e *work in progress* foram tentativas de nomear um teatro que tinha as propriedades de um evento com regras mutáveis. A crítica sempre trabalhou a reboque dessa obra em progresso, correndo atrás das regras daquilo que fora feito.

Se existe uma expressão que defina o trabalho de Gerald, desde essa época, é *work in progress*. Tanto os espetáculos quanto os textos do diretor são amostragens de um movimento em direção a alguma coisa que nunca chega a compor uma obra acabada. O processo de criação e a constituição do sentido pelo espectador sempre ultrapassam a "peça". "O desespero de intuir a arte, em lugar de afirmá-la" era a justificativa de Thomas para a mudança constante dos espetáculos, que ganhavam várias versões antes de encerrar carreira. *Carmem com Filtro* e *M.O.R.T.E.* tiveram três variantes "oficiais". As mudanças diárias, nem o elenco da Ópera Seca consegue contar.

A impressão que se tem, como espectador desse teatro, é a de que existe uma identidade móvel por trás de cada palavra e cada gesto. Identidade que aparece, por exemplo, como o "narrador só voz" a que Flora Süssekind se refere no texto reproduzido neste livro. Como o próprio Thomas reconhece, a voz narrativa sobrevém como um monólogo interior projetado em imagens e personagens que não possuem autonomia. Funcionam como fontes de enunciação da mesma subjetividade, o eu do encenador disseminado no tempo e no espaço.

Para que a crítica escape da função de meramente recolher e catalogar aquilo que é, em suma, vestígio arqueológico de uma constante mutação, seria oportuno tentar a partir de agora discernir não o eu que se ostenta, mas um *self* que se busca. A esta altura, poder-se-ia perguntar se, de fato, esse *self* vale apenas por suas aparições fragmentárias no percurso somente fenomenal de um "sentimento-do-mundo" — ou, quando muito, de uma "visão-do-mundo" — sem a menor ancoragem, sem um "nexo" forte num sentido, numa reflexão ou numa filosofia (para não falar de uma ideologia) a respeito do homem e de sua existência no universo de suas realidades históricas, socioantropológicas e culturais.

Reduz-se o jogo contraditório das citações, — que vai de Kafka a Beckett, de Kantor ao teatro performático, da *pop-art* ao que se poderia chamar de *media-art* — à pura negatividade expressa no formalismo de procedimentos esvaziadores? Alguns críticos, exaustos pelas constantes mudanças de regra, acabam jogando a esponja e denunciando uma fraude que sequer seria disfarçada por seu autor. No entanto, no contrapé da fábula, o rei, visto como extravagantemente vestido, em muitos momentos insiste que está nu. Por trás da máscara da "personagem Gerald Thomas" ("artista" pós-arte, "judeu" pós-Holocausto, "brasileiro" pós-Ditadura, "terráqueo" pós-Guerra Fria, Fim da História, e Fim do Mundo), intuem-se olhos assustados que tentam descrever o que vêem — e talvez seja isso o que tanto atrai e perturba em sua obra, o que o obriga a revelar seus próprios artifícios para logo ter que inventar outros. Em suma; o que faz com que se tenha tanto ainda o que dizer sobre ele.

De todo modo, o que prevalece em Gerald Thomas, o rosto que ele oferece ao tapa, é o ser autoral, tal como acontece no palco. Em vários espetáculos, Thomas entra em cena para reger os atores à maneira de Tadeusz Kantor. No texto a ele dedicado e que faz parte desta antologia ("Diretor Espremeu Impressionismo até os Ossos"), Gerald fala do fascínio que a presença do encenador polonês exerce sobre ele. Mais do que na figura de regente ou maestro, Kantor se colocava em cena como um espectador diante do espetáculo. Por isso sua interferência ganhava um nexo inesperado. Ele estava ali como um obstáculo à passagem do mundo ficcional, que obrigava o teatro a se mostrar naquilo que tinha de mais concreto e artificial, ou seja, a própria representação. Thomas repete o recurso com o mesmo intuito.

A exploração do espaço mental do artista se reproduz em cada espetáculo. A impressão que se tem é a de um todo repartido em seções que destacam um ou outro elemento dessa simbolização particular. O palco é o lugar de reunião de alguns temas que a memória de Thomas convoca, com os quais o espectador consegue identificar-se por congenialidade. O que está em cena é o equivalente de situações intelectuais e emotivas de *um encenador de si mesmo*.

A estocagem se dá através da repetição de motivos que viajam de um espetáculo a outro. Nesse sentido, é interessante constatar que a encenação de Thomas tem pretensão enfática, pois prevê em sua estrutura os mecanismos de recordação. Diante da dificuldade de permanência dos espetáculos, quase eventos, o diretor trata de compor um sistema de remessas que garanta a preservação de alguns traços da obra. Eles ficam impressos na memória do espectador graças à recorrência. Quando o narrador de *M.O.R.T.E.* repete que "as estradas estavam todas pavimentadas desde Kant, e em todas as línguas", o espectador é forçado a lembrar-se de todos os espetáculos de Thomas em que ouviu essa frase. Quando o jardim de guarda-chuvas renasce em *Sturmspiel*, o espectador vê *Mattogrosso*. Quando o muro de Berlim irrompe em *Mattogrosso*, o espectador retorna ao *Navio Fantasma*.

A metáfora de Borges sobre a memória alheia, cuja existência depende de lembranças artificiais, pode funcionar como analogia para esse imaginário, que mistura informações da linguagem da publicidade, da ideologia, do cinema, das conversas cotidianas e dos cartuns.

Vistos desse ponto de vista, os textos apresentados nesta coletânea são muito semelhantes ao teatro de Thomas. Ele também trabalha os artigos "jornalísticos" através de uma desnorteante mistura de informações, que contrapõe Arnold Schwarzenegger a Freud e Wittgenstein, e nos quais uma reflexão sobre Beckett pode vir associada a Caetano Veloso. Sua memória é uma espécie de arquivo caótico, que não seleciona entradas preferenciais. O que interessa é construir pontes entre as informações que permitam a expressão daquilo que Eugênio Barba chamou de "pensamento-em-vida".

O pensamento criativo de Thomas, que tem um comportamento físico no palco, ganha equivalente nos textos compilados nesta coletânea. Neles o leitor é convidado a progredir aos saltos, com mudanças de rumo inesperadas, que o obrigam a olhar as coisas de maneira inédita. Também há neles um princípio de negação que inverte os significados tradicionais. Também há aqui a "repetição de motivos", em frases ou idéias-chave experimentadas em diversos contextos (e o leitor atento não deixará de notar a retomada de parágrafos inteiros de "O Século XX Transvestiu a Inocência da Criação" que Gerald escreveu para *O Estado de S. Paulo*, em "O Diretor" escrito poucos meses depois, quando recebeu, assim como Peter Brook e Jorge Lavelli, a encomenda do jornal *La Maga* de Buenos Aires para definir o papel diretor no futuro do teatro).

Os textos mostram Gerald como um criador que põe as informações em movimento, num processo de investigação que submete a arte e a cultura de seu tempo a uma prova de instabilidade. Essa postura transgressora, libertária, é visível no seu pensamento sem barreiras que surfa nos canais contemporâneos como sinais da Internet.

Com este livro, a partir de uma seleção e organização possível dessas criações e de suas leituras, propomos ao leitor o pensamento vivo de um dos criadores mais instigantes de nosso teatro, para que possa, como se estivesse na platéia, construir sua própria significação.

2. Uma Organização Possível para Gerald Thomas

A tentativa dos organizadores foi agrupar os textos de Thomas por assunto, separando as reflexões sobre teatro, ópera, cinema e artes plásticas. Pensamos, inicialmente, em titular os assuntos, mas logo ficou claro que esse não era o melhor caminho. Se em alguns textos é possível destacar um tema dominante, em outros Gerald trabalha por confluência, desencadeando as associações que, como vimos, são a base de seu processo. Thomas chamou esses textos de "miscelânea". De qualquer forma, é evidente que eles têm um ponto de partida, e procuramos orientar-nos por aí.

Abrem a coletânea um artigo e uma entrevista em que Gerald fala de suas concepções de encenação. Em seguida, aparecem os comentários a respeito de encenadores, dramaturgos ou grupos de teatro que o influenciaram ou que servem de contraponto a seu teatro. Os textos sobre Beckett, Kantor, Brecht e Heiner Müller são exemplos do primeiro caso. O artigo acerca da atual Royal Shakespeare Company ilustra o segundo. Fechamos o módulo teatral com matérias sobre dramaturgos e diretores brasileiros, como Nelson Rodrigues, que Gerald tentou encenar várias vezes (comprou inclusive, os direitos de *Dorotéia* em 1985), José Celso Martinez Correa e Antunes Filho, de quem é admirador confesso.

Os artigos que vêm em seguida servem para informar o público brasileiro sobre o trabalho de Thomas fora do país. Em "O Misterioso

Vírus Webern", "Doutor Fausto" e "Fausto Hoje", o encenador comenta as óperas criadas na Alemanha, especialmente *Doktor Faust*, de Busoni, que estreou na Ópera de Graz em setembro de 1995. A paixão de Thomas pelo cinema aparece nos textos em que comenta o *action movie*, escrevendo sobre Arnold Schwarzenegger (*True Lies*) e John Travolta (*Broken Arrow*); ou quando analisa Paul Auster ("A Diluição da Identidade do Homem Globalizado") e o fascínio do público pelos *serial-killers* ("A Ficção Cinemática").

"A Porta Aberta da Internet" talvez seja o artigo no qual Thomas revela, de forma mais inequívoca, a perplexidade diante de um mundo onde o homem é autor de uma cultura que não separa fato real de ficção.

"Menino, Você Esteve com Ele?" é a pergunta que Gerald ouvia de Hélio Oiticica, a respeito de Andy Warhol, no "oásis de oiticicas", que era o Rio de Janeiro dos anos 60. Também para Hélio, Gerald escreve "A Bandeira de Lugar Nenhum". "*Let It Bleed*" e "Mestre Cláudio" são declarações de amor a uma mulher e a um sambista da Rocinha.

Reproduzimos na coletânea cartazes e programas dos espetáculos de Thomas, ilustrados com seus desenhos. Além de indicarem as fichas técnicas dos espetáculos, eles formam um dado adicional para o conhecimento de sua produção como artista plástico.

A seleção de ensaios sobre o teatro de Thomas é uma amostragem da ressonância de seu trabalho entre autores representativos da crítica de arte contemporânea, no Brasil e no exterior.

Alberto Guzik faz a abertura e empresta o título ao livro de Thomas. Escritor e crítico teatral do *Jornal da Tarde*, Guzik acompanhou as montagens de Gerald desde *Carmem com Filtro*, em 1986, e consegue historiar este percurso com inteligência e sensibilidade.

Relacionamos a seguir os textos que comentam determinados espetáculos do diretor. O poeta, ensaísta e tradutor Haroldo de Campos, que sugeriu a organização deste livro, escreve sobre *Fim de Jogo*, *Carmem com Filtro 2* e *M.O.R.T.E.*; o filósofo Gerd Bornheim e Sílvia Fernandes também analisam *Carmem* e *M.O.R.T.E.*; Sérgio Coelho, assistente de direção em *Unglauber* e que vem trabalhando como dramaturgista em vários projetos de Thomas, elabora um "pentagrama" para *Quartett*.

Finalizando a seleção, aparecem os estudos que focalizam aspectos específicos da estética de Thomas, como sua relação com a pós-modernidade teatral, defendida pelo professor e ensaísta norte-americano David George; os "processos estocásticos" que, de acordo com o crítico Wladimir Krisinsky (do jornal francês *Liberation*), orientam a criação de seu teatro; e a inserção monológica do narrador, apontada no brilhante ensaio da pesquisadora Flora Süssekind.

Os textos de Thomas em sua maioria foram escritos para jornal, especialmente a *Folha de S. Paulo*, *O Estado de S. Paulo*, *O Globo* e o *Jornal do Brasil*. No final de cada artigo há indicação das fontes. Permanecem essencialmente como foram publicados, mas reincorporamos um ou outro trecho cortado do original e nem sempre mantivemos os títulos da redação.

I

DE GERALD THOMAS

O DIRETOR

O teatro, em qualquer parte do mundo, é mais ou menos isso: um ritual sobre viagens, descobertas, ódios, paixões e pequenas explicações sobre as coincidências. Alguns depositam confiança na narrativa. Outros fazem da narrativa uma jornada deliberadamente confusa. A confusão não nasce de um desentendimento do mundo. Pelo contrário, nasce do excesso de informação. A confusão é a linguagem que, na verdade, transformará o artista em um ser único, com assinatura própria. O que, para muitos, vem a ser uma interferência na narrativa, para outros é simplesmente a construção de um caminho próprio, de um entendimento pessoal. Dessa visão nasce a necessidade de ser artista. E dessa necessidade nasceu essa figura contemporânea que hoje chamamos de "criador" de teatro. Na verdade, é um termo avançado para o que sempre foi, o diretor.

O teatro pode funcionar perfeitamente bem com a figura de um diretor funcional, não inventivo. Mas qual teatro? Essa linha de pensamento pode ser deslocada para outras artes e poderíamos dizer que a pintura seguiria sobrevivendo através da natureza morta, das maçãs, das pêras e do pôr do sol. Imaginem um mundo ilustrado pela Academia de Belas Artes, sem os "deformadores históricos" da visão mefistofélica, como Marcel Duchamp, Paul Klee, Picasso ou Robert Rauschenberg. O diretor é um deformador do humanismo, um obsessivo semideus que tenta, através do ensaio cênico, reorganizar o mundo segundo a sua visão. Ele é, essencialmente, um produto do século XX.

Se, na primeira metade do século, tivemos movimentos chamados de "modernistas", na segunda metade essa modernidade toda se transformou no *racionalismo* modernista, no fragmentismo, na perda de inocência por parte do encenador e do seu público. Este é o século que travestiu a inocência e a substituiu pela ganância da informação. A informação quebra qualquer barreira cultural, apodera-se de qualquer folclore íntimo, transforma e recicla qualquer forma de expressão em um breve flash universal. Depois o mata. Se a função do teatro é a de reproduzir o mundo do passado, o mundo que nós chamamos de clássico, então o diretor nada mais é do que um constatador histórico, um reconstrutor acadêmico de uma simbologia anciã. Mas se o teatro é uma das poucas fontes vivas em constante transformação, então o diretor é um condutor filosófico de algo que é para poucos, e que poucos se preocupam em refinar: uma estética. Essa estética, desenvolvida através de uma visão solitária e exclusivista, acaba por penetrar o *mainstream* e se torna, eventualmente, com o passar do tempo, a "ordem do dia". Esse é o paradoxo.

E foi através da introdução do paradoxo verbal, alusivo, imagístico, imensamente influenciado pela obra de James Joyce, que essa estética deixou de lado o "drama pessoal" que pontua e pontifica a história da dramaturgia e a transformou num diluído dilúvio de visões metafóricas, que é hoje a forma que atrai tantas pessoas a se expressarem através do teatro. E não há nenhuma indicação de que a figura "autoral" do diretor esteja desaparecendo. Pelo contrário. Depois que Patrice Chereaux invadiu o território sagrado de Wagner, em Bayreuth em 76, e Bob Wilson, Peter Sellars, Robert Lepage, Peter Brook e até Heiner Müller – na figura de diretor – dissecaram a ópera, em busca de uma visão menos compromissada com o realismo, o caminho natural para a arte cênica criativa é de personalizar cada vez mais a interpretação.

Um bom exemplo disso é o teatro americano, talvez seja melhor dizer novaiorquino ou, melhor ainda, chamá-lo de *downtown theater*. Desde a década de 60, quando a urgência social e política do Living Theater e de Richard Schechner começaram a dar lugar aos experimen-

O DIRETOR

GERALD THOMAS

talistas, como Bob Wilson, Richard Foreman, o Wooster Group e os Mabou Mines. O sonho de Brecht, a visão de que o palco era uma plataforma voltada para nosso universo interior, cerebral, intelectual, não aconteceu em Berlim nos anos 30 e sim meio século depois em Nova York. A arte americana rompia o seu compromisso com a linearidade européia e queria se colorir com as cores *pop* de Andy Warhol e explodir com a guitarra de Hendrix. O intelectualismo estagnado europeu havia falhado no que dizia respeito aos milhões que berravam e morriam nos campos de concentração. A arte que se dizia tão "conectada" com a realidade foi incapaz de uma ação, enquanto os judeus queimavam. No entanto, o Frankenstein americano saía do laboratório quebrando tudo e todos, em busca de uma revanche. Os europeus acham isso "raso", *shallow*, "superficial" e imediatista. Mas o teatro americano do "diretor" nasce justamente aí, dessa motivação frankensteiniana de sair em busca de seu criador – o europeu – e matá-lo. Esse diretor nunca mais parou esse processo de perseguição. Ele descansa às vezes. E, quando o faz, transforma a sua jornada num diário de análise pessoal.

O diretor acabou tomando o centro do palco. Sem saber como, a voz íntima do diretor acabou por espantar o senso comum. Isso também virou o seu inferno, pois extrapolou a convenção de colaboração e parceria, da qual o teatro depende. O diretor se transformou na voz beckettiana, a voz destacada de seu ser, uma voz que não pára de interpretar o próprio ato de interpretar. Nesse centro do palco o diretor contemporâneo encontra o seu maior paradoxo: o de perceber que, através do excessivo auto-exame e da enfermidade narcisista, ele perdeu sua inocência. O drama foi substituído por qualquer artifício que retratasse a "genialidade" de seu autor ou criador.

Não digo isso pejorativamente, pois essa é, justamente, a essência do meu trabalho. Mas não deixo de ser crítico, mesmo sendo eu um vírus ativo nessa enfermidade. No fundo, a pergunta mais dolorosa é aquela que nos pega na porta de cada novo país: como iremos dizer algo que consiga interpretar tudo aquilo que nos molda, afeta e influencia? A questão é que esse "tudo" cresceu de tal forma que queremos ser examinados a fundo, na nossa intimidade, por milhares de pessoas, em busca de uma pequena solução. Este século travestiu a inocência da criação para sempre. E o artista moderno se expõe em sua totalidade e não somente através de seu *medium*. Essa obsessão em ser o centro das observações, às vezes, o leva tão longe em suas idiossincrasias que ninguém mais o consegue acompanhar. O diretor é o *performer*.

Assim como saber soletrar não é a questão fundamental da poesia, anos de aprendizado sobre a linguagem teatral não significam, necessariamente, um bom teatro. Na verdade, os recursos cênicos conhecidos são rejeitados pelos preceitos da modernidade, e se exige do "criador" teatral novas e novas formas de dizer o que tem a dizer. O que isso significa é que diretor, ator, cenógrafo e iluminador não podem mais usar recursos fáceis para retratar o ser humano. Talvez, nessa desenfreada busca desse recurso, tenha-se perdido a simplicidade.

O diretor de teatro contemporâneo, desde Kantor ou Kresnik até esse imodesto que lhes escreve, encarna o fantasma do pós-modernismo, da colagem de idéias desesperadas e excessivas, tornando a ação o ato de procura da nova forma humana. O diretor não desapareceu. Ele é o Fausto de Goethe, em todos os sentidos. Esse final de milênio está desesperadamente à procura do "herói dramático", no sentido clássico da palavra. Não será encontrado, infelizmente. Vivemos tempos frios. Se o mundo continuar a rejeitar o *action hero* como o "herói dramático" de hoje, achando que a sua emergência não cumpre, filosoficamente, os termos do contrato entre a arte e a sociedade, então o mundo não está prestando atenção às suas próprias transformações. E, para o diretor, a equação é a mesma: o eterno racionalismo modernista precisa achar formas de carnavalizar e editar a comédia humana com tanta poesia quanto seus antecessores.

Devo assumir que, se eu existo, e a procura pelo meu trabalho, no mundo, cresce de ano a ano, a figura do diretor autoral e pessoal continua a existir, e com cada vez mais entusiasmo. A minha companhia, a Dry Opera Company, fez, somente nos últimos doze meses, 23 apresentações internacionais, do Japão até Lisboa. O que isso quer dizer? Que um trabalho como o meu, que já foi considerado "ultra-hermético", está cada vez mais em demanda. O que talvez signifique que, como em qualquer processo, existirá uma filtração natural. A exaustão causada pelo excesso de trivialização dessa forma de se fazer teatro elimina tudo

O DIRETOR

GERALD THOMAS

aquilo que encontrou somente a forma ou a fórmula da modernidade aplicada a conceitos que em nada se transformaram. No entanto, sobrarão aqueles que são intrinsicamente ativos e insistentes na sua forma de linguagem. Estamos sempre na beira de uma "grande" transformação. Ela é sempre "grande". Nunca dizemos que estamos face a face com uma "pequena" transformação. Não há década em que não se declare que aquele é o momento "crucial" da história, por esse ou aquele motivo.

O futuro? A maior diferença será representada pela mudança do foco dramático, das humanidades para formas mais complexas de inteligência. O diretor não será substituído, mas terá de transpirar para expressar a dimensão do universo. A guerra shakespeareana acabou. A vila de Tolstói também. Os reis e rainhas não lutam mais pela sua loucura pessoal. Não estamos mais confinados a pequenos territórios de linguagem camuflada. Entraremos numa guerra cultural fascinante, quando a globalização da informatização terá terminado seu curso. Afinal, a guerra no palco é somente uma simulação artificial do que acontece lá fora. Na nossa frente está a inteligência artificial. Ela interfere com o elemento de incerteza e surpresa; premissas que sempre foram vitais no decorrer da história e premissas essenciais na dramaturgia clássica. Teremos a fertilização pré-calculada. Um só cientista poderá fazer coisas que o processo natural de erro e acerto fazia em milhões de anos. Teremos os neurocircuitos, criando pontes entre a mente humana fabricada e a memória estocada em dígitos e transferível de geração a geração. Não é mais ficção científica. Ficção científica será ficar se rendendo a conceitos de euro-infantilismos num mundo que progride verticalmente. O diretor pode até querer desaparecer, por absoluto medo de sua insignificância. Mas, graças à necessidade de novas poéticas, o mundo sempre o chamará de volta. O diretor está, para sempre, condenado a existir.

La Maga

GERALD THOMAS E A ARTE DA ENCENAÇÃO

Não considero o encenador atual uma criação do século XX, apesar de que nesse século talvez se tenha constatado que a palavra não seja mais suficiente, em si, para ser o foco único de um espetáculo. Shakespeare não teria sido o autor que foi se não tivesse tido nas mãos um elenco para o qual escrevesse, para o qual encenava, improvisava, brincava, exatamente como faziam os experimentalistas da década de 50 e 60 (Living Theater e Grotowski, por exemplo). O teatro seguiu uma linha normal na escalada da "arte inteligente". Deixou de ser meramente figurativo, ilustrativo, de "mentirinha". Marcel Duchamp, no início deste século, "esfriou" a arte, trouxe-a para um lugar onde o espectador pudesse constatar certos aspectos do ser humano, não tendo de passar pela enorme falsidade infantil de "acreditar" nela. A arte conceitual, certamente, foi um desenvolvimento do século XX, na pintura e na música, principalmente pela forma em que testemunhávamos uma idéia e podíamos crer em sua genialidade, assim como podemos ver uma Carta de Direitos, da Constituição Norte-Americana, e entendê-la como um belo conceito, vendo as imagens que ela contém pela narrativa implícita, sem que tenha de contar historinhas e baboseiras para que criemos uma cumplicidade com ela. Richard Wagner, antes que me esqueça, também era um desses "criadores do século XX", só que no século XIX. Estava longe de ser somente um compositor, e estava longe de ser um libretista. Ao mesmo tempo não era, exatamente, um diretor. Então, volta-se até os gregos e se pergunta: eles eram somente "autores", ou tinham uma noção gigantesca da arte da encenação, com coros, grupos de pressão, noções esquemáticas de metalinguagem, noções musicais etc. Na verdade, a pergunta pode ser revertida: o autor, somente autor, não é um fenômeno dos últimos 150 anos, ou seja, de Tchékhov, Gógol, Lencke pra cá? Já que Molière, Ben Johnson, Shakespeare, Sófocles, Diderot, Dante, Goethe, Büchner, ou seja, os chamados "autores", na minha opinião, nada mais eram senão encenadores magníficos que escreviam para as suas cenas.

O texto pode ser perigosíssimo para uma cena, da mesma forma que uma sobremesa pode ser perigosa para uma criança, se devorada antes da refeição. O que quero dizer é que o ator, geralmente, se prende de uma forma desesperada a uma coisa chamada texto. Isso quer dizer que o ser humano se prende desesperadamente a uma coisa chamada palavra. Por quê? Não sei. Talvez porque seja uma forma mais imediata de identificação das coisas. E isto é um perigo constante para o artista: o de virar um *cicerone* descritivo de assuntos realistas. Imagine se a pintura fosse isto eternamente: um retrato dessa paisagem, e depois daquela, e depois uma criança atravessando a rua, um ônibus de Paris, um vaso de flores... Imagine como a sociedade de hoje seria infinitamente mais chata se os pintores, os filósofos e os escritores não tivessem, a partir de um certo momento, pegado os símbolos críticos, os pontos vulneráveis, as imagens conjecturadas pelo subconsciente, pelo estado de *alerta* e de *pânico* do ser humano, e transformado-os em "arte", em comentários, às vezes desconfortáveis, a partir dos quais a humanidade jamais seria a mesma. Mídia é isso. E se o teatro é um enorme expoente na mídia e a mídia é um conglomerado, um denominador da sociedade hiperpluralista, o texto não pode cair na posição que, por exemplo, o patético toma no melodrama, tornando-se uma força monolítica, uma primeira marcha, sem cortes, sem auto-humor, sem autocrítica, o suficiente para tornar, digamos, o melodrama também uma linguagem pluralista. Assim ele assumiria uma ambigüidade e tornaria a melodia (melo) dentro do drama uma das variantes trágicas ou cômicas, sempre sublinhadas de uma consciência crítica que as acompanha. É por isso que não perco muito tempo com o texto. Ele me serve como um elemento tão forte ou tão fraco quanto a luz, quanto a expressão isolada de um ator, quanto uma música etc. Quando o meu texto é concebido ele tem de ser enxergado como um elemento concretista. Uma sílaba dita por alguém passa a ter importância onomatopaica porque aquele som naquele momento invoca coisas mais interessantes do que uma palavra "aguardada" pela platéia. É curioso notar como texto vira armadilha, pois a literatura cotidiana e não cotidiana seguem padrões que quase eliminam a surpresa da linguagem. Existe uma *ordem* chavão que é usada no dia-a-dia, de que uma palavra está quase que naturalmente seguida da outra. Faço teatro para não replicar isso.

Max Reinhardt dizia uma coisa engraçada, numa espécie de "resposta" a um texto de Stanislávski, que dizia que se chegava a "personagem" quando o ator limpava tudo, deixava cair por terra as instruções do diretor, a personalidade dele próprio, seu gosto, sua opinião etc. Reinhardt dizia, ironicamente: "quando você limpa tudo e perde a sua opinião, personalidade etc., não sobra rigorosamente *nada*". A arte *impura* é justamente onde vejo beleza na arte. Pureza é uma noção besta, infantil, quase nazista do estado das coisas. É também uma espécie de infantilidade querer crer que um ator possa "esquecer tudo" ou que um diretor possa se deixar de fora do papel de gestador daquilo que está sendo feito. Quem não tem voz, portanto, deve fazer isso: "arte pura". Quem tem voz, contudo, deve errar, acertar, cochichar e berrar a que veio e tentar poluir ao máximo a falsidade perversa escondida atrás do terrível conceito de pureza.

Perceber-se no lugar onde está acontecendo algo é vital porque o jogo de ação num palco, por exemplo, está totalmente ligado ao fato de ele ser de mentira, meta-verdade, ou metade-verdade. Esse jogo cênico não interessa se for entendido como realidade. Só pode ser entendido se for subentendido primeiro como uma plataforma de linguagem escolhida para que o jogo aconteça. Quero que o público perceba o tempo todo que aquele cenário é de madeira. Por isso posso chegar ao cúmulo de cobri-lo de concreto, para então *arrancar* do público a noção de que ele é falso, e tentar convencê-lo de que é de concreto. Só posso brincar disso se o público acredita que ele é falso. E nesse puxa-puxa entre eu querer que o público acredite que o cenário é de madeira, e tentar seduzi-lo para que não acredite piamente ser o cenário de madeira reside a minha brincadeira cênica. O mesmo acontece com a ação e a narrativa (que não necessariamente se complementam). Eu acho que aí está o charme, o símbolo maior do teatro, do "ser ou não ser", o de criar códigos que só existam ali, naquele palco, durante aquelas horas, e a mentira ou a meta-verdade compreende a *lucidez* do público de entender, o tempo todo, onde se encontra.

É curioso. No espetáculo que estou ensaiando agora, de título provisório, *Unglauber*, a temática do empiricismo do ator é quase a temática central da peça. Num determinado momento, um ator mais velho sacaneia o mais jovem desafiando-o a dizer um texto com a língua presa, como que cortada (como no papel da muda de *Mãe Coragem*), e desafia-o a dizer o texto da mais variada forma possível, triste, alegre etc. E na hora em que o ator mais velho demonstra seu exemplo, todas as formas saem iguais. O ator mais velho não tem noção do que acabou de fazer pois está contaminado pelas referências que "vê" e que "ouve" na sua vasta memória. Como término do desafio, o ator mais velho diz: "um verdadeiro ator fala de coisas que aconteceram.... na infância", citando Edwin Booth.

O perigo de se dirigir um ator mais velho, que sabe tudo, é o mesmo perigo que já mencionei sobre o texto ser aquele veículo que não permite mais abstrações por ser ele um abreviador, o caminho mais curto entre a emissão de um pensamento e o reconhecimento dele. Com o ator mais jovem tem-se, obviamente, uma liberdade muito maior pois o "respeito" às instituições não está nele ainda tão formalizado. Ao mesmo tempo, essa moeda tem um outro lado muito forte: o humor num ator mais velho é muito maior, pois o ego já foi inflado e desinflado no percorrer da vida, de forma que seus ideais já concentram uma dose maior de niilismo, o que facilita um certo entendimento de que estar em cena significa também jogar triangularmente com o público. Ou seja, o jovem quer se emocionar, achando que estando emocionado vai, necessariamente, emocionar a platéia. O mais velho sabe que ele tem é de ser extremamente técnico, preciso e econômico para emitir esse ou aquele tom, e através desse tom o público vai reconhecer uma certa nota e essa nota, como em música, é que emociona. Poucos são os jovens que já chegam sabendo disso.

    Sinto-me como uma mula do Grand Canyon: vagando a esmo pelo abismo sem saber se quero estar na parte de cima ou na parte de baixo. Às vezes acho o mecenato absurdo, principalmente no Brasil, que tem problemas básicos sociais a sanar. Depois, mesmo que um dia esteja sanado, sabemos como a coisa funciona aqui no Brasil, quem dá festas para quem, quem dorme com quem, quem paparica quem. E mecenato geralmente é isso, quem une a oportunidade com o oportunismo. Ao mesmo tempo, faço questão de manter uma companhia fixa de teatro, não aceitando dirigir nada fora. Exijo que a companhia se mantenha de bilheteria quando está em cartaz, sete ou oito meses por ano, o que é perfeitamente viável. Paradoxalmente, não temos dinheiro para iniciar uma produção, para construírmos os cenários, figurinos.... E aí fico furioso por não ter paparicado aqui e ali, por não ter entendido até hoje que essa forma de prostituição é quase inevitável. É que trabalho na Europa, onde a subvenção é isenta desse contato pessoal, é pública, aberta, investigada, sob CPI constante. Então vivo nesse Grand Canyon: faço uma ópera em Praga, cujo orçamento é de 2,5 milhões de dólares, ou em Viena, com 1 milhão de dólares, e a companhia aqui pede esmola de 500 dólares para pagar refeições. É de morrer. Agora, no fim das contas, não acredito em público seleto ou não seleto. Tudo isso é proporcional. Veja, Julio Iglesias faz *show* para 200 mil pessoas e, quando morrer, não terá influenciado em nada a sua sociedade, não terá alterado em uma vírgula o próprio vocabulário que fala. No entanto, o autor tido como o mais radical e certamente o maior divisor de águas na arte dramática é Samuel Beckett, com quem trabalhei durante cinco anos, fazendo dezenove *premières* mundiais dele em Nova York. Pois, quando estreou *Esperando Godot*, em 53, em Paris, das setenta pessoas que estavam no Studio de Paris, 35 se levantaram e foram embora antes do final do primeiro ato. O crítico do *New York Times* disse, na época: "Godot é uma peça onde nada acontece em dois atos". Esse crítico, Walter Kerr, pediu demissão do *Times*, 25 anos depois, alegando não ter integridade para prosseguir no seu papel de crítico, pois tinha cometido um enorme erro na época, subestimando Beckett. O título de sua matéria de despedida: "Quantity defies quality as time defies talent".

Essa figura do narrador me interessa cada vez mais, mas não sei se posso chegar ao ponto de dizer que a minha obra está se tornando realmente épica. O narrador de Chandler, o Philip Marlowe, é também o sofredor da ação. Mas narrando o evento sempre no passado, tem-se uma espécie de conforto estranho, de distanciamento temporal, diferente de Brecht, que era didático e acentuava a cena com suas narrações. O meu narrador está bem no meio da confusão, às vezes sendo a causa dela. No entanto ele é mestre em assinalar para as outras personagens o que elas têm de errado, o que a cena significa, em que dia aquilo aconteceu etc., de forma que a "epicidade" já se foi, já está quebrada pelo excesso de "guia" que o meu narrador, na verdade, é. O que gosto em *Império das Meias Verdades* é justamente a transição de um lugar para o outro, do *burlesco ao sublime*, mas o que não ficou claro, na época em que estreávamos em São Paulo, é que o momento da transição se dava ainda bem no meio da cena do burlesco, ou seja, quando o aristocrata-*gay* (Luiz Damasceno) caía "morto" por ter comido um porco envenenado, e ressuscitava minutos após, como um Lúcifer travestido, de capa vermelha, óculos escuros e nariz de palhaço. Quando o narrador "alcança" a simbologia em cena, descrevendo para o público que "esta cena aconteceu no limite do sexto para o sétimo dia, ou no limite do sétimo dia, ou mesmo no oitavo dia...", ele ainda está, ele mesmo, correndo atrás de uma explicação mundana, temporal, tentando se inserir em cena para explicar o "quando" sem explicar o "por quê". Isso, na minha opinião, ainda não é propriamente épico.

É uma das hipóteses. Se um espetáculo meu significar uma única coisa eu me retiro de cena ou me suicido. Sou guiado por uma comicidade, joyciana, que me permite chamar a minha companhia de Dry Opera Company, evocando simplesmente uma referência sonora de *Drei Groschen Oper* (*Ópera dos Três Vinténs*, de John Gay-Brecht). Isso, obviamente, toma conotações maiores e mais complexas no momento em que começa a existir como um corpo e perde suas origens, ganhando significados que vão tendo de ficar mais sérios, assim como uma criança deixa de ser o retrato dos pais e vai cavando uma personalidade própria. O *Império* é, em primeiro lugar, uma reunião de um poeta bêbado (Edilson Botelho) assistindo atônito a uma ceia em que um aristocrata (Luiz Damasceno) devora um porco (Fernanda Torres), na presença de Deus disfarçado (Ludoval Campos). Essa ceia, pela própria descrição, já contém uma simbologia judia-cristã de proporções "deuteronômicas", por exemplo. O porco é humano e "representa" e lembra a Eva do segundo ato. O poeta é um visionário e deve estar imaginando tudo isso, e lembra o Adão do segundo ato, e o aristocrata vira, ainda na primeira cena, uma espécie de Lúcifer. Deus se colocou ali de intruso, não conhece muito bem o seu papel e, portanto, atua canastramente, como um mordomo culpado. O *Império* é uma cena de absoluta fluência criativa e livre de interpretações, usando esses símbolos como mera inspiração e não como tese acadêmica. O que o público vê é tudo que está em cena. Sobre o que ele imagina, eu não posso e não quero ter controle.

Eu quero mostar o que fiz no Brasil nos últimos dois anos, porque público e crítica no Brasil têm memória curta. Interessa-me essa *Trilogia da B.E.S.T.A.* (*Beatificação da Estética Sem Tanta Agonia*), porque mostra como saí daquela coisa mais sofrida, daquele teatro mais expressionista, contorcido, escuro, escondido atrás de um filó. Essa trilogia é muito bem-humorada, é muito bem situada dentro da minha condição de *anglo-americano-judeu-alemão-brasileiro*. Tenho sempre receio quando alguém vem me dizer "olha que loucura... agora você está mais humorístico e tal", esquecendo que há dois anos eu estou mais humorístico. Então essa trilogia serve para mostrar bem a condição *desse* artista *nessa* época e como dentro dessa nova "forma" ele evoluiu. O *Unglauber* (título provisório) gira em torno do ator, do domínio ou falta de domínio do ator na arte da interpretação. O que tenho é uma espécie de longa "primeira cena" de *Império das Meias Verdades*, levada a conseqüências ainda mais engraçadas. Está em cena um discurso que atravessa a arte interpretativa, desde os gregos até o caotismo de Henckel, por exemplo, sem deixar de ser uma alegoria hilariante o tempo todo. É claro que o nome Glauber não está no título por acaso: existe um morto em cena, que está sendo velado, mas em vez de um caixão, está deitado em cima de uma asa de avião. Esse personagem reaparece (estava só dormindo) para criticar essa nossa época insossa, politicamente correta e absolutamente *comum*. Se eu acho realmente isso ou não, esse é o conflito desse novo trabalho.

janeiro de 1994
*Cadernos do Sesc**

---

*. Este texto resultou das respostas de Gerald Thomas, na entrevista dada ao *Cadernos do Sesc*. (N. do O.)

Brecht

Se tivesse vivido mais, não duvido que Brecht teria terminado seus dias como um artista conceitual, de instalações. Mas se tivesse vivido mais, Brecht teria convivido com seu próprio legado e isso o teria levado para fora das artes, pois a utopia de um teatro quixoteano, da qual era o advogado de defesa e o principal promotor, virou um mecanismo estéril que acabou por desnudar sua estrutura e exibir seus recursos técnicos. Portanto, o futuro de Brecht não aconteceu na sua arena, e sim no mundo das instalações, dos monstros empilhados que desnudam sua origem, acusam e denunciam a fragilidade de suas premissas. Pode-se dizer que, pela seqüência lógica, o teatro de Brecht foi o primeiro na história a se negar como teatro, na melhor tradição modernista. Ao mesmo tempo em que isso foi genial e necessário, Brecht não chegou a inventar nenhuma outra forma para esse ritual. Se visse o que aconteceu desde que o autor se colocou no centro da arena para discutir o seu dilema particular, ao invés de se ocupar do mundo exterior, Brecht teria completado o seu processo de desencanto e teria emigrado para dentro de um livro de Kafka – que tanto detestava – e virado Joseph Beuyes.

O que sempre achei curioso é que esse homem brilhante não conseguiu enxergar os rumos radicais que a arte estava tomando. Em tom disciplinar eu o imagino explicando para Erwin Piscator que o teatro teria de se separar da "arte" para poder sobreviver a essa exposição lógica e fria do nosso pensamento, presente nos *ready-mades* de Duchamp, no "branco sobre branco" de Joseph Albers, no teatro biomecânico de Meyerhold e na música de Webern. Mas essa explicação nunca aconteceu e a tentativa não verbalizada de inserir o teatro numa modalidade prática da vida resultou num choque de linguagens. O teatro de Brecht acabou só tendo impacto verdadeiro nos países cuja arte é associada à consciência social, nos países que vivem o paradoxo de choques de cultura. Seu herdeiro mais famoso é Heiner Müller, que levou aos extremos a lógica de seu inspirador. Müller enforcou a estrutura dramática no próprio cordão umbilical com o qual nasceu. Müller a representou cruelmente, transformando apaixonados textos mitológicos em meros discursos frios e estruturalistas, mas novamente não a revolucionou. Talvez Brecht tivesse enxergado em Müller o seu futuro óbvio. Ou então teria enxergado Müller com o desgosto com que um cientista pacifista enxerga aquele que se desvia para a produção de bombas nucleares. Pouco foi dito sobre isso, mas o efeito de distanciamento, de esfriamento, de racionalização e de didatismo sobre uma arte que é, essencialmente, fabulesca e metafórica começou como uma saudável doença de alerta e acabou por se tornar o seu vírus mais fatal.

Jornal do Brasil

H̲A̲P̲P̲Y̲ ̲B̲I̲R̲T̲H̲D̲A̲Y̲,̲ ̲S̲A̲M̲

Nesse último dia oito, esbarrei na página da minha agenda na qual esbarro todos os anos, onde está anotado: "Send a birthday card to S.B"., ou seja, mandar cartão de aniversário a Samuel Beckett. Este ano não mandei, por vários motivos. Por mais absurdo que seja, um deles foi que não consegui descobrir quanto tempo levaria uma carta de São Paulo a Paris. De Nova York, onde moro, tenho isso cronometrado. Coloco a carta na caixa de correio antes das cinco da tarde, no dia oito, e ela amanhecerá na caixinha de correspondência de Beckett na manhã do dia treze. Essa meticulosidade e precisão não se desenvolveram no nosso relacionamento por acaso. A maneira que Beckett inventou de lidar com as hostilidades do mundo tem tudo a ver com a sua reclusão, seu pensamento essencial e conciso, seu desdobramento de palavras, seu fatalismo escuro e irreversível. Jung dizia que muitas pessoas não haviam "nascido por inteiro". Beckett, eu acho, nasceu demais. Ele tem uma cabeça — e 63 rugas — que lida com um jovem diretor de Nova York à procura de uma metáfora pretensiosa, infantil, com a mesma paciência com que bate em seu cérebro a frase "de onde senta, olha o tempo da janela onde o tempo passou"; frase que não conseguiu evoluir na sua cabeça, mas que também não o abandona. A frase que abre uma de suas obras mais fantásticas, "Ill sin, ill said" (Mal visto, mal dito): "De onde ela está deitada ela vê Vênus se levantar. De novo. De onde ela está deitada ela vê Vênus se levantar seguido pelo sol. De novo". As marteladas dessas frases seguidas de um punitivo "de novo" são ainda mais claras em seu último texto, *Worstward Ho*, uma brincadeira onomatopaica em cima da palavra *On* (ir em frente, ligar, aceso, sobre etc.). Pessoalmente, Beckett nunca me ocultou as dificuldades que vem tendo em escrever. "Tem sido um inferno e nunca havia queimado tanto tempo", como nos últimos dez anos.

Imagine, existem hoje no mundo cerca de oitocentos *scholars* (estudiosos) especializados em Beckett, em dissecar Beckett, em refrasear Beckett e, portanto, em trivializar Beckett. Essa consciência não chega a bloqueá-lo, mas o deixa ciente da "religiosidade" imbecil que a sua obra atingiu e faz com que dê ainda menos entrevistas, conheça menos gente interessada em conhecê-lo, se exponha menos ainda aos olhares endeusantes de meio mundo teatral e acadêmico. Como seria então esse nosso relacionamento na cabeça dele? Há alguns anos, quando o conheci, essa preocupação em mim era algo obsessiva. O que lucraria um senhor, então com setenta e tantos anos, cobiçado por meio mundo, sentado por horas e horas num café tão desolado quanto o espírito dele, conversando com uma pessoa cinqüenta anos mais jovem e portanto cem anos mais séria, cento e cinqüenta anos mais engajada no descobrimento e na "salvação das coisas"? Na verdade, passamos as manhãs indo do ceticismo raso ao mais fundo. Fico imaginando que, se nossas conversas tivessem sido gravadas e analisadas, o único fim lógico seria o suicídio. Pois aí é que está a graça da coisa. Os fins dos nossos encontros esbarram nas mais absolutas lógicas — temporárias — e nunca são o suicídio. Apesar de que a desistência paira no ar como pairam no ar as memórias recentes e tristes de Sam, da perda, dia após dia, de seus mais queridos amigos, entendedores da sua reclusão, respeitadores de sua dor. Beckett fala muito em Alan Schneider, seu mais antigo e fiel diretor americano, que foi atropelado em Londres em 84. Não consegue se desvencilhar do fato de Schneider ter morrido, em última instância, por um gesto ligado a ele, Beckett, e de ter sido a morte causada quase que por um trocadilho, ou seja, a velha acusação que pairava sobre Schneider como diretor de teatro: falta de visão. Alan havia saído do correio em Hampestead, Londres, onde havia mandado uma carta para Beckett, e como americano distraído atravessou a rua olhando para o lado errado. Uma motocicleta o atropelou e Beckett recebeu essa carta dois dias depois.

Eu encontro em Beckett um *confident* recíproco e um conversador irlandês que não se cansa de falar. Mas não se cansa também de passar minutos e minutos em silêncio na minha frente, fato que me deixava inteiramente transtornado no início e que vim a apreciar ainda mais que os momentos preenchidos por sons. Sua respiração e seu cuidado com as palavras são contagiosos.

Os primeiros anos de encontros eram para mim uma enorme prova. Não só tinha eu enorme entusiasmo e conhecimento parcial das coisas como eram essas coisas substanciadas por uma enxurrada de fatalismo verbal. O problema com Beckett não é o mesmo que se teria com outro filósofo ou intelectual qualquer, ou seja, o da defasagem de informação, inferioridade na formulação de certos pensamentos etc. Com Beckett a coisa toma a perspectiva mais acanhada possível, no caso contra nós, pela redução verbal, pelo conhecimento conciso, pelas pausas, a timidez, o *timing* excessivo com que divide uma dúvida de uma afirmação, desdobrando sempre o sentido de tudo enquanto a linguagem acusa suas próprias restrições. Estou sendo claro? Não! E é precisamente daí que partem as minhas reclamações quando o foco do problema em nossas conversas se centraliza em mim. Às vezes estou sentado com ele num dos cafés mais feios de Paris (em frente de onde mora — dentro de um desses hotéis despersonalizados), e percebo que estou há horas falando para ele das minhas hesitações em teatro, da necessidade de um teatro mais imagístico, visionário, abstrato, de metáforas visuais e sensoriais, e da minha dificuldade enorme em escrever desde que esbarrei, na minha vidinha teatral e literária, em Samuel Beckett.

Eu me despeço dele sempre muito emocionado, tendo a certeza de que esta será a última vez. Preencho, carentemente, os meses em que não nos vemos com troca de cartõezinhos monossilábicos, às vezes uma frase, às vezes cinco. Nossa correspondência é quase uma ilustração de códigos kabukianos de pergunta e resposta e de não resposta. Em Nova York, principalmente durante período de ensaios —

não necessariamente de peças de Beckett —, paro num café e puxo um dos cartões em branco que carrego em minha bolsa e escrevo para ele sobre uma soluçãozinha que acabei de encontrar para tal e tal cena. Recebo uma resposta dez dias depois, fundamentando as minhas descobertas em algum Yeats ou Dante, quando eu já abandonei há muito essa minha própria descoberta.

Passei uma tarde inteira com ele tentando descrever-lhe Caetano Veloso, com letras de Caetano em punho, traduzindo o melhor possível as palavras "intencionadas" de Caetano, recebendo de Beckett uma coisa rara: um entusiasmo relativo à obra de uma outra pessoa, em uma língua que não conhece bem.

Se aprendi alguma coisa nesses anos, foi a de desintensificar o sentido, sabendo que o banco de memórias conduz qualquer sentido ao seu expoente mais amplo quando livre de interpretações. Não interpreto muito a minha relação com Beckett mas deixo que ela me bata fundo na alma, ciente de que ocupo no universo um espaço mínimo pontuado tão gentilmente pela presença, em meus sonhos conscientes, de Samuel Beckett. Happy birthday, Sam.

20 de abril de 1986
Jornal do Brasil

Diretor espremeu impressionismo até os ossos

Para quem havia optado tão tarde pelo teatro, a morte de Kantor é surpreendente. No seu último trabalho apresentado no La Mama, *Eu Não Voltarei Jamais*, a ameaça de morte até ronda por perto, mas existem promessas — quase desesperadoras — de que o artista precisará voltar. Além do mais, aquela figurinha de um metro e sessenta, cabelo à la Frankenstein, cabeça enorme sempre em posição de quem está se esquivando de morcegos em vôo rasante, fazia da morte o epicentro de seu teatro, de sua existência.

Kantor era o "pintor e gravador" (na verdade, escultor) do qual Beckett falava em *Fim de Jogo*. Mesmo olhando para fora da janela, para um jardim, tudo o que ele via eram cinzas. Coisa de judeu.

Foi ele quem começou toda essa coisa do teatro usar metáfora atrás de metáfora. Foi ele quem criou o teatro da introversão. À medida que a *troupe* Cricot 2 aumentava, dizia-se que a personalidade de Kantor aumentava. Em *Que Morram os Artistas!* (1985), o tema é justamente esse. Kantor teceu um teatro em torno de tormentos pessoais, espremeu até os ossos o impressionismo, sem nunca usar recursos pictóricos, ilustrativos etc. Nunca se viu um só efeito de luz em Kantor. O trabalho quase minimalista exigia dos atores a *performance*. E como maestro inevitável, colocava-se em primeiro plano para a platéia. E do seu canto esquerdo regia cada um dos seus espetáculos. O que me faz pensar: como será agora sem ele? ou será que não será?

O trabalho genial de Kantor era dividir a percepção do espectador em alguns símbolos reconhecíveis: gêmeos, pai, mãe, rabino, padre... etc. Essas figuras então se punham a atravessar o tema: guerra, invasão, sobrevivência, o Eu etc., usando esculturas móveis para constatar sua vulnerabilidade perante Deus ou perante Um Deus (Kantor *Himself*), que do seu caminho podia excluí-los ou incluí-los em outra cena. Apesar de soar assim, a coisa não era tão improvisada.

Existiam quatro ou cinco saídas ensaiadas para uma eventualidade. Não se pode esquecer que Kantor veio da escultura e o escultor precisa ser, para começar, um destruidor. Os quebra-cabeças cênicos eram tão difíceis quanto era ele, Kantor.

Era conhecido por seu temperamento brutal, exagerado. Certa vez deu um tapa no meu assistente de luz no La Mama porque um refletor começou a piscar sozinho (coisa que acontece quando o refletor vai queimar). Os atores eram mantidos nos seus quartos até a hora de irem para o teatro. Falava-se que dois deles eram da KGB. Isso em 1978 era plenamente justificável. Kantor ameaçava, dia sim dia não, cancelar o espetáculo, com a platéia já lotada. Eu já o vi expulsando um *punk* da platéia em Nuremberg por causa dos cabelos. Isso tudo dava uma aura engraçada a Kantor. O humor, o imenso humor em seu trabalho vem do nervosismo, da perplexidade. *A Classe Morta* ou *Wielopole, Wielopole* são, sem dúvida, "teatro do susto". As personagens todas buscam (nunca encontram) de ímpeto em ímpeto e acabam crucificadas em maquinarias desconfortáveis, incarregáveis. Uma certa semelhança com Jacques Tati, mas com a intenção clara e evidente de tornar a existência uma coisa patética diante de qualquer situação. Tadeusz Kantor foi para mim a maior influência. O seu teatro criava uma simbiose absoluta entre a platéia e os atores. Essa simbiose era renovada a cada impulso, susto. O público aprendia a ver o espetáculo através dos olhos dele, Kantor, porque sua presença era, fisicamente, indiscutível. Colocar-se ali, exigir que o público absorva o espetáculo como o criador o absorve é desnudar os códigos de uma forma que nenhum de nós tem coragem. Vejam, o teatro de Kantor não "induzia" ninguém a nada. Não revestia o espaço cênico com maquiagem ou disfarce. Eram só atores, coreografados até o dedão do pé de forma propositalmente artificial. De forma que o público preenchesse com realidade o que fosse preciso. E para isso a presença do criador/espectador era brutal, até agressiva, pois se tornava uma barreira física, impedindo o acesso metafórico do público ao palco. Em última instância, Kantor sempre dizia que seus atores representavam para ele — o público, um mero convidado. E esse era o ponto de percepção que o interessava. Um mero convidado tenta organizar, perceber, criticar de uma forma descompromissada. Disso saem reações ótimas, revelações teatrais iluminadas. Kantor isentava o público de qualquer reação. Eles representavam para ele. E agora?

10 de dezembro de 1990
Folha de S. Paulo

Autor traz clássicos à escrotidão do dia-a-dia

Eu duvidava um pouco do poder de alcance de uma peça de Heiner Müller. Quando montei *Quartett* em Nova York, em 1985, eu estava fazendo um teste. O texto teve uma penetração quase tão grande quanto a sexual aludida por Choderlos de Laclos em *Ligações Perigosas*, na qual *Quartett* é baseado. E, depois, apesar das traduções para o inglês, não vi nenhum outro texto de Heiner montado. Até que Bob Wilson fez *Hamletmachine* com estudantes na Universidade de Nova York. Igualmente bem aceito. E, depois de algum tempo, mais nada. As preocupações filosóficas e sociais de Müller não interessam nesses países que se autodefinem como novo mundo e vêem as neuroses da cultura européia através de prismas superficiais e turísticos. Saudável América.

O mito da literatura clássica é uma vaca sagrada na Alemanha. Que ninguém duvide de seu poder elevado ou ouse trazê-lo para dentro da escrotidão do cotidiano. Nem pensar em diminuir o valor de Shakespeare, Sófocles, Goethe. A não ser que se tenha como sustentáculo o igualmente inatingível *status* de intelectual da Alemanha Oriental, sempre um excêntrico objeto de observação pelos alemães ocidentais.

Heiner Müller matou a Vaca Sagrada, esquartejou-a e depois fez cócegas nos seus ossos. O ator Oswaldo Barreto tinha um bloco de frases em *Um Processo* onde a consciência superficial de sua personagem revolvia um discurso no qual a pontuação era Beckett, Müller, Beckett, Müller, Beckett... Müller viu o espetáculo em São Paulo e comentou comigo que foi estranho ouvir o seu nome incluído em um redemoinho de idéias sobre a dramaturgia moderna da mesma forma que ele, Heiner, criava redemoinhos para a dramaturgia clássica. Na verdade, Beckett é simplesmente o oposto de Müller. O primeiro fala de menos; o segundo fala demais. Mas os dois reconheciam que a palavra é curta demais para expressar o ser humano. Müller não escreve para um teatro que vise a tensão dramática humana. Müller escreve manifestos, alguns encenáveis. A tensão dramática vem da exposição que esses manifestos fazem da hipocrisia, o nojo e a ilegalidade de valores aos quais os seus heróis têm de se submeter para virarem heróis ou mártires.

No fim, Heiner Müller consegue na Alemanha Ocidental e Oriental uma coisa parecida com as tragédias gregas: a penitência coletiva, em que uma população ia ao teatro "sofrer" as suas neuroses. Só que com um dado a mais: o herói de Müller é sempre travestido, o que faz com que as suas manifestações de agora tomem um rumo diferente no futuro. Que rumo? Não sei. Pode ser que daqui a quatrocentos anos o clichê popular seja: fazer ou não fazer, eis o desafio.

Folha de S. Paulo

HEINER MÜLLER — MORTO

Não é a primeira vez que Heiner Müller "passou para o lado de lá", mas certamente será a última. O autor e diretor de teatro que ficou notório na década de 80, por ter ganhado *status* de passageiro livre entre as Alemanhas divididas, morreu ontem em Berlim. Ou melhor, é difícil dizer se Müller morreu realmente ou se resolveu dar uma espiadinha num outro "lado de lá", já que a reunificação de suas amadas e odiadas Germânias tinha resultado numa antitragédia tão entediante e burocrática que até anulava aqueles anos de excitação e especulação da guerra fria, em que o contrabando de cultura e de espiões era o que de mais interessante havia nas terras de Schiller e Goethe. Na verdade, "passar para lá" não é nenhuma novidade para Heiner Müller, recentemente acusado de ter tido envolvimento com a *Stasi*, o serviço secreto da extinta Alemanha Oriental. Como Müller se defendeu das acusações? Com as mais irônicas e cáusticas explicações de sempre, típicas de sua dramaturgia e de sua visão niilista a respeito do futuro de sua nação.

Eu conheci Müller em 85, quando nos apresentávamos com Julian Beck num teatro de Frankfurt. Logo depois, dirigi a estréia americana e brasileira de sua peça mais famosa, *Quartett*. A fama de Müller alcançou proporções gigantescas na Alemanha recente. Depois de condecorado com o prêmio Büchner nos anos 80, seu modo áspero e cíni-

SÍLVIA FERNANDES E J. GUINSBURG

co de ver a cultura do mundo influenciou toda uma geração de autores e diretores alemães, de Schläff até Frank Carstof, hoje figuras dominantes na vida cultural de Berlim juntamente com Müller, que até sua morte dirigia polemicamente o teatro Berliner Ensemble, onde, coincidentemente, começou sua carreira junto a Bertolt Brecht, na década de 50, como estudioso e tradutor de peças de Shakespeare.

Temo que, junto com Heiner Müller, morra uma tradição recém-instalada na Alemanha: a de forçar uma abertura cultural e lingüística, num país obcecado pelas suas possibilidades e limitações por causa de seu alto grau de erudição em todos os níveis, através da importação de um dos mais bem-sucedidos mecanismos de exame da modernidade racionalista e do modernismo, ou seja, a experiência semiológica francesa. Müller, assim como Goethe e Büchner, era um apaixonado pelas culturas estrangeiras e sabia, como seus antecessores, incorporar elementos românticos, barrocos e trágicos a uma cultura que vive do aprimoramento obcecado de mecanismos racionais. Müller sabia pegar emprestado e aplicar todos os ícones culturais a situações domésticas, travestindo-as de tal forma que se tornavam aberrações, visões quase verídicas e, uma vez transformadas em matéria-prima germânica, viravam o mais cruel retrato da mais cruel sociedade moderna, a alemã. Dessa forma podemos ver sua *Medeamaterial*, um apanhado da essência psicológica de Medéia como uma formalização da "Mãe-Alemanha", aquela que mata seus filhos, ou *Hamletmachine*, um apanhado sobre a dúvida e o excesso de verbo para pouca ação como uma formalização das jovens Alemanhas pós-guerra, incapazes de tomar uma atitude real, preferindo ficar na eterna ponderação sobre sua existência frágil e estuprada. A obra de Müller sempre foi um híbrido complexo entre os clássicos existentes e a retórica política que fez de todos os clássicos uma mera ficção mansa. Pode-se dizer que era um autor de manifestos, ora encenáveis, ora não. De qualquer forma, sua caricatura da sociedade de todos os tempos, muito mais erudita e menos cotidiana que a de seu mestre, Brecht, acabou por transformar a história da literatura numa espécie de catálogo de doenças contagiosas da pele e da mente.

Müller praticamente reduziu o ser humano à sua culpa não assumida. Sua obra foi uma resposta ativa à atividade paralisada de

HEINER MÜLLER — MORTO

GERALD THOMAS

Beckett. Se Beckett falava de menos, pois não achava na escuridão do imenso universo uma motivação ou uma explicação verbal que o retirasse do eterno círculo semântico das palavras e paradoxos revolventes, Müller falava demais. Seu mecanismo verborrágico fazia suas personagens vomitarem séculos de literatura mal digerida e mal assimilada e coagida por políticos a tomar sentidos inversos. Heiner Müller usava a literatura para explicar onde o mecanismo humano havia falhado e falharia sempre e retratou, involuntariamente, a máquina modernista como um veículo de destruição da individualidade, pois abria demais as fronteiras da relatividade de cada ato e cada pensamento, tornando assim muito mais possível a traição e a delação entre amigos e familiares, eternamente sob a desculpa da efemeridade dos tempos presentes. Essa relatividade excessiva, sem dúvida, é a essência do que sobrou do aparato modernista nesse final de milênio, dentro do qual via-se Müller como um cientista desesperado para receber uma oferta de um Mefisto, cujo pacto o levaria a descobrir territórios fora dos confins do eterno conflito ideológico, esse sim, o fantasma, que não deixava Heiner Müller dormir. O conflito ideológico não era senão uma reorganização de palavras, e, na Alemanha de Goethe e da Bauhaus, Müller via como sua missão enterrar esse fantasma em praça pública, assim como Lênin, seu ídolo e objeto de chacota mais antigo.

Nas peças de Müller não há ingênuos. Todos as personagens são culpados *a priori* e sofrem de má intenção. Todos conhecem seu passado e são incapazes de esquecê-lo, mesmo que por um momento. São todos espiões ou ladrões culturais, chefes de quadrilhas, duques e marquesas que usam terceiros para se satisfazerem; são todos, de uma forma ou de outra, sobreviventes do Reichstag em pleno Terceiro Reich, olhando para o mundo como uma potencial arena romana. Se Müller tivesse escrito um *d'aprés Faust*, seu cientista certamente já incorporaria o tratado com Mefisto e estaria em pleno andamento em sua voraz escalada pelo poder eterno, não importando quais formas tomasse emprestadas a fim de afirmar sua liderança. Olhando a Alemanha de hoje, soa familiar?

Heiner Müller amava e odiava os povos germânicos. Cansou de ser atacado por sua incansável coragem em achar analogias entre o fascínio alemão por Hitler e a inevitabilidade de repetir seus erros, condenado pela própria estrutura de sua língua. Impossível classificá-lo como de esquerda ou de direita, pois ridiculariza a retórica que transformava qualquer pensamento político em potencial abuso de poder. Müller tornou normal e aceitável a noção de pirataria dramatúrgica, preferindo trabalhar em textos "baseados" em textos clássicos, lidando assim diretamente com a "máquina" ou o "material bruto" da dramaturgia dos tempos, que iriam desde *Medéia* até *Hamlet*, desde Büchner e Laclos até os diários de Stálin. Seu grande projeto inacabado era *Germânia 3, a Amizade Subversiva entre os Arquinimigos, Hitler e Stálin*.

Eu estive com ele pela última vez em Berlim, em outubro passado. Apesar de recém-operado, nada indicava que estivesse a alguns meses da morte. Estava excitado e assombrado com o sucesso de sua última peça, *Arturo Ui*, que mostra o fenômeno do eterno fantasma alemão, Hitler, como tendo sido um ato de teatro mal feito que os alemães desejavam. Ele fazia um paralelo hilariante entre o *bad acting* (canastrice) de um rapaz que começa a sua vida como um cachorro (literalmente) nos subterrâneos da Alemanha industrial e falida e vira um líder dos seres humanos através de seus uivos, muitas vezes ininteligíveis. O povo alemão, obcecado que sempre foi consigo mesmo, prefere muitas vezes não ouvir o significado do discurso, prefere somente ser convencido pelo volume de seus berros, crítica que leva Müller de volta às óperas de Wagner, de quem dirigiu em Bayreuth, recentemente, *Tristão e Isolda*, levando os amantes ao cúmulo do estaticismo, não permitindo jamais que se tocassem fisicamente, deixando que as juras do amor eterno não passassem de meros exercícios de retórica, na melhor tradição schopenhaueriana. Müller era, portanto, o perfeito autor para seus compatriotas. Zombava e discutia temas que assombram aquele recém-unificado aglomerado, aquela nação de intransigentes e arrogantes teutônicos.

Em outubro, Heiner se queixava da precariedade financeira e política ("eles querem a minha cabeça") com que tocava a direção do Berliner Ensemble, mas não deu um piu sobre sua saúde precária, voltando a enfiar um daqueles charutos brechtianos em sua boca. Müller sempre ficou perplexo com sua falta de penetração no mercado de teatro do resto do mundo. Era apaixonado pelo Brasil, onde esteve várias vezes, mas sua maior decepção foi não ter conseguido penetração na Inglaterra ou nos Estados Unidos, terra dos autores que mais venerava. No seu túmulo talvez se devesse ler "Aqui jaz assim o mais ilustre passageiro de Checkpoint Charlie, o homem que uniu as Alemanhas duas décadas antes da formal queda do Muro, através daquilo que as Alemanhas mais têm e mais temem em comum: seu passado e seu futuro".

Folha de S. Paulo

HEROÍSMO SOBREVIVE NA ARTE DO WOOSTER GROUP

O que mais impressiona no Wooster Group é a sua capacidade de sobreviver. Essa formação, que hoje se chama de Wooster Group, vem do Performance Group, liderado, nas décadas de 60 e 70, por Richard Schechner . Na época, Schechner era aquele que dividia as glórias do teatro dito "revolucionário" com Julian Beck e Joe Chaikin. Só que sua proposta de revolução era inteiramente no estilo do que estava acontecendo na Europa, fundamentalmente diferente das questões americanas da época.

A Europa sempre respondeu às necessidades formais com longas e demoradas crises intelectuais. Depois da Segunda Guerra Mundial, o que restava de sua classe artística ficou décadas paralisada com as questões suscitadas pela vasta adesão de sua cultura ao fascismo e não saía de um ciclo vicioso de uma revolução calcada em velhas fórmulas de reestruturação social.

Na América, contudo, a coisa foi diferente. Aqui foi o lugar que saiu para o berro, para o desbunde, para a cor e a justaposição de formas que, em princípio, não se uniam segundo os preceitos europeus. O Frankenstein americano quebrava o laboratório e já saía perseguindo qualquer um para obter sua revanche.

A cultura americana é, nitidamente, uma cultura de ação. O cinema americano é a expressão mais clara disso e, infelizmente, ainda existem intelectuais lobotomizados pelo assim chamado "fantasma do imperialismo americano" que não conseguem enxergar as entrelinhas de como a ação americana foi tomando forma, enquanto a arte européia estagnava em questões tão profundamente equacionadas à impotência ética e artística. O *action movie* e o *action hero* são criações míticas de uma época, assim como Medéia e Electra também o são. Se são triviais e superficiais, Warhol deu orgulho e autocrítica a essa superficialidade, pois de nada adiantou a "grossa" camada erudita européia quando os judeus berravam nos campos de concentração. A "grande" cultura européia cometeu as maiores e mais primitivas atrocidades em muitos séculos.

Batman e Superman são criaturas tão espessas quanto qualquer herói clássico, e suas qualidades começam onde os defeitos dos clássicos terminam. De qualquer forma, para se entender o teatro americano, é preciso entender o cinema americano. E a obsessão com a ação é uma resposta à inércia da arte européia, é uma resposta do Novo ao Velho Mundo.

Schechner era daqueles que achavam que para legitimar o ato da criação americana era necessário se curvar perante a velha cultura. Achava que montar *O Balcão* de Genet ou fazer adaptações de tragédias gregas iria sofisticar e politizar sua platéia. Infelizmente para ele, a platéia estava mais a fim de ouvir um enorme berro de independência, ao som de uma guitarra elétrica e uma maquiagem decadentemente *punk*.

Se a preocupação de Schechner era sair do coloquialismo naturalista de O'Neill, Odets e Tennessee Williams, a de todos os outros criadores de teatro também era. A América caía no desbunde. O Living Theater, de Julian Beck, berrava anarquias e tomava as ruas de Nova York. A cidade tinha virado uma grande festa eletrizante, explodindo em experimentalismos em todas as áreas.

O Festival de Woodstock acontecia a duas horas daqui. No La Mama e no Café Cino, Sam Sheppard, Lanford Wilson, Wilford Leach e Andrej Serban procuravam o "novo teatro americano". Joe Chaikin havia acabado de defectar do Living Theater e criava o seu Open Theater. Todos iam na direção de uma independência, uma libertação das influências européias.

A forma de dizer um texto sofreu mudanças radicais. Palavras da língua inglesa sofreram transformações radicais. O ator tomava formas mais esculturais, menos dia-a-dia, e a "personagem" se transformava numa criatura sem barreiras etárias ou temporais. Mais que qualquer outra coisa, o teatro americano procurava respirar e queria se pintar com as cores recém-inventadas da cultura *pop*.

Enquanto isso, Richard Schechner se perdia num teatro altamente didático que visava educar sua platéia, sob o ponto de vista de uma nova concepção social. As peças perdiam tudo o que havia de lúdico, e as encenações passavam a ser verdadeiras aulas de postura social, assim como Boal fazia no Brasil. O problema é que a cidade acordava de algumas décadas de inocência e embarcava na decadência.

Andy Warhol tomara conta da cidade. Rauschenberg e Lichtenstein davam seqüência ao "americanismo". Warhol, aliás, já tinha "abandonado" a arte e assinava os filmes de Paul Morrisey. Jimi Hendrix tinha achado no som das bombas que caíam sobre o Vietnã uma nova forma de representar o hino americano.

A sociedade *pop* explodia, literalmente. E, no meio disso, um chato chamado Richard Schechner tentava ensinar como se comportar nos moldes de uma Alemanha. Schechner chegava a entregar folhetinhos, suplementos lexicográficos para a platéia na entrada do teatro.

Resultado: acabou o Performance Group. Mas, de dentro dele, saíram duas pessoas interessantíssimas que decidiram manter o endereço e parte da companhia. Estamos em 1980. Elizabeth LeCompte e Spalding Gray levam a companhia na direção da onda de experimentalismo que ainda assola Nova York.

O endereço é uma garagem na Wooster Street, entre Broome e Grand Street, no coração do SoHo. Até hoje o teatro opera lá, com sua platéia de, digamos, uns 120 lugares. O sistema sempre foi o mesmo. Você liga e reserva. Um jovem toma seu nome durante o dia e o inclui numa lista de papel. De noite, você congela na calçada, numa fila que se move muito devagarzinho, enquanto aquele mesmo jovem tenta localizar o seu nome nos inúmeros rabiscos de sua lista. Isso dá um tom simpaticíssimo, especialmente porque naquele teatro se apresentam, com muita freqüência, duas estrelas absolutas do teatro e do cinema, Willem Dafoe e Spalding Gray. Durante a década de 80, a Performing Garage também vira endereço provisório de outros diretores, como Richard Foreman, Jeff Weiss ou John Jessurun.

Em um lado da cidade, a companhia Mabou Mines juntava mídias; vídeo, bonecos, música. Seu mentor, o diretor Lee Breuer, era, e até hoje é, um apaixonado por teatro de bonecos. Suas peças foram tomando essa forma. Por outro lado, Robert Wilson já era o marco absoluto e colocava no palco suas longuíssimas e deslumbrantes visões, em parceria com Philip Glass.

Wilson, o mais radical, consolidava a *departure* total do teatro convencional que influenciou dezenas, entre eles Elizabeth LeCompte. Wilson havia transformado o teatro experimental dos anos 70 numa fusão que unia todas as culturas, uma espécie de jornada *nô* e surreal. Sua calma e delicadeza cênica haviam influenciado decisivamente a maneira como o "diretor" via o teatro e como o teatro via o diretor.

O texto havia sido fracionado ou eliminado de vez e os aspectos periféricos do teatro tomavam o centro do palco. Isso tudo empurrava a intimidade formal da figura do diretor para o centro da questão. O diretor virara o criador, o escultor, o materializador de seus sonhos e pesadelos, através de qualquer forma que se prestasse a isso. O diretor, ou o teatro, começava a formar um paralelo interessante com o *pop star*. Sua função teatral extrapolava o assunto cênico. Seu público compactuava com suas idéias e visões mais íntimas. O Wooster Group foi formado, justamente, sobre essas premissas. A década de 80 trouxe a efervescência de volta para a Wooster Street.

Se Wilson encantava e paralisava a platéia, o Mabou Mines a titilava com pequenas doses de intromissão do cinema no teatro. Enquanto isso, Richard Foreman, criador do Onthological Hysterical Theater, torturava sua platéia com sons repetitivos que lembravam um boliche astral e uma luz na cara de cegar qualquer mortal.

Foreman inventava posições físicas egípcias e formava uma estética mais parecida com a de judeus hassídicos, isto é, milhões de objetos pendurados, fios dividindo cada espaço cênico, balões infláveis e adornos por todos os cantos; tudo para fugir do naturalismo, do realismo até então perseguido pelo teatro americano, e levar o seu público para o cerne da sua questão obsessiva e formal.

O Wooster Group embarcou pela viela da sátira, da pungência e de pequenas doses de subversão. A linguagem do grupo é, talvez, a mais novaiorquina de todos os grupos, principalmente porque sua expressão é calcada na ironia, no blaseísmo típico de um morador de uma grande metrópole que tem tudo e ri da província e de seus pequenos deslumbramentros e crenças. Nas mãos do Wooster Group, a cultura americana ria de si mesma, vacas sagradas dessa cultura, como a divisão racial e étnica, passavam a ser assuntos pantomimizados e abusados em sua escritura cênica. Se o cinema entrava no teatro através do Mabou Mines, a linguagem falsa e moralista da televisão entrava no teatro do Wooster.

Spalding Gray, um dos seus formadores, junto com LeCompte, foi se destacando do grupo e começou a se apresentar em solos. Estes eram as coisas mais simples. Uma mesa, uma luz e uma narrativa cômica hilariante, geralmente uma história empiricamente vivida, como *Swimming to Cambodja*, *Gray's Anathomy* ou *Monster in the Box*.

Gray seguiu a linha de outro integrante do grupo, Willem Dafoe, e começou a participar de inúmeros filmes, como *The Killing Fields* (*Os Gritos do Silêncio*) ou *The Paper* (*O Jornal*), mais recentemente. A Companhia que restou, liderada por LeCompte e Ron Vawter (recentemente falecido em pleno vôo entre a Europa e a América), criava espetáculos que tinham uma espécie de paralelo no Brasil: o mundo de Hamilton Vaz Pereira.

Os espetáculos são rigorosamente formais. A luz varia pouco. Os atores estão acoplados a um sistema sofisticado de controle de som e de vídeo. Essas formas interagem melhor aqui do que em qualquer outro grupo de teatro. Qualquer ação é necessariamente fragmentada e vista de vários ângulos. LeCompte não tem o menor problema em usar clichês e fazer chacota deles. O último *leitmotiv* parece ser uma certa ridicularização da estética japonesa. Nisso também vai uma enorme crítica, evidentemente. Não existe a preocupação de "encantar" a platéia ou de deixar que ela se emocione. O *display* de técnica é deliberadamente aparente, como se quisesse expor o interior da máquina durante a *performance*. Isso cria uma interessantíssima metalinguagem, pois somos capazes de seguir o plano da ação e reconhecer nele suas várias formas de uso para conseguir chegar a essa ação. Testemunhamos a criação do feto e vemos os vários estágios de seu crescimento, mas não nos emocionamos nunca com o fato de ele alcançar a "vida". A linguagem do Wooster Group é a única que sobreviveu ao massacre do final dos anos 80 e 90.

Os Mabou Mines não existem mais, virtualmente. Richard Foreman ainda produz, mas literalmente exilado no fundo de uma igreja, a Saint Marks. Wilson vive, quase que oito meses por ano, exilado nas casas de ópera da Europa. Numa conversa informal de alguns dias atrás, Wilson me dizia que achava que nunca mais conseguiria plantar um pé aqui. O Wooster Group nunca deixou de ter esse pé plantado aqui. Se existe heroísmo em arte, sem dúvida nenhuma o Wooster Group é o super-herói contemporâneo em pausa de almoço. Pelo jeito, eles ainda estarão produzindo quando os efeitos da criptonita já tiverem passado.

16 de março 1995
Folha de S. Paulo

O SÉCULO XX TRAVESTIU A INOCÊNCIA DA CRIAÇÃO

Começo esse artigo escrevendo, por absoluta e total coincidência, de Cracóvia, Polônia, berço de Ziembinski e Tadeusz Kantor e, por muito tempo, centro gravitacional de Grotowski. Leio nos muros da cidade, a caminho do ensaio, as palavras pichadas: "calculista", "fraudulento", "herege". Não sei do que se trata. Pode ser campanha política ou fruto da minha imaginação. Mais tarde, encontro essas mesmas palavras no livro de Kantor, *Que Morram os Artistas!*. Quando menciono a coincidência ao meu assistente, ele me diz que as pichações foram feitas por um grupo de teatro de rua por ocasião de uma montagem de *Fausto* que seguia pelas ruas como uma procissão. As pichações eram, na verdade, referências aos três estudantes dessa mesma Cracóvia que aparecem com o livro mágico no início da jornada de Fausto. A tal montagem celebrava a sobriedade e o humor no ritual teatral, assim como Fausto celebrava a sobrevivência de sua razão, mesmo nos piores momentos de seu dilema.

O teatro, seja em qualquer parte do mundo, é mais ou menos isso mesmo: um ritual sobre viagens, descobertas, paixões, pichações e pequenas explicações sobre as coincidências. Alguns depositam confiança na narrativa. Outros fazem da narrativa uma jornada deliberadamente confusa. A confusão não nasce de um desentendimento do mundo. Pelo contrário, nasce do excesso de informação e, num mundo efetivamente transformado em moderno, os aspectos que dizem respeito ao humanismo se tornam diluídos através de tantas culturas. O teatro deste século transformou o drama pessoal nessa urgência em desfilar no palco etnias e culturas tão diversas, tão distantes, todas em busca de uma forma que expresse o crescimento do conhecimento humano. Falhou. Só fez prolongar sua forma estética. O teatro, assim como o artista do século XX, embarcou num excesso de auto-exame, numa enfermidade narcisista e perdeu sua inocência. O drama foi substituído por qualquer artifício que retratasse a "genialidade" de seu autor ou criador. Não digo isso pejorativamente, pois essa é, justamente, a essência do meu trabalho. Mas não deixo de ser crítico, mesmo sendo eu um vírus ativo nessa enfermidade. No fundo, a pergunta mais dolorosa é aquela que nos pega na porta de cada novo país: como iremos dizer algo que consiga interpretar tudo aquilo que nos molda, afeta e influencia? A questão é que esse "tudo" cresceu de tal forma que queremos ser examinados a fundo, na nossa intimidade, por milhares de pessoas, em busca de uma pequena solução. Este século travestiu a inocência da criação para sempre. E o artista moderno se expõe em sua totalidade e não somente através de seu *medium*. Essa obsessão em ser o centro das observações, às vezes, o leva tão longe em suas idiossincrasias que ninguém mais o consegue acompanhar.

Ao mesmo tempo, mesmo para aqueles que não se preocupam com a criação e se contentam em continuar reproduzindo, poucos artistas de teatro vivos agora, neste final de milênio, se lembram da arte da interpretação e da representação. Isolado e esquecido está o conhecimento sobre a arte dramática daqueles que dela usufruem. Sua grossa fileira de praticantes amadores e ineptos sequer conhece ou acompanha a dinâmica do pensamento universal, passado ou presente. O termo "teatralizar" virou sinônimo de "colocar uma cena no palco", ao contrário de sua origem bem mais inventiva, a de poetizar e achar formas de tridimensionalizar conflitos reais ou imaginários. O grande retrocesso na discussão teatral se deu graças à enorme falta de cultura sobre essa arte por parte daqueles que a praticam e sequer conhecem a sua origem. Dirigir uma cena ou atuar nela é trabalho para artesãos (alguns deles até eficientes), mas isso não é o cerne da questão fundamental do teatro. Assim como saber soletrar não é a questão fundamental da poesia.

Fundamental mesmo é não se deixar intimidar pelo tamanho do mundo de hoje. Mas o que torna o artista um perverso maestro do anticompasso é sua compreensão de ponta-cabeça desses milhões de novos termos para coisas velhas que o mundo inventa o tempo todo. Esse é um jogo de gato e rato. Estamos constantemente desviando de uma moda e criando outra. Estamos sempre achando que os valores reais estão diluídos, quando, na verdade, estão mais expostos e objetivamente escancarados do que nunca. Isso faz com que o intérprete, o ator e diretor não possam mais usar recursos fáceis para retratar o ser humano. Por que olhamos um intérprete e o julgamos como sendo da "velha" escola de interpretação? Talvez porque a própria emoção esteja numa evolução, dada a quantidade de ponderações que o mundo moderno impõe.

O grande rancor do teatro reside no triste fato de que suas fileiras de participantes são absolutamente ignorantes do mundo. Certa vez ouvi uma diretora de teatro brasileira fazer um discurso filosófico, risível, sobre a "condição humana" do homem contemporâneo. Sua desinformação e falta de cultura seriam de chorar, não fosse tanta asneira que chegava a ser engraçado. Ao mesmo tempo fiquei irritado com sua estupidez, pois, em última análise, sua burrice acaba afetando o teatro como um todo.

Se na Europa a chatice domina os palcos pela auto-obsessão daqueles povos que não saíram do lugar e acham que precisam resolver seus problemas intrínsecos através da semântica e não da ação (ao contrário da cultura norte-americana), no Terceiro Mundo o fantasma do pós-modernismo, da colagem de idéias pouco ressonantes, torna o excesso de ação um exercício redundante de pequenos esquetes engraçadinhos e vazios de qualquer conexão com a cultura que as formulou. Na verdade, a leviandade de que a Europa precisaria para aliviar um pouco sua alma é levada no Brasil ao pé da letra com religiosidade.

Se na Europa a desesperada procura de um herói dramático já deixa uma lacuna de uma boa centena de anos, essa mesma procura é constantemente vitoriosa no magnífico cinema americano. Se o intelectual europeu rejeita a chegada do *action hero* à cena, achando que ações como corridas de automóveis e matança de centenas não resolvem filosoficamente os termos do contrato entre arte e sociedade, não está prestando atenção a essa sociedade. Em teatro, onde corridas de automóveis e explosões apocalípticas ainda não são possíveis, o problema é outro. Mas a equação é a mesma: o drama do palco precisa achar uma proporção ante essa sociedade que a entusiasme e a entretenha, ao mesmo tempo em que deposite ali, na frente dela, sementes de discussão que a dinamizem.

A ação desapareceu na escritura do drama europeu junto com as constantes derrotas sofridas por aquele continente, ainda hoje perdido numa avalanche de pós-análise. Paradoxalmente, contudo, essa derrota trouxe excelentes encenadores à tona, já que a arte da autoria "pura" sofria da inércia de ver derrotadas centenas de conquistas intelectuais. Entre o fim de um jogo na reorganização das idéias (como em Beckett) e o fim do sonho humano de atravessar fronteiras (como em Heiner Müller ou em Peter Handke), começaram a florescer nos palcos europeus os chamados "cientistas malucos" da arte, como Godard, Kantor, Pina Bausch ou Jacques Tati. Estes se recusaram a entregar os pontos ao eterno racionalismo modernista e foram à luta carnavalizar e editar a comédia humana com tanta poesia quanto seus antecessores haviam feito em séculos anteriores. Hoje, na virada do milênio, o que importa é se conseguimos ou não desenvolver um vocabulário que faça jus a essa data histórica. Todo o resto é uma mera repetição da papagaiada humana. O Brasil tem uma magnífica tradição de lidar com a cultura do mundo com um *approach* que transforma o "colosso" em colóquio. Sua ganância antropofágica é fantástica e está mais perto do que se pensa da virada do milênio. No ano 2024, veremos como *Macunaíma*, de Antunes Filho, foi um marco inquestionável e inigualável no teatro brasileiro. Muitas outras inovações haviam ocorrido, mas nenhuma tão profundamente associada a um *leitmotiv* tão nativo, em forma e em conteúdo. Antunes mastigou os "cientistas malucos" do cenário internacional e os jogou na feijoada andradiana. Foi a emergência definitiva de uma forma de teatro desassociada da panfletagem e de pretensões políticas e comportamentais. Ironicamente, a mistura de polaridades culturais no trabalho de Antunes aumentou sua empatia com o público e acabou criando tantos outros níveis de compreensão que até sentidos políticos e sociais apareciam em suas entrelinhas.

Da mesma forma, Regina Casé, pouco citada em teorias teatrais ou cadernos de cultura, desenvolve no palco algo de brilhante e único. Se o Asdrúbal Trouxe o Trombone inventou uma forma de fazer do teatro um eterno recreio, Regina caminha paralelamente àqueles que fizeram da língua portuguesa e do pensamento brasileiro uma perversa essência revolucionária, invertendo velhos sentimentos de inferioridade perante o mundo num maravilhoso contragolpe. Assim como Caetano, Haroldo e Augusto de Campos, Hélio Oiticica, Glauber e Oswald de Andrade; Regina Casé é uma sufragista na forma de tratar a *story telling* e sua narrativa acaba sendo mais inteligível do que o teatro que se pretende "fiel" ao realismo. Ela achou uma forma de personificar todo o desentendimento de um brasileiro diante do mistério do colosso universal, de forma que esse "colosso" se torne um mero colóquio e a submissão brasileira perante o classicismo cultural se torne um triunfo da vida "real", difícil de entender. Nela também sobrevive a capacidade de um improvisador sobre a incapacidade dos metódicos clássicos, aqueles que, em princípio, não servem para nada a não ser para citação em pé de página. Podem, a olho nu, nada ter em comum, mas ambas as artes de Antunes Filho e de Regina Casé engrandecem a lingüística teatral brasileira de forma semelhante: mantém o espírito humanístico em constante estado de alerta, assumindo a genial postura do indefeso-irônico que não propaga pretensiosamente grandes pensamentos históricos, mas o faz, assim mesmo, através de sua postura perante eles.

Estamos sempre à beira de uma grande transformação. Não há década em que não se declare que aquele é o momento crucial da história, por esse ou aquele motivo. Hoje essa corrida está mais que nunca gulosa. Cinco anos fazem uma enorme diferença num mundo geopoliticamente irreconhecível para quem o examinou, pela última vez, em meados da década passada. Evidentemente, agora estamos realmente muito perto da virada de um milênio. Isso deve causar alguma coisa. O teatro brasileiro recebe esse choque já difuso e defasado. Não sei se me aborreço ou se me alegro com a distância do teatro brasileiro da discussão mundial. Alegro-me quando penso em Antunes ou

Regina Casé. Entristeço-me quando vejo tantos infantilóides e filhinhos de papai fazendo arte de imitação com grandes pretensões européias, quando vivem debaixo de um teto maravilhosamente brasileiro, maravilhosamente perverso perante um mundo cuja "grande" (entre dez aspas) essência humanística nada mais é senão um escroto jogo de poder entre etnias enclausuradas em si mesmas. A grandeza da cultura americana, norte e sul, está na percussão que atravessa a sua cultura. Os europeus dariam tudo por esse senso de ritmo.

É esse senso de ritmo que está mais nítido no que se convencionou chamar de a "introdução do humor no teatro de Gerald Thomas". Esse humor nada mais é do que a rarificação de símbolos surrealmente brasileiros e somente possíveis diante da crueldade cômica que a própria língua brasileira representa. Refiro-me, mais especificamente, à imagem de Fernanda Torres, servida como um leitão, já semidevorado por Luiz Damasceno, em *Império das Meias Verdades*. Essa imagem só foi possível através de um vocabulário extremamente brasileiro, assim como, suponho, Peter Brook precisou de um vocabulário polonês e oriental para quebrar as paredes com seu livro *The Empty Space*, que já caminha para os seus trinta aninhos. O futuro? A maior diferença será representada pela mudança do foco dramático, das humanidades para formas mais complexas de inteligência. Afinal, a guerra no palco é somente uma simulação artificial do que acontece lá fora. Na nossa frente está a inteligência artificial. Ela interfere com o elemento de incerteza e surpresa, premissas que sempre foram vitais no decorrer da história. Teremos a fertilização pré-calculada. Um só cientista poderá fazer coisas que o processo natural de erro e acerto fazia em milhões de anos. Teremos os neurocircuitos, criando pontes entre a mente humana fabricada e a memória estocada em dígitos e transferível de geração a geração. Não é mais ficção científica. Ficção científica será ficar se rendendo a conceitos de euro-infantilismos num mundo que progride verticalmente, graças à Nasa e poesia de Caetano Veloso.

1 de janeiro de 1995
O Estado de S. Paulo

ROYAL SHAKESPEARE

Já escrevi, a propósito dos filmes horrorosos de Kenneth Branagh, que colocar no mesmo nome a palavra Royal e o nome Shakespeare é, em si, um insulto. Shakespeare era um autor irreverente, um caricaturista cáustico, um humanista cético. Se tinha de conviver com uma coisa chamada Estado, o fazia através da sátira e da subversão. Shakespeare lidava com reis e rainhas, príncipes e duques, da forma mais metalingüística possível: transpunha tudo para um teatro, ou para um castelo que era um teatro, ou para uma ilha que era um palco, e os ridicularizava, matava, trucidava e enlouquecia. Em *A Tempestade*, a personagem principal, Próspero, zomba da vida de seus rivais, fazendo com que naufraguem e nadem até a ilha que encantou através de um contrato com uma bruxa. Próspero era William Shakespeare *himself, in person*, sendo os naúfragos retratos aprimorados de seus críticos e detratores. Mas a RSC nasceu de uma Inglaterra já dona de um império, dona de si, pomposa, aristocrática e alienada do resto do mundo.

A sede londrina da RSC, na época em que eu era adolescente em Londres, era o Aldwich Theater no Strand (a sede principal é Stratford-Upon-Avon) e era meu ponto obrigatório. Eu rondava suas portas laterais e seguia com os olhos alguns técnicos que fumavam, sentados na escada de incêndios. Meu sonho era, sem a menor sombra de dúvida, estar envolvido com a RSC. Eu tinha dezessete anos. Eu ficava impressionado com a fisicalidade dos atores, sua soltura em projetar a voz, um "algo" inexplicável que me fazia pensar que aqueles ingleses não eram ingleses. Tocavam-se de uma forma não-inglesa. Riam e tinham gestos não-ingleses. Pudera. A produção em questão na época era *Sonho de Uma Noite de Verão*, dirigida por ninguém menos que Peter Brook, em pessoa. E era por isso que a RSC estava "experimentando" gestos e atitudes não peculiares a essa companhia. Com eles, Brook, já havia feito um *Marat Sade*, um *US*. Estava sob plena influência "subversiva" (no bom sentido) de Jan Kott e Jerzy Grotowski, os dois poloneses que, sem querer ou saber, mudaram, por uma época, a RSC. O sonho durou pouco. A RSC poderia ter se tornado a maior companhia inovadora de teatro no mundo, fazendo jus, aí sim, a William Shakespeare e suas malandragens. Mas o *big business* mudou irreversivelmente a história da RSC.

Se Peter Brook internacionalizou o jeito da companhia interpretar, as direções de Trevor Nunn e Terry Hand, que seguiram a dele, devolveram aos atores o clichê que são hoje. Brook se mudou para Paris e começou o maior experimento internacionalista, num prédio abandonado perto da estação de trem Gare du Nord. A RSC embarcou feio numa jornada que iria investir pesado em turistas americanos, turistas europeus, turistas, turistas e mais turistas. A história da RSC não está tão desvinculada da triste história da Inglaterra nesse século XX. Dona do maior império do mundo, onde o sol nunca se punha, e fomentadora de mudanças behavioristas até a década de 60 (até a sua triste entrada no Mercado Comum Europeu), a Inglaterra virou um país de serviços. Seus produtos industriais não vendem. Até a famosa tranqüilidade de vida, em Londres, mudou. Agora tem assaltos. A Royal Shakespeare Company resolveu se convencionalizar para poder apostar no mercado de turismo e numa imagem da Inglaterra que é puro romantismo. A companhia de teatro que mais ousou em outras décadas, agora se curvava perante uma visão que os estrangeiros exigiam dos ingleses e, o que é pior, de Shakespeare. Com o Royal no nome, era claro que, para os estrangeiros, eles eram os donos dessa bola. Em estratégia e marketing, a RSC não divergia tanto assim daquilo que Carmem Miranda e

Carlos Machado fizeram do Brasil, e que hoje se perpetua nos *shows* do Scala e do Oba Oba. É claro que isso é um exagero, e não quero dizer que a RSC está nas mesmas proporções culturais que os citados *shows* de revista. Mas o exagero serve para ilustrar o quanto o comercialismo influenciou a linha de produção da RSC.

    Coincidentemente ou não, uma década após a saída de Brook, a RSC inaugurou sua nova sede, um complexo horrível no Leste de Londres, um elefante doente chamado de Barbican Center. As produções assumiram logo a caretice. Parecia que o diretor não tinha mais domínio da maquinaria teatral, de cenários, figurinos e luz. Os rumores, que em Londres nunca foram poucos, começaram a fazer circular uma piada: "Isso sim é que é um Shakespeare!!!", teria exclamado uma senhora no final de uma montagem de Ibsen. De Ibsen a Molière, os comboios de turistas aplaudiam aquele inatingível totem da verdade. "Isso sim é um Shakespeare!!!" Como duvidar? Afinal, quando a peça realmente era Shakespeare, ela era feita por ingleses, que levam o nome do autor no título. "Isso sim é um Shakespeare!!!", dizia outra senhora à sua filha na saída. A filha dizia: "Mas eu não entendi nada do que a Ofélia falou". A mãe respondia que também não, mas aquela linguagem arcaica não era mesmo para ser entendida. Curioso. Shakespeare se escondia nas entrelinhas. Esperava ser entendido por aqueles que compartilhavam da sua visão anti-real do mundo. Esperava, também, que a realeza não reconhecesse ali a soda cáustica de seus comentários. Dialeticamente, portanto, hoje não haveria do que ter medo. Tudo pode ser dito. Tudo deve ser dito. O autor pode ser revelado por inteiro e ainda sobrará espaço para se ver como ele disfarçava, camuflava seu genial pensamento. Em pleno século XX, não há razão para reproduzir em cena uma convenção inventada, exclusivamente, para disfarçar a crítica.

    De uma coisa eu tenho certeza: os olhos iluminados de um Robert Langdon Lloyd ou de uma Glenda Jackson foram, infelizmente, substituídos pelos clichês *yuppies* e banais que afastam qualquer criatividade na arte da interpretação. A fusão contraditória entre o estagnador de um "royal" e o progressor de um "Shakespeare" é justamente o problema desse corpo estável, esse produto de exportação mais altamente refinado que um bom *whisky* ao norte de Northumberland. Só que, ao bebê-lo, ele não te solta nem te embebeda. Te distancia. Ou te desilude. Talvez case bem com o Prozac. No fundo eu ainda torço pela velha RSC, aquela sediada no Strand. Com a passagem do tempo a lembrança melhora um pouco. Boa sorte na terra de Caliban.

O Globo

O BLÁ BLÁ BLÁ NA RIBALTA

O melhor parodista ainda é Shakespeare. Shakespeare *himself*, ele mesmo, era o primeiro a não ter lá muito respeito pelas "palavras, palavras, palavras". Foi Shakespeare *himself* que, chegando ao fim de um de seus mais belos espetáculos, deparou com um palco ensangüentado, mortos por todos os lados, e murmurou "...o resto é silêncio". Acho oportuno então, a 60 km que estou do palácio de Elsinor, situado em Helsingør, onde o confuso príncipe dinamarquês zombou do mundo das letras e do excesso de verbo para pouca ação, responder a uma questão que vem me aporrinhando por fax, esteja eu onde estiver, desde a Polônia ensaiando um espetáculo, ou em excursão com uma ópera em Florença. Meu fax invariavelmente ejacula trechos entediantes dos *delicados* suplementos culturais da imprensa brasileira, dando manchetes inacreditáveis ao "grande debate contemporâneo", o do "teatro da palavra *versus* o teatro da imagem", referindo-se a este que lhes escreve como alguém que teria seqüestrado as nobres palavras dos pobres autores brasileiros e as tivesse jogado no meio do oceano Atlântico, fora de qualquer salvação.

Ora, gente, mas que falta de assunto!!! Façam o que quiserem. Infestem seus palcos com quantas palavras quiserem. Se tiverem algo a dizer, ótimo. Que mania essa, de ficar reclamando. É fácil, não? É exatamente aí que reside o problema. Durante a ditadura militar já se disse que a falta de criatividade nas artes era culpa da censura. Aí acabou a censura. Abriram-se as gavetas e, para o espanto de todos... o resto era silêncio. Agora é comigo! Eu, Gerald Thomas, ativo no ramo do teatro em seis países, fora dos palcos do Rio de Janeiro e da vida desses senhores, sou então o responsável por não estar se dizendo nada de novo ou de velho no mundo das palavras?

Conheço uma clínica literária boa pra vocês, chamada "Fahrenheit 451", não muito longe daqui.

O Brasil é realmente *unique*. Em nenhum lugar do mundo, mas em nenhum lugar mesmo, se discute mais essa baboseira. Seria como discutir o que é mais importante num automóvel: se o freio ou o acelerador! A problemática do palco sempre foi e sempre será a *situação*. Situação é o que sempre moveu o teatro. Mas ela é uma senhora livre e escolhe o seu veículo preferido, dependendo de seu temperamento através das décadas. Durante algum tempo, ela escolheu autores muito bem dotados de palavras para conceberem peças deliberadamente descritas como partituras silenciosas. Vale notar que esses autores não eram cria do *movement theater* de Grotowski, nem eram bailarinos de Merce Cunningham. Mas não tenho tempo nem saco para ficar aqui academizando essa chatice, nem reinventando o balé de palavras obsoletas pra constatar o inevitável: "the survival of the fittest" (a sobrevivência do mais forte) é a realidade que o "slow death of the defeated" (a morte lenta do derrotado) jamais aceitará.

Se eu abro a cortina, e em cena está uma mesa vazia, com um prato de comida ainda quente, sem um só som, e deixo a imagem lá por vários minutos, o que o espectador vai fazer dessa informação? Vai olhar o *tableau* e não pensar nada, ou transformará essa imagem em palavras dele, ou construirá ainda uma terceira simbologia constituída de palavras, impressões e outras várias coisas? Como irá se dar a reflexão do espectador sobre essa cena? É impressionante estarmos varando mais um ano e o imbecil blá-blá-blá sobre a palavra ou a imagem no teatro ainda ser um tópico na cabeça (ou no pouco que resta dela) de alguns que se dizem teatrólogos. Evidentemente, não se chega a esperar deles a auto-ironia de um Shakespeare, nem o avanço da discussão como ela se encontra nos palcos do mundo de hoje. Não, claro que não. Mas o que me surpreende (realmente!) é a mesquinharia em discussão: a palavra *versus* a imagem.

Levem esse tom de discussão de volta para a década de 70. Naquela época vocês todos discutiam tópicos relevantes, mas que, ouvidos novamente em pleno fim de milênio, soariam como um clichê para burros, um túnel do tempo, uma besteira fora de época. Lembram as eternas discussões sobre o "papel da mulher na sociedade", ou a "validade do casamento aberto", ou ainda a "validade ou não da pílula"? Foram muito úteis, realmente, quando aconteceram. Agora, imaginem voltarmos a elas. Imaginem retomarmos os mesmo tópicos como se o mundo não tivesse incorporado os ganhos de seus intermináveis debates. Pois é. Assim é essa discussão besta sobre a palavra ou a não-palavra no teatro. Na década de 60, a *performance art* se destacou da pintura e do teatro por achar insuficientes os códigos formais da palavra ou da tinta na tela, e criou um terceiro canal. Depois, em décadas posteriores, ela foi reincorporada, como entidade própria, à pintura e ao próprio teatro. O resto é silêncio.

Se esses "brilhantes" dramaturgos tivessem a capacidade de pensar numa cena genial ou num conflito dramático de alcance universal, não estariam reclamando ou discutindo se o teatro é constituído de palavras, imagens, sons, luzes ou pipocas. E se tivessem a capacidade de criar cenas geniais, estariam cada vez mais intrigados e apaixonados pelo palco e pelos mecanismos que ele pode oferecer, cada vez que o pano se abre para uma platéia. E talvez, através dessa paixão pela maquinaria que consegue suspender o tempo e criar um mundo metafórico bem no nariz do público, esbarrassem naquilo que realmente faz qualquer arte andar ou parar: a *situação*. Nada mais propício que um palco para se estabelecer uma situação. A reclamação desses ilustres senhores mal-humorados me parece uma conveniente maneira de evitar o confronto com aquilo que gostariam de estar dizendo, mas que o enferrujado cadeado do túnel do tempo jogou nas páginas que prefaciam aquilo que realmente importa.

Confesso ter pena das raças em extinção. Contribuo (à beça!) com o World Life Fund e Greenpeace, tentando reverter aquela terrível realidade darwiniana. E, enquanto posso chorar na frente da TV vendo uma foca sendo espancada até a morte no Pólo Norte, ou ficar deprimidíssimo com a matança de gorilas na África, não chego a ter pena das mentes empobrecidas em extinção, aposentadas por não conseguirem alcançar o teto mínimo na gananciosa corrida pela criatividade. Pode-se desculpar qualquer arte usando a criatividade como desculpa? Talvez não, talvez sim. Mas há algo de curioso nessa nossa mente moderna e modernista. Queremos ver "onde vai dar". Pagamos para ver a que extremo a "coisa" chegará. Para tanto, alguns experimentos artísticos, vistos simplesmente como aglomerados de borrões ou gritarias, foram extremamente significativos. Nunca fizemos parte de povos moderados. Não temos a compreensão pacífica do universo como meta. Pagamos para ver. Taí uma explicação marota para o vírus da criatividade que permeia, constata e solidifica os avanços do artista desde que Goethe é Goethe, e desde que a América é a resposta ativa à Europa. Esse vírus, feliz ou infelizmente, transformou a palavra em somente um dos vários elementos que constituem essa arte. Somente um.

O casamento, "aberto" por sinal (outra discussão da década de 70), entre a palavra dita e aquela sugerida, sem som, é tão velho que não vale comemorá-lo novamente. Ele simplesmente é. Dizer que teatro é palavra é o mesmo que reduzir o ser humano a sua... digamos, perna, ou seu olho. Imaginem um bando de pessoas na rua fazendo uma passeata defendendo o "olho". "Chega de pernas", "chega de mãos", "chega de estômagos", berram eles pelas ruas. "Queremos a volta do olho". "O ser humano é olho!", bradam. Aliás, pensando bem, esses chatos teriam até algum futuro pela frente como humoristas, não fossem tão sérios.

Se ainda gastassem o seu tempo discutindo a relevância do *plot* do complô!!! Quando chegarem a ele, aí então é que estaremos (nós que trabalhamos aí pelo mundo) perdidos! Pois mal sabem eles que o tradicional complô se transformou numa bem-humorada procura pela identidade nessa confusa miscelânea de etnias e culturas cruzadas do mundo de hoje. Nada de errado com o complô, exceto que o ser humano contemporâneo sequer tem a crença moral ou aristotélica necessária para ser afetado por ele. E aí, gente? Numa era em que até o desconstrutivismo ascético já foi incorporado pelos desenhos animados infantis; numa era que prima pela autópsia das matérias que constituem as verdades das décadas anteriores, pega até mal atacar aquele que já achou a sua identidade.

No entanto, está tudo no humor com que se enxerga essas transformações, nessa era de perda de inocência e nesse rabicho de final de modernismo. Essas últimas décadas têm sido as mais engraçadas, pois conteúdo tem se chocado com forma, forma tem se chocado com abstração, tendo tudo isso dado no conceitualismo. Mas, algumas décadas depois, até isso é muito engraçado. O resultado de tanta graça e contradição é que o teatro no mundo inteiro tem se voltado para uma forma cada mais deliberadamente artificial, voltada a esculpir no ar formas que as outras artes já não permitem mais, compromissadas que estão com o sucesso comercial. Esse teatro dessas últimas décadas não deixou realmente muita coisa intacta. Palavra? Não-palavra? Esses senhores dormiram no ponto, pois foram essas décadas que produziram a arte como reflexo das questões existenciais que, justamente se pensadas somente em palavras, seriam varridas do planeta. A grandeza da complicação da humanidade moderna, tendo passado por tantas coisas em pouco tempo, é tanta que o blá-blá-blá não é capaz de cobrir nem dez por cento de sua ânsia. Estou errado? Olhem em volta — digo para o mundo — e vejam a imensidão de formas que o teatro de hoje compreende.

O triste é que sempre foi assim: aqueles que fazem, fazem, e aqueles que reclamam, reclamam. Quem conhece a história sabe que atrás de um Marcel Duchamp marchavam noventa chatos dizendo que aquilo não era arte, não era pintura. Atrás de Arnold Schoenberg marchavam vinte e cinco dizendo que aquilo não era música, e atrás de John Cage tinham multidões de Schoenbergs dizendo que "assim também já é demais". Os chatos não se manifestam através da arte pela qual botam a mão no fogo, preferindo reclamar em entrevistas e fóruns.

Infelizmente, tradições desaparecem quando o mercado assim o dita ou quando seu tempo oxida e perde a força por pura repetição. Ironicamente eu responsabilizo exatamente esses senhores por terem deixado a palavra morrer. Pois, se ela morreu, o fez por absoluta incompetência da geração desses senhores. Reclamar é fácil. Grunhir também. Ficar "chateado" com o estado de putrefação da palavra no teatro é muito simples. Difícil é entreter a idéia de que a pobre palavra não sobreviveu porque seus inadimplentes defensores nada tinham a dizer. Mas numa época em que se pode dizer qualquer coisa de qualquer forma, o grande fascínio dessa linguagem pós-guerra é forjar misturas. Aprende-se muito mais através dos contrastes do que com a constante pontificação de senhores sisudos de dedinhos em riste.

Agora eu, finalmente, vou ao encontro de vocês via palavras, dessa distante Copenhagen, tentando cobrir a saudade que vocês tem de mim, tendo em vista o quanto me mencionam. Depois de publicado esse artigo, volto ao melhor teatro do mundo, onde os autores mais interessantes e ativos, famosos e reproduzidos em todos os palcos do globo estão há décadas examinando a "matéria" da qual a palavra é feita, examinando a matéria da qual uma situação é feita, disassociando seu significado de sua forma, para tentar entender a origem de tanta lei, de tanto protocolo que rege o mundo há tantos séculos e por tantas guerras. Os senhores brasileiros defensores da pobre palavra não deveriam jamais deixar de defendê-la pois ela lhes serve inteiramente, já que suas demandas intelectuais são tão pequenas quanto o assunto que querem descrever. Quem vê uma peça de um autor moderno hoje, certamente verá a palavra. Aliás, horas e horas dela. Mas qual palavra? Uma palavra "autopsiada" contexto por contexto, história por história, sílaba por sílaba, forma por forma, até que se chega num inferno semântico onde nada significa nada, como, de fato, nada significa nada.

O Globo

SOBRE NELSON RODRIGUES

    Impedido pelas circunstâncias de dirigir uma peça sua, sempre acabo por escrever sobre Nelson Rodrigues ou me pronunciar a respeito em debates, convenções. "O que você acha de Nelson Rodrigues?", pergunta uma voz masculina, insegura ainda, cinqüenta anos após a estréia do *Vestido de Noiva*, sem uma opinião formada, ainda sem saber se pode ou não "endossar" esse autor obsceno, sarcástico, cáustico, caricatural, trágico e, principalmente, extremamente metafórico.

    Não tenho uma história, propriamente, com Nelson Rodrigues. Ou melhor, tenho eventos interrompidos. Projetos que não acontecem, ou sempre estão para acontecer, ou são cancelados no último momento. Já escrevi inúmeras vezes a respeito de sua obra, já dei declarações que enfureceram a família, em particular seu filho, que conheci quando ainda era preso político, e eu, um voluntário da Anistia Internacional em Londres. Comprei os direitos para *Dorotéia*, em 1985. Cheguei a começar os ensaios aqui em Nova York, no La Mama. Faltou dinheiro. Quis renovar o direito de montá-la. Pediram-me dinheiro demais. Depois tentei montá-la no Brasil. Os direitos — misteriosamente — já estavam nas mãos de um outro alguém, apesar de nenhuma montagem surgir. Já recebi telefonemas ameaçadores de Pedro Almodóvar porque eu havia dito que seus filmes são Nelson puro. Há pouco tempo as autoridades culturais cariocas gastaram mais ainda o meu precioso tempo traçando ladainhas sobre eu dirigir, no Rio de Janeiro, *Vestido de Noiva* comemorando os cinqüenta anos da montagem original. Claro que falhou de novo.

Coincidentemente (ou não), todas as vezes em que vou escrever sobre o pouco que realmente conheço da obra de Nelson, cai uma tempestade de neve brutal que paralisa a cidade. Hoje não foi diferente. Sentei no computador para ver o que sairia, olho pela janela e lá fora a *fúria* em pessoa desaba do céu. Trégua, Sr. Nelson!!! Vou falar maravilhas sobre tua obra.

Vestido de Noiva estreou onze anos antes de eu nascer. Tento imaginar o Rio de Janeiro nessa época, suas convenções, seus expoentes culturais, e não consigo. Não tenho como avaliar o impacto de um evento inovador num tempo que não é o meu. Imagino pessoas chocadas, histéricas e insultadas. Recorro a outros eventos históricos, como, por exemplo, o Duchamp expondo um urinol em 1911, o Joyce publicando *Finnegans Wake* em 1938 ou o John Cage apresentando uma sinfonia de ruídos em 1950, e noto que o que sobra dessa "fúria" reacionária, que berra nessas horas, é o sorriso pacífico da lembrança, que justifica a permanência dos inovadores e mutila, demole a memória dos que berraram.

Na verdade, esses cinqüenta anos serviram para que nos tenhamos acostumado a ser contemporâneos de Nelson Rodrigues, a entender nosso intérprete. Sua obra foi muito mais lírica do que a da maior parte dos seus contemporâneos. Nelson se concentrou em lidar com caracteres, tipos, ao contrário de seus contemporâneos no mundo todo, que investiam na construção ou desconstrução da forma. O aspecto de *crônica de eventos* que descreve com uma intimidade perversa e que moldaram a sua personalidade foram, por sua vez, devolvidos por ele de uma forma muito mais radical. Ao mesmo tempo, a escritura cotidiana de Nelson quer nos fazer pensar que está falando do ultra-realismo, querendo rachar a ficção ao meio, escolhendo o seu lado concreto, plausível. Mesmo nas claras alusões a um teatro de máscaras e de marcações nitidamente trágicas, como nas peças míticas, Nelson parece querer sempre encobrir seu palco com um ar desagradável e vulgar, sem jamais perder de vista a visão de uma cena rigorosa, tecnicamente lubrificada, com modulações de temperamento que exigem do ator uma técnica de emissão e de câmbio parecidos à de um cantor de ópera.

Mais que isso. As mudanças são bruscas demais para que o ator tenha um tempo particular seu, analítico ou contemplativo. Isso evita que o tal ultra-realismo com que traveste suas peças caia numa enxurrada psicológica de choro e berros e mantenha uma linha de ação ágil e viril.

Mas, em *Vestido de Noiva*, o que esculpe a sua linguagem é justamente a transcendência de todo o estereótipo. O choque verbal e a chave dramática são uma reta desenfreada numa partitura de altíssimo conhecimento de sonoridade. Parece-me, quando leio e ouço um dos seus textos, que Nelson, assim como Beckett, fazia *poesia-em-prosa*, *morte-em-vida*, cada frase, uma chicotada na carne do ouvinte, cada resposta a essa frase, um murmúrio natural de dor e de prazer por ter sido chicoteado. Isso constitui uma onomatopéia escatológica, acompanhada de tímpanos vibrantes, cellos enlouquecidos e muito sopro. E, em cima dessa partitura, entrariam as palavras com as intenções, algumas coincidências e muita história. No meu entender, Nelson constrói seu texto e sua trama assim como um compositor sinfônico, Arnold Shoenberg, por exemplo, conduz o ouvinte a uma resolução harmônica, mas abre desvios propositais nessa rota e o joga em conflitantes tons que nunca se resolvem no momento esperado, deixando o ouvinte e o músico sentados na beirada do assento, sem encosto, e sem vontade de encostar.

Para chegar a esse refinamento dramático, Nelson juntou o que outros não viam, ou viam como coisas separadas. Aliás, até hoje não é muito diferente. Poucos vêem a mesclagem de linguagens como algo realizável, talvez por falta de instrução ou mediocridade nata. Mas o teatro realmente passa a ser uma experiência artística quando estão em suspenso todos os valores estéticos mundanos e práticos. A suspensão desses valores precisa então de uma introdução de outros, igualmente fortes, igualmente plausíveis, para que o espectador crie um território onde consiga se ver espelhado no espetáculo. Sem isso, não há diálogo. Pelo que entendo, o grande trunfo de Ziembinski foi o de conseguir substituir um valor pelo outro de maneira tão engrandecedora para a literatura de Nelson, que, com isso, libertou o significado mundano da palavra e conquistou um universo na sua frente, livre, de formas metafóricas e iluminado da maneira mais ilusionista possível.

SOBRE NELSON RODRIGUES

GERALD THOMAS

Nelson deve ter acreditado que expressar o *inexprimível* não era tão impossível se passasse a sua literatura por um processo de destilação. Parece-me que Ziembinski tratou o conteúdo da peça como uma *essência destilada sublime* e se preocupou em dar forma a ela. E dessa forma conseguiu fazer chegar até a platéia uma cadência estranhíssima, um outro mundo, o ritmo de um surdo bêbado, sabendo que as palavras tratariam de trazer a platéia sempre de volta para o inferno do amor impossível, do incesto, da morte, do preconceito e da pitada de sal no caldo de cana.

É por isso que Nelson pode ser montado de forma trágica ou de forma cômica, e ambas estarão cometendo o mesmo engano. No fundo, ambas as formas são iguais. Através de seus personagens, vemos somente como suas próprias naturezas podem ser documentos horríveis ou revelações secretas. Mas aquele que trabalhar com o texto de Nelson num plano mais remoto, bizarro, sincrético, achará conotações perversíssimas, conseguirá sublinhar intenções, às vezes opostas àquelas em questão num ensaio emocional.

Um ator treinado, guiado pela razão, vai encontrar em Nelson uma riqueza inexplicável e vai fazer uso do conjunto de palavras numa frase, ao invés de enfatizar o que a palavra em si já diz. O ator racional e intuitivo saberá dosar as suas notas altas e baixas, assim como saberá utilizar momentos de humor e de tragédia, não segurando nenhum momento por muito tempo. O ator saberá esconder uma personagem atrás da outra, e vai saber guiar essas linhas múltiplas, sabendo o momento exato de soltar essa ou aquela.

Trata-se de saber inventar uma qualidade de *esquizofrenia teatral*, tendo-se total domínio de todos que ali coexistem debaixo da mesma pele, deixando-os viver um pouquinho aqui e ali. É preciso ser esperto com um texto de Nelson na boca. É preciso ser um estrangeiro com a linguagem de Nelson na boca. Há de se ter a vivacidade de criar ilusões no meio de uma frase e terminá-la, às avessas, com inflexões debochadas, trágicas, críticas e dissonantes. É preciso ter o domínio do seu chão, noção perfeita da circunferência do palco, um ouvido impecável para saber jogar a primeira sílaba no alto e fazer o resto da palavra afundar na memória da platéia de forma que *eles* a pensem até o fim. Montá-lo num tom único seria conceder-lhe o título de monolítico, que não merece. O ator que colocar no palco um texto de Nelson, psicologicamente induzido a subtrair dele uma coerência dramática, fará um Nelson sem *sustos*, no que estaria negligenciando todo o processo de destilação musical que ele usou para decupar tão detalhadamente cada personagem. E um Nelson sem sustos não é mais um Nelson. Não saber desviar o espectador de um impacto inevitável com um quebra-molas emocional é não saber dirigir, é reduzir Nelson Rodrigues a um autor de costumes. Se ator e diretor usam a reação humana como termômetro da encenação, estarão lhe podando os pequenos detalhes que acompanham idiossincraticamente cada situação cruel, de um parto até a morte, no palco ou fora dele. Talvez o melhor seja mesmo que cada personagem se transvista de Nelson Rodrigues por um tempo e perceba que até um bruto numa peça sua tem uma convicção sobrenatural de seu papel, de forma que, apesar de bruto, ele cogita, ele é.

Como todo grande autor, e portanto como toda grande personagem, Nelson Rodrigues diz "coisas pequenas demais para serem notadas ou grandes demais para serem entendidas" e as coloca num palco de estatura mediana, facilmente reconhecível, que, assim como no palco de Beckett, exige do público uma não-aderência imediata. De fato, ambos precisam que o público desconfie da personagem e do autor, de seus motivos e de suas colocações, para que no final, muito tempo depois, o instinto de culpa ainda interrogue essa ópera e deixe que a memória cuide de trazer à tona os momentos essenciais. E é através desse instinto de culpa, ou uma mera curiosidade perversa que nos faz checar os mortos estirados no asfalto de um acidente, que Nelson Rodrigues encontra em nós veículos ideais para construir um *plateau* suspenso de metáforas sobre nós mesmos, cinqüenta anos antes, cinqüenta anos depois e cinqüenta anos na frente. A humanidade sobre a qual Nelson escreve está e estará sempre aí, cumprindo um importante papel de coadjuvante amador que ainda tropeça no texto, ainda não decorou a essência de sua bestialidade. A mesma bestialidade que foi tão lapidada por Nelson Rodrigues e se transformou tão brilhantemente em teatro.

Jornal do Brasil /Folha de S. Paulo

É O MAIOR ESPETÁCULO DA TERRA

Uma das coisas mais delicadas e mais difíceis do teatro é se conseguir "dizer", simplesmente, *através* da encenação. Geralmente é a encenação que está em cena porque o diretor não conseguiu desenvolver um vocabulário paralelo que a expressasse. E o ato de dizer passa a ser tratado como um pasto de efeitos para servir uma ou outra peça. Ou, então, ele vira um varal de referências, com as referências torcidas e molhadas pingando sobre as várias interpretações de algum texto. Ou o diretor escolhe a via inversa e inventa, imprime o que lhe vier à cabeça, o que acaba dando na mesma redundância.

Todas as possibilidades soletram incompetência. O espectador sai de lá nem um pingo mais lúcido, nem um pingo mais "enamorado", nem um pingo mais atônito, por ter sido levado para as trevas iluminadas do pensamento de um artista. Tudo isso porque a criação desse tal vocabulário é complexo e não pode, não deve, passar pela encenação. Tem de passar por fora do palco, pela vida, pelas experiências reais, concretas, que é onde a abstração dramática vai encontrar o seu maior aliado. Mas a misteriosa "chave" do teatro mesmo, para poucos seletos, reside numa maneira de se criar esse vocabulário com impressões extremamente pessoais, mas abrangentes o suficiente para deixar a peça, ou o texto, *flutuar* dentro disso.

UM ENCENADOR DE SI MESMO: GERALD THOMAS

SÍLVIA FERNANDES E J. GUINSBURG

Lembro-me de estar dirigindo Julian Beck, em 1985, em sua única apresentação fora do Living Theater e de juntos irmos ver a estréia de *Que Morram os Artistas!* de Tadeusz Kantor, em Nürenberg, e, ao saírmos, Daniela, Julian e eu estarmos com a nítida sensação de termos sido atingidos pela *causa* do teatro. São pouquíssimas vezes na vida que se tem a oportunidade de testemunhar esse ato como um fato. Isso porque o teatro, em geral, não está na mão de artistas e sim de repetidores, reprodutores e funcionários. Mas assistir a uma peça deveria nos devolver todos os sentidos primais e todas as emoções mais nítidas, sem nos tirar da razão total que rege a "coisa" de tal forma que podemos ver esses mesmos sentidos e essas emoções como conceitos, nossos próprios, e como eles se relacionam ao drama ali visto. Quando um momento desses é atingido, uma rara vez de vez em quando, o *fazedor de teatro*, que está muito além da função de "diretor", *regisseur* ou *metteur-en-scène*, criou uma placenta, um envólucro, e dentro dele deixa rolar, organicamente, o que quer que seja que esteja dizendo.

Falo, emocionado e orgulhoso, de Zé Celso e de sua companhia maravilhosa de atores reais, nobres, engraçados, farsescos e brilhantes. Zé Celso criou essa placenta engraçadíssima chamada *Hamlet*, e por ser engraçada provoca, bolina, a razão através da qual conseguimos degustar de "perto-à-distância" o drama do jovem dinamarquês. Perto, pertíssimo, pois enxergamos a energia transparente de um homem lúcido encenando o drama de um jovem que tenta encontrar a sua lucidez. À distância, porque as emoções funcionam como pistas e despistas para que encontremos o nosso próprio vocabulário para enfrentar o vocabulário do jovem citador. Zé Celso, e sua *troupe* maravilhosa, conseguem então estabelecer um dos raros pactos do teatro: *o da encenação com a maneira de dizê-la*. O espectador se pega rindo e morde os lábios, a um metro de distância da ação, sendo ele, obviamente, capaz de apalpá-la, ou de influenciá-la. Tal qual na vida real, prefere muitas vezes fazer a *interferência mental*, e aceita ser identificado como somente um espectador, "incapaz" diante da ação, incapacidade essa que o próprio Hamlet descreve em seu famoso monólogo. O pacto vai mais longe: faz com que um ato deixe de ser moralmente analisado pelo espectador porque passa a estar integrado a um *jogo* de atores. O *golpe do teatro* passa a se dar através da forma virtuosa como o elenco *brinca* de *Hamlet*, ao mesmo tempo em que a realidade virtual da história de Shakespeare passa raspando na nossa própria história.

Passamos a torcer por aquele que é o melhor em cena, como, num campo de futebol, por aquele que representa ou joga melhor. Talvez sem querer, isto provoca um saudável choque entre dois grandes antagônicos do teatro contemporâneo: a representação e a interpretação, ambas modalidades perversamente parecidas, ambas especializadas em resgatar algo que já conhecemos, algo que já sabemos e que queremos ver reapresentado.

Como o leitor pode imaginar, a minha não é uma relação fácil com o teatro dos outros. Não é fácil nem com o meu teatro... ou melhor, não era. Até que vi um brilhante e impagável Pascoal da Conceição colocar em cena, a um metro de onde eu estava sentado, o mais inesquecível e traiçoeiro brasileiro de todos os Polônios. Já vi esse papel sendo feito por Lan Holm, Michael Hordern e Andreas Matjes, na versão de Bergman. Não hesito em dizer que o Pascoal, sem deixar um segundo sequer de "estar" Polônio, me deixou num estado de graça que jamais senti anteriormente, principalmente por esse papel. Mas não é à toa: Zé Celso, tendo encontrado um veículo retirado da sua própria história dentro do teatro, coloca o elenco inteiro à vontade e despretensioso. Além do mais, Pascoal ainda contracena com um genial Alexandre Borges, um Cláudio "malandro-real", com a mesma noção de autoconhecimento que um grande malandro de morro tem de si próprio. Conhece suas gingas, seu jeito e vive pelas entrelinhas do seu papo, podendo polir com refinadíssimos detalhes o *retrato de Cláudio quando jovem*. É a vitória da arte dolorosa do ator sobre seu papel. E, se a função do "fazedor de teatro" é aparecer através de todos os seus personagens, a vitória final é do metateatro: Zé Celso, que não está no papel do fantasma por acaso, deixa o tempo todo criticamente visível quem é o autor dessa façanha, da mesma forma que, quando Caetano canta um outro compositor, Cole Porter ou Roberto Carlos, deixa nítido a quem pertence a lucidez que ali interpreta o outro compositor. Enxerga-se Caetano, e tudo o que ele é, porque ele *diz* através da encenação, assim como diz Hamlet enxergar o fantasma de seu pai. Isso não está mais no território da interpretação ou da representação. Isso já é além do teatro, como ele é normalmente visto, ou seja, uma caixinha preta de onde saem algumas "soluções" cênicas que levam o público a dizer *uau!* Esse enigma mítico está mais perto de uma noção totêmica que faz de alguém um "algo" e não mais alguma coisa, misturado, é claro, a uma sacanagem daquele que não dá a mínima para totens.

Essa montagem desafia diretamente aqueles que acreditavam que o fantasma estivesse morto e não fosse mais reaparecer. Essa conveniente postura, essa omissão por parte de uma enormidade de caretas e de caretas jovens do teatro brasileiro tem aqui a rara oportunidade de se confrontar com um teatro altamente sofisticado e que havia chegado a formas muito mais "modernas" do que essas, figurativas e ilustrativas, que usamos hoje, e que só perdeu a atualidade porque era umbilicalmente ligado a um momento social, a um movimento ideológico que se perdeu com a hegemonia do cinismo e da comercialização do *underground* e evaporou-se. Aqui, fica a herança dinâmica e revitalizada dessa forma, ainda muito viva, da qual Zé Celso é um dos mais importantes expoentes do mundo.

Fico emocionado em ver cair a barreira que afastava um diretor do outro e que, às vezes, afasta o próprio público do teatro. A briga de egos é muito mais interessante quando se dá entre um palco e outro, seguindo a linha geométrica que Shakespeare construiu, milimetricamente, espelhando o movimento das emoções de Cláudio com Hamlet, Gertrudes com Ofélia, Polônio com Horácio, e o Fantasma com o reino de todos. Falo, sem a menor vergonha, que irei aproveitar ao máximo as experiências que tirei ao ver *Ham-let*. Mas, da mesma forma que Zé Celso precisou do meu testemunho, ele precisa urgentemente do testemunho do público. *Ham-let* é um desses eventos que, se fosse em Paris, estaria lotado, esgotado até 1995 com turistas culturais fazendo fila na porta para eventuais desistências. Além do mais, se fosse na Europa, Zé Celso estaria amplamente amparado para prosseguir a sua trajetória, com todas as regalias e facilidades dadas a um artista genial.

É O MAIOR ESPETÁCULO DA TERRA

GERALD THOMAS

Eu sinto que é agora ou nunca para o teatro brasileiro, como um todo, o meu incluído, entender o grau de maturidade e ingenuidade explícitos nessa montagem e lucrar com eles. E, quem sabe, até colocar um enorme ponto de interrogação sobre as soluçõezinhas cênicas que terminam na borda do palco e que a crítica parece elogiar, mas que a sociedade parece ignorar. Realmente, o triunfo dessa montagem é a de entregar ao espectador um sentimento de enorme generosidade, contagiante, contaminadora, ao mesmo tempo em que está se contando um drama existencial, crítico, sardônico, cáustico e fatalista. Essa é a impressão que fica depois das *curtíssimas* quatro horas de espetáculo.

Reaparecer como o fantasma "do meu pai" (foi como o Zé falou no dia em que assisti ao espetáculo, apontando o dedo pra mim), e como fantasma do teatro brasileiro é de um enorme humor a respeito de si próprio, além de denunciar que foi também alguém do teatro que o matou. Mas essas mortes são todas fantasia pura. Morte maior pode ser aquela imposta pelo silêncio, pela omissão ou um mero afastamento por pura incompatibilidade com algum regime em voga, alguma estética em vigor. A devolução a estes, ou a "isto", é, no mínimo, brilhante, como resposta cênica, vital e cáustica. Dentro dessa premissa, Zé Celso vai além do lugar onde a crítica pára, de onde a crítica reclama para si os entendimentos e compreensões que ela não entende por não estar nunca vivenciando, fantasmagoricamente, as incompreensões que um criador vivencia. Dessa premissa *Ham-let* é um *no-man's land*, um limbo flutuante na cabeça de um criador desesperado, lutando para sobreviver dentro de uma sociedade que se encontra no mais absoluto denominador *comum*, correto, ideologicamente em coma e que tem, em seu teatro figurativo, uma apavorante bestialização de uma cultura já pouco ágil, pouco dinâmica. Quero poder enxergar nesse fantasma todos os males que o afligiram em vida, para ver se com isso eu aprendo a não ficar mais imobilizado nas minhas ações.

5 de dezembro de 1993
Folha de S. Paulo

Antunes encena obsessão perversa

Vivi uma das minhas maiores emoções no último sábado. Depois de voar quinze horas de Nova York e ainda pegar uma estrada coberta de névoa, cheguei a Canela, essa pequena cidade sul-riograndense onde eu deveria me sentar a uma mesa com Antunes Filho e debater as questões do teatro, na frente de um público. Não aconteceu, pois cheguei um dia atrasado. No entanto, fui cair num dos mais belos espetáculos que já vi. Aquele debate planejado acabou acontecendo de outra forma e foi muitíssimo emocionante: Antunes e eu nos encontrávamos sim, mas através do trabalho, do seu trabalho. Ele não estava em pé no palco, como havia sido anunciado, mas era o palco inteiro.

Acho que nunca lucrei tanto com um diálogo, passivo que fosse para mim, como lucrei em assistir a um ensaio, sem cenário e sem luz específica, que acabou sendo melhor que qualquer espetáculo pronto. E mesmo como espetáculo pronto, só me lembro de ter tido emoção parecida com o *Sonho de uma Noite de Verão* de Peter Brook, em Londres, em 1969. O Drácula de Antunes é tão pessoal quanto o fantasma de Hamlet era para Zé Celso, ou o Joseph K era para mim em *O Processo*. Antunes vê e revê o mundo do teatro com humor e relaxamento, com uma crítica e um ódio dos velhos, sedentos por sangue, sangue dos jovens. A *Transilvânia* de Antunes é um lugar onde um homem vai para encenar suas obsessões perversas. É também um lugar onde vai revisitar trabalhos de encenadores de uma contemporaneidade remota, como Pina Bausch, Kantor ou Kazuo Ono, e olhá-los ironicamente da solidão claustrofóbica de um caixão. Mas essa *Transilvânia* é sobretudo um lugar para ele exercitar sua ilusão de imortalidade. Esse Drácula é lúcido e entende que seu exercício é um exercício sobre o tempo. Sua capacidade ilusória é que irá conduzi-lo ao sublime ou às trevas. Esse Drácula é o reflexo do próprio encenador no espelho. Como vampiro, Antunes é discreto e descrente o bastante para conseguir se enxergar nele, não esfregando a bandeira dos seus desejos na cara de ninguém. Como vítima do vampirismo, ele prefere deixar que o público experimente o grau do seu erotismo masoquista e a sua submissão social. É impossível não ver *Transilvânia* como um comentário muito bem-humorado sobre ele mesmo e todos nós, encenadores. Está tudo lá, desde a estética formal da década de 80 até o manifesto político das décadas anteriores. Mas Antunes joga limpo com seus contemporâneos e com seu público, pois esse comentário incestuoso, que poderia ficar enclausurado entre quatro paredes, é transformado num belíssimo espetáculo que equilibra o riso e uma certa crueza emotiva da mesma maneira como um filósofo e historiador tem de equilibrar períodos históricos num só livro. E seu comentário é sem rancor. Ao invés de impregnar o público com citações ou chantageá-lo com acusações sobre tudo que eles não fazem e deveriam estar fazendo, Antunes nos mantém naquele estágio de quase orgasmo por horas. Bom de sexo, compartilha todos os estágios e não apressa e não impõe regras a ninguém; não cria manifestos ou cartilhas. Simplesmente brinca de *foreplay*.

Seu segredo, assim como o segredo dos orientais, é o domínio do tempo. Essa *Transilvânia* é uma soma de tempos da vida de um brilhante encenador, regida por um tempo supremo que eleva os sentidos do espectador ao nível de algo difícil de explicar, mas que está tão longe do "dionisismo". Esse tempo, estabelecido imediatamente nos primeiros exercícios que Antunes apresenta, é seu mais forte aliado se o público fechar com ele. Traduzido para o Brasil, esse tempo permite ao encenador entrar e explorar o território da fábula. Retraduzido para o seu elenco, que fala um romeno ao contrário, essa fábula faz o teatro brasileiro dar um pulo de décadas para frente e séculos pra trás. A fábula com a qual Antunes já vem trabalhando desde a *Nova Velha História* e *Gilgamesh* não tem tradição no Brasil pois exige uma educação extremamente codificada e metodológica, típica de sociedades orientais, ou uma cabeça vazia e receptiva a tudo. De uma coisa eu tenho certeza: o que o Antunes está fazendo é o mais refinado e sofisticado teatro que existe. Ele mesmo previne a platéia no início: "...quem quer ver *bang-bang*, é melhor ir lá fora tomar uma coca-cola". Através de *Transilvânia* Antunes lembra a trajetória que Shakespeare completou em *A Tempestade*, inscrevendo-se na própria dramaturgia, projetando-se como um homem renascentista e dando-se o nome de Próspero. Intuitiva ou calculadamente, Antunes Filho também já ganhou poderes extraordinários e, com esse exercício, isenta-se de qualquer crítica corriqueira sobre estilos, pois lida com seus contemporâneos através de um estruturalismo críptico, altamente irônico, exatamente como Shakespeare o fez em sua última peça, ou como Orson Welles, em *Cidadão Kane*.

Em posse desses poderes não há necessidade de berrar condutas sociais ou culturais, não há do que ficar reclamando. É um estágio único e que pouquíssimos alcançam. E é também um estágio que pressupõe um pulo tão alto quanto aquele anterior, dado pelo próprio Antunes na década de 70, ao lançar *Macunaíma*. Nada escapa desse tempo "fabulesco". De início, o público é apresentado aos exercícios de improvisação, em que Sandra Babeto e Rosane Bonaparte fazem um soberbo cruzamento do conceito que Kazuo Ono imprimiu ao invocar um espírito em retrocesso, algo como uma Greta Garbo transformando a erosão do tempo a seu favor. E é com renovação de sangue, pregada por essa Garbo do primeiro exercício, que Ludmilia Rosa ingressa na peça jorrando seu carisma sedutor, transbordando a dramaturgia da ambigüidade do que representa, em tempos modernos, o gosto pelo sangue, sendo ele um conflito imunológico e em muitos países um confronto ético, moral e neonazista.

Os atores de Antunes podem, através de um gesto, abolir ou recriar o tempo cósmico, sendo o universo inteiramente de sua autoria. Isso mostra um ser humano com dimensões de um deus ou de um monstro, mas nunca na escala mortal e pragmática do mundo moderno. Antunes ameniza o conflito introduzindo símbolos reconhecíveis e materiais na cena propriamente dita. Mas, tendo como introdução esse tempo elevado, flutuante e supra-real, as pequenas introduções de Antunes só transformam-se em sutis doses de humor. E nada lhe escapa, nem mesmo o conceito de "carpintaria teatral", pois coloca na boca de cena dois carpinteiros martelando e "amarrando" as cenas. É curioso ver como o público ocidental reagirá a isso, ligado, da forma que é, aos *plots* e *complots*, potas e compotas dos casos da vida como ela é. No meu caso, chorei de emoção em ver o vôo do morcego para fora da caverna rígida que sempre o marcou.

31 de outubro de 1995
Folha de S. Paulo

MISTERIOSO VÍRUS WEBERN

Estive na estréia mundial de *Die Wände*, no Theater an der Wien, como parte do Festival de Viena. A nova ópera de Adriana Holszky, com *libretto* de Thomas Körner, é baseada na peça *Os Biombos* de Jean Genet. Não fui a Viena exclusivamente para isso, mas para sair da Polônia qualquer desculpa é válida. Iria mesmo que fosse somente para observar uma instalação de velhos pneus semi-incendiados. Na verdade, *Die Wände* não é muito mais que isso: para os ouvidos, todos os clichês de arranhões atonais e serialistas intercalados por instrumentos caseiros de percussão; para os olhos, o diretor Hans Neuenfels exauriu o repertório de ilustrações irrelevantes e obsoletas para tentar alcançar uma imagem revolucionária, mas ficou nos pneus queimados. Não tendo achado "uma" linguagem para sua encenação, Neuenfels desfilou milhares de imagens, esperando que um dos tiros acertasse o alvo. Infelizmente, acertou no eterno clichê sobre Genet: um lindo garoto atravessa a cena, centenas de vezes, com uma rosa enfiada na bunda, a marca registrada do Genet de *O Diário de um Ladrão* e *Nossa Senhora das Flores*. Ela foi exaurida na década de 70 por Lindsay Kemp, por Victor Garcia, por Fassbinder e por absolutamente qualquer grupo de teatro amador que encenasse Genet em qualquer parte do mundo. Ironicamente, a rosa na bunda ainda é uma imagem sucinta sobre a elegância dentro da pobreza, e sobre a beleza dos rejeitados e dejetos. Junto com os tristes palhaços de Beckett, essa imagem parece ter sido um último respiro da linguagem que expressa "para fora" a formalização de uma visão. Depois disso, nada mais para os olhos ou ouvidos, só para o cérebro.

Mas reajo assim ao espetáculo pois a sua problemática me atinge frontalmente. Como autor de peças e diretor de ópera na Europa, tenho vivido uma exaustiva atividade dentro da música aleatória, serialista, contemporânea, sei lá qual nome dar mais para isso. Não dá mais! Essa "coisa", que inclui a música de Adriana Holszky, não consegue escapar da mais banal convenção que assola a música e, talvez, a arte contemporânea em geral: enforcar ou suprimir qualquer conto, fábula ou parábola. O compositor contemporâneo está encurralado por um sistema criado por mal-entendidos, más traduções e convenções caretas. Os compositores foram pegos por um problema que não lhes dizia respeito, e que acabou por encalacrá-los num paradoxo entre criar e o ato de resolver os problemas lingüísticos intrínsecos ao ato de criar. Tem sido assim há mais de cinqüenta anos. Mas não dá mais samba.

Nesse sentido, o título *Os Biombos* é a única coisa que soletra honestamente a problemática do isolamento em questão. Desde *Perseu e Andrômeda*, de Salvatore Sciarrino, que dirigi na Ópera de Stuttgart em 91, até *Narcissus*, de Beat Furrer, na Ópera de Graz no ano passado, e as intervenções "modernosas" de Luciano Berio na jóia inacabada de Mozart chamada *Zaide*, tenho vivido todas as unhas encravadas da produção musical contemporânea. Do outro lado tenho o alívio da parceria de Philip Glass, aquele que não tem uma relação de ódio com o seu *medium*. Glass não deixa de usar a metalinguagem, mas jamais aboliu a "imagem" como ponto de partida para compor. Apesar de Glass ser um usuário do método que revela a estrutura da música, não torra o saco do público com pequenas e irrelevantes tecelagens deste tipo: "deformação metafísica do som de um si bemol quando tocado em falsete pelo instrumento de timbre inverso" (como cita o infeliz programa dos *Biombos*).

Estou ensaiando, nesse momento, na Polônia e na Áustria, duas óperas inacabadas. Suspeito que seus autores sofreram antecipadamente dessa questão moderna. Uma é *Doktor Faustus* de Busoni, do início do século, para a Áustria. A outra é *Zaide*, de Mozart, que estréia em Florença e na Ópera de Bruxelas. Busoni não acabou seu *Doktor Faustus* pelo mesmo motivo que Mozart não acabou sua *Zaide*. O motivo? Ambos se encalacraram no processo excessivo de derramamento de personalidade sobre suas obras. Ambos devem ter se reconhecido demais em todas as personagens, a ponto de não conseguirem distingui-las umas das outras. Esses compositores não tinham o aval desse fim de milênio para aplicar seus talentos em autoindulgências. Desistiram de investir sobre seus impasses. No conflito dramático, as personagens têm de ter a liberdade de agir dentro de uma dinâmica própria ou acontece o famoso choque metalingüístico. Se a música toma a própria estrutura da música como base, esse choque também acontece. É um vírus "Webern", perigoso para aqueles que avançam os territórios cada vez mais teóricos da arte. O resultado parece com um enforcamento de um bebê em seu cordão umbilical. Nasce e nasce morto.

Só que, uma vez reconhecido o impasse, existem saídas. E a saída consiste numa longa jornada emotiva e aberta ao acaso. John Cage foi o mestre do humor e da "reação pessoal" à academia. Cage não é só uma reflexão intelectual. Assim é também com Duchamp, que não sabia mais para onde levar a pintura, pois olhava em volta e tudo era o que o olho via. Começou a se entregar ao jogo de xadrez e caminhar longamente pelas áreas pobres de Nova York. Encontrou o seu futuro no chão. Os *ready-mades* de Duchamp mudaram o rumo da história e deram ao artista uma função filosófica, profética e intelectual, pois o que o olho achava na rua era o dejeto oficial, e exibi-lo parodiava um ciclo de vida humano. Mas o "problema" de Duchamp era típico de uma época e de uma necessidade de inversão de sentidos. Alguns, como Joseph Albers com seu *Branco sobre Branco*, ou Magritte com seu *Isso não É um Cachimbo*, o seguiram com humor. Infelizmente a simplicidade de seu *statement* virou academia e marcou, para sempre, o fim de uma inocência necessária à arte.

Mas os compositores contemporâneos são engajados por academias em cujo epicentro o foco da produção artística continua na dúvida e no desespero de seu autor com sua respectiva linguagem. Ele é um mapa minucioso de sua hesitação. Como as hesitações não estão no plano pictórico, político, universal, e sim num diálogo codificado com a própria obra, eu me pergunto se alguém do mundo de fora ainda se interessa. 99 por cento da população não lê música ou sequer compartilha de sua complexidade. O público em geral sequer sabe a diferença entre uma tuba e um trombone. Manter um diálogo de "esfriamento sintomático entre a retenção do sopro e a manifestação desenfreada do vento sobre a nota musical" entre esses dois instrumentos é assunto para três ou quatro estudiosos na Universidade de Karlsruhe.

É pretensioso que a composição queira chegar nos limites alcançados pela linguagem falada, escrita e visual. Qualquer ser humano fala e está consciente da fala. Qualquer ser humano entende um trocadilho, uma inversão de sentidos. A música é maior que tudo. Mas para o público será um mistério eterno. Desnudá-la não resulta em nudez e sim em mais uma página complexa cheia de pontinhos pretos, como qualquer outra. George Crumb e Bryan Ferneyhough chegaram a compor o equivalente musical do visual de Jackson Pollock. As partituras eram lindíssimas de ver, mas chatíssimas de ouvir. No entanto, qualquer ser humano "entende" e "sente" a explosão de idéias e de rompimentos contidos na obra de Pollock. Seu entendimento termina no ato de enxergá-la. Mas se um compositor quiser chegar a Pollock, boa sorte. Se quiser chegar a Joyce, está enganado sobre sua vocação. John Cage brincou com a forma dentro da música e dentro da "sonoridade". Mas nunca afirmou que música fosse uma forma aristotélica de entendimento. Stockhausen, por outro lado, o lado europeu, cercou-se de uma academia, de um método e botou a mão na massa. Os europeus, malditos europeus, insistem em transformar a música numa forma aristotélica de entendimento. Ufa! Parece que os europeus esqueceram que, um dia, já foram os descobridores.

Arte é uma forma constante de descobrimento. Mas eles deram vez a sólidos monumentos. Os europeus se cercam de academias, mesmo que seja para estudar e praticar a arte da destruição. Podemos ver a modernidade como um desnudamento dos rituais estabelecidos através dos séculos. Rituais que expressavam uma curiosidade sobre o tamanho do homem e o tamanho do que está em volta do homem. Só que fazer constantes escalas e medições sobre esse tamanho é redundante e pequeno. Exibir a estrutura junto ao seu objeto e comparar tamanhos não pode mais ser o objetivo. Não é possível que se continue combatendo algo que se combatia no início do século. Combatia-se justamente a falta de investigação nessa área e o excesso de inocência e ilusionismo na chamada "arte". E, se Walter Benjamin criticava o artista dos séculos anteriores por terem sido criadores de uma "verdade arbitrária", relativa, faria pior hoje por terem transformado uma mera especulação em monumentos absolutos. Talvez a arte tenha chegado perto demais da filosofia. Talvez ela não comporte essa aproximação com seu próprio estudo. Talvez o lugar do artista não seja no centro da arena, ou o centro dela deva pertencer a sua arte. Talvez o excesso de lucidez e exame lhe confiram imposições lingüísticas que exauram seu processo de criatividade antes mesmo de ele tornar-se forma. Talvez o artista deva parar de ser o "explicador" tão sério do universo.

    A verdade é que o ser humano mudou pouco no que diz respeito à tradição grega de confronto com a arte como uma linguagem que lhe descreve o contexto, e que, por não ser comum na vida cotidiana, lhe dá a dimensão do tamanho das coisas que o cercam. Música sempre foi maior que nós. Mas se o compositor continuar a aniquilar os valores sedutores da arte, no sentido tradicional do século XX, ele estará, paradoxalmente, trivializando o valor da investigação. Ele estará simplesmente seguindo normas existentes há meio século. Se o compositor quiser deixar visível a estrutura do seu trabalho, terá de repensar o que é que, no ser humano, se manifesta através da música e por quê. Terá de parar de perseguir a música e voltar a perseguir o ser humano. Terá que repensar suas regras também, pois não existe mais a arte "permissível" e "não permissível". A possibilidade da rejeição já foi um parâmetro importante na vida de um artista. Ironicamente, o desnudamento da arte implicou sua liberdade total. E ela é apavorante. E, agora, o artista ou o compositor se reconhece em ambas as polaridades, vendo o ponto de partida e o de chegada ao mesmo tempo, sem entretempos surpreendentes. E ver a morte logo ao nascer é compreender demais tudo aquilo que ele deveria compreender através de vivências espaçadas. O foco do artista sairá da prisão do solilóquio. Este fica melhor em épocas elisabetanas, que resolveram com muito mais humor a questão do ser ou do não ser.

Folha de S. Paulo

DOUTOR FAUSTO

Pois é. Assim é a vida. Estou sentado com meu computador no meio da platéia da Ópera de Graz, escrevendo nas pausas entre ensaios de iluminação. Meu *Doktor Faust*, de Ferrucio Busoni, estréia nesse domingo. Exatamente como o fiz em 1987, na véspera de estréia do *Navio Fantasma*, no Municipal do Rio, escrevo sobre as minhas expectativas para *O Globo*. Gostaria de estar com a mesma euforia e nervosismo daquela época, já que o *Navio* era minha primeira ópera, mas não há como mentir. *Faust* é o espetáculo mais bonito que já coloquei em pé. É também a leitura mais inteligente que tive de qualquer lenda. Mas, apesar desse imenso orgulho que me dá, *Doktor Faust* chega oito anos mais tarde e dirigir ópera virou uma atividade cotidiana e pouco dolorosa para mim. Nos últimos doze meses fiz três e preparei mais duas. Poderia ter feito cinco e preparado sete. Pouca diferença faria para a cor da minha alma. O *Navio Fantasma* foi "doloroso", presumindo-se que a "dor" é intrínseca a um trabalho arrancado de algum fundo de alma. A euforia que segue esse tipo de dor é incalculável. Comparada com a boa dor do passado, a relativa calma de hoje chega a ser desesperadora.

Se no passado eu esperava grandes coisas de uma direção de ópera, hoje não nutro ilusões quanto às complicações industriais implícitas em sua realização. Pergunto-me se ela ainda chega a ser arte, vindo a arte, como vem, daquele impulso misterioso e de gestos irreconhecíveis, canibalescos, devoradores e belissimamente intuitivos. Eu, que venho de um teatro que quer dissecar sua história e desnudar seus significados, e ainda assim causar imenso arrepio na pele, não o vejo possível exceto através de uma paixão inexistente na ópera. Não é incomum seus integrantes não se conhecerem pelo nome, passarem uma temporada juntos e continuarem a não se conhecer.

O que acaba construindo a ópera são as concessões e a manutenção de um protocolo rígido de horários, datas e prazos. O regimento e regulamento de uma casa de ópera são intransigentes. Nada acontece a não ser que um departamento tenha hora marcada com o outro. Todos se tratam por "senhor isso", "senhora aquilo". Todos entendem o ridículo da coisa, pois todos foram, no princípio, atraídos pela ópera justamente por não se tratar de um banco. Entretanto, uma vez chegados aqui, seus imensos corredores, suas salas infinitas não poderiam funcionar de outra forma. Mas o sistema está longe de ser bom. E, o que é pior, seu funcionamento impede que o palco respire. Todo o oxigênio é consumido pela burocracia, pelos sindicatos, pelo combustível que essa máquina precisa. E nós no palco? Sem trocadilho, às vezes somos os últimos a termos voz.

Se o sonho do diretor é ter paredes flutuantes, por exemplo, a primeira reunião, nas oficinas, começa um ano antes do início dos ensaios, e é devotada a solucionar a flutuação dele. Cenário, figurinos e luz têm de estar prontos com um ano de antecedência, um ano antes mesmo que o diretor venha a conhecer seu elenco. Na segunda e terceira reuniões são expostas as propostas de mudanças de cenas, cor, textura e todos os elementos cênicos. Ou seja, um ano antes dos ensaios tem de se saber o que aquele ou aquele outro personagem estará fazendo naquele justo momento, multiplicado por três horas, a duração de *Faust*. Em teatro vai-se experimentando, ensaiando, tentando coisas, e é assim que o personagem nasce. Em ópera cada passo do cantor tem de ser medido com cuidado, pois sua ação não lhe pode impedir de ter acesso visual ao maestro, além de centenas de outras considerações de ordem técnica. Enquanto são feitas as últimas correções no palco sobre uma réplica do cenário em papel e pano, um outro departamento busca cantores no mundo inteiro. O diretor não os conhece e nem eles ao diretor. O mesmo departamento também revira o mundo para achar um maestro específico para aquela montagem. Uma vez solucionadas as etapas técnicas, com alguns nomes de cantores na cabeça, o diretor toma seu avião de volta entusiasmado.

Mas o entusiasmo dura pouco. Nas parcas semanas que seguem, começam a chegar *fax* sobre tudo aquilo que não será possível realizar, anulando todo o sentido das reuniões anteriores. Por que essa mudança repentina? Parece que foi tudo por água abaixo. Num gesto "faustiano", o diretor senta e começa a anular tudo aquilo que foi anotado com tanta precisão. Pois acontece que logo após a primeira fase de trabalho, as plantas são "oficializadas" para todos os outros departamentos, que as estudam e as retornam com seus pareceres. Daí em diante, tudo muda. Se nesses últimos sete meses a relação entre o diretor e os técnicos foi de colaboração íntima, os próximos três meses com os outros departamentos será de combate declarado. Esses outros departamentos, sem face e sem nome, olham o projeto de ângulos negativos: dificuldades sindicais, industriais e outras chateações inimagináveis.

A contra-regragem, que é a responsável pela mudança de cenário, reclama do seu tamanho. Diz que não há condições de mudança de cena no curto prazo estabelecido. Mentira, claro que há. O departamento de segurança reclama de seu perigo. Mentira, não há perigo algum. Os técnicos da elétrica reclamam das luzes montadas no próprio cenário. Reclamam pois essas luzes são instaladas pelo departamento rival, o dos adereços. Eles se odeiam. A orquestra reclama da profundidade do fosso e o coro reclama de ter de atuar. Todos reclamam dos horários de ensaio, mas é assim há mais de cem anos, todos os dias. São nove novas montagens por ano, mais as doze óperas já em repertório. Tem apresentação 280 dias por ano. Cada departamento reclama do outro. Um se refere ao outro como "eles", sendo esse "eles" cheio de conotações picantes.

Ou seja, o cenário que era para parecer leve e flutuar, agora vem com uma contra-proposta da oficina que inclui estacas nas suas laterais, fios, amarrações em varas elétricas. Nada "flutua" mais. Tudo se transformou, repentinamente, num pesado navio encalhado e ancorado a sete correntes. As discussões de luz se foram todas para cucuia. Vem um *fax* dando outra opção de refletores que podem ser usados.

São pouquíssimos. Existe, na verdade, uma preocupação real quanto à luz: quando em repertório, o cenário e a luz de uma ópera são desmontados logo após a sua apresentação. No dia seguinte tem outra ópera. As equipes, que jamais trabalham juntas, têm, cada uma, não mais que quatro horas para cumprir a sua parte. Não dá para ficar focando muitos refletores. O diretor tem de se programar para um básico, com pouquíssimos focos especiais.

O departamento de figurinos manda um *fax* de volta dizendo que esse número de figurinos é impossível de se conseguir até a estréia, e que terá de se recorrer ao *fundus* (um depósito que guarda restos de todas as outras produções do passado). Crise. O diretor não dorme essa noite. Passa a madrugada vasculhando todos os planos preparados durante esses meses, buscando munição para o contra-ataque. Mas do que adianta? Finalmente o *fax* derradeiro: o *Betriebsbüro* (escritório de planejamento de horários de ensaio) escreve dando a planilha. NENHUM DOS ENSAIOS COINCIDIRÁ!!! Ou seja, os horários de solistas, coro, extras, orquestra não combinam. Quando a orquestra ensaia, o coro não pode. Quando o coro pode, os solistas não podem. Quando coro e solistas podem, os técnicos do palco não podem, e isso quer dizer que qualquer movimento de vara elétrica, de cenário, de contra-regragem não será possível. Quando todos podem, o palco não está livre. É o fim! Se, numa determinada cena, o coro de sessenta pessoas acusa Fausto, o diretor terá de ensaiar imaginando como isso acontecerá, pois somente terá os solistas e coro, técnicos e orquestra juntos cinco dias antes da estréia.

Resolvi expor todo esse quadro de dificuldades para dar uma idéia sobre aquilo que, em ópera, caminha junto com a criatividade: a preocupação *real*. Se artisticamente já temos enormes dúvidas e conflitos sobre a continuação das formas de expressão, já que o artista do século XX parece estar recriando sua obra baseado nas obras alheias, influenciado, embriagado, estruturalizado, escravo da própria história da arte, que cita, destrói, reconstrói, rearranja, explica, justifica, questiona e se reflete de tal forma nela até rejeitá-la, a realidade nos perturba mais ainda. A preocupação real consome de tal forma o artista que suas preocupações e obsessões se diluem num imenso universo turvo de efeitos. Ao invés de perseguirmos o homem metafísico, nós, ilustres artistas, perseguimos os símbolos concretos, os objetos e as formas lingüísticas que resultaram dessa realidade física. Interessante? Claro. Fim de linha? Evidente. E esse processo de auto-análise, de autopenitência começou nitidamente com Fausto. Colocar Fausto no centro da crise "modernista" deste século é dar um lar derradeiro para ele. Não é, contudo, um ato simples, pois o diretor se confunde imensamente com o desenrolar da própria trama. Não bastasse o "realismo" da situação intelectual, emocional e enlouquecida do próprio assunto, o diretor de uma ópera tem de lidar com todos esses assuntos de ordem prática.

É evidente que, perante esse quadro, cria-se uma certa desilusão. Mas não estou sozinho. Junto comigo há toda uma geração de diretores que esperavam que a ópera lhes abrisse um caminho infinito de possibilidades cênicas, já que os dinheiros são imensos e tudo deveria ser possível dentro da maquinaria operística. Lepage, Hausmann, Sellars, Konvitchny, Wilson, Serban, todos damos com a cara na parede por conta da série de *rules and regulations*, estabelecidas através dos anos. No entanto, essas casas de ópera precisam da gente, e nós delas. O fato é que estamos empregados até o ano 2000. Mas o protocolo não mudará para nos acomodar. Nem nós mudaremos para acomodar o protocolo. O que fazer? A ópera não vai parar. Esse fórum é lindíssimo e só precisa que a "arte" seja devolvida a ele.

Talvez só em países como o Brasil seja possível uma mudança. Pelo simples fato de o Brasil ter menos *know how* e mais fascínio pelo culto e pelo acontecimento, ele possibilita driblar paranóias criadas em países cujas preocupações sociais chegam a provocar congestionamentos no processo criativo. Muita gente jovem está na ópera. Vale a pena mantê-la uma arte apaixonante. Mesmo ante todos esses problemas, quando vejo a cena do primeiro encontro entre um pintor que não consegue mais pintar (Fausto) e um artesão que se abre num leve sorriso quando perguntado qual é o mistério da vida (Mefisto), eu choro, me arrepio e tenho um orgulho incalculável por ter conseguido montar em um palco germânico a essência da problemática dessa cultura. Não somente com ilustrações banais e esperadas, mas com uma lógica buscada na hora e na data de nascimento dessa cultura, não nos clichês que fazem de Fausto um cientista e de Mefisto um diabo.

Fico triste de ter a agenda cheia na Europa até o final do milênio e não ter convites para fazer no Brasil um trabalho em igual proporção. Lembro-me do sangue, do cheiro e da paixão que o *Navio Fantasma* e *Mattogrosso* geraram. Nesses oito anos muita coisa mudou. Sentado no Municipal em 87, eu sonhava em receber um convite de uma "super-casa" de ópera na Europa. Hoje, sentado numa dessas super-casas, com várias super-produções na bagagem, sonho em receber um convite do Brasil. Por quê? Porque me lembro o tempo todo que "triunfar" e "ter sucesso" não tem a mínima importância quando o relógio bate meia-noite. Meia-noite é quando me lembro que o que quero é colocar em movimento várias culturas, colocar numa arena vários tópicos para ver aonde vai dar esse milênio de rituais, de verdades e mentiras, de acusações e desmentidos, de ascensões e decadências. Continuamos seres subdesenvolvidos. Nossa idéia de perfeição está cada dia mais barata, mais pobre. Nossa aspiração está cada dia mais humilhada pela massificação que enxergamos em nossa volta. Ainda não estamos prontos, e, no entanto, grande parte da produção artística se apresenta como se estivesse.

Da poltrona D-4 vejo o desenrolar do meu ensaio com emoção. Sei de tudo que passei e qualquer problema parece ter sido compensado pelo que vejo na minha frente. Muitos são aqueles que contribuíram para a beleza desse espetáculo. No entanto, sonho em mostrá-lo no Brasil, o que sei ser impossível. Mas no Brasil ele seria visto com um certo frescor, pois o país não sofre (em demasia) do vírus que depositou a arte debaixo do microscópio do artista. Domingo, quando estrearmos para o público, estarei eufórico. Como um reloginho, estarei embarcando de volta para Nova York no dia seguinte, carregando os jornais com as críticas e abraços sinceros dos companheiros dessa jornada. Como um reloginho, estarei sentado no avião me lembrando dos últimos acordes da récita, com os olhos cheios d'água, sabendo que triunfei para um bando de pessoas para quem não me interessa triunfar e que minha arte está cada vez mais afastada do país com o qual eu tanto gostaria de falar.

O Globo

Fausto hoje

A lenda de Fausto permite ao diretor encenar precisamente aquilo que afeta o artista do século XX de forma mais profunda: o pesadelo da idéia de estagnação e a necessidade desesperada de transgressão. Uma vez no centro da arena, o artista encontrará curiosos vestígios de seu próprio dilema, passagens inteiras que refletem as severas e antropofágicas necessidades da era modernista. Quer o destino irônico que — *Fausto* sendo uma aventura simbólica de realização —, não sendo capaz de acabar a obra, acrescente a ela uma nova significação. Não é coincidência que o choque metalingüístico inerente nessa ação é, por si só, uma barreira que Busoni foi incapaz de superar. Para o artista do século XX, é difícil o pacto com Mefisto, porque pode resultar em um paradoxo. Implica reconquistar tudo aquilo de que o artista conscientemente fugiu, rejeitou e desconstruiu, degradou a um nível de exposição superficial, primitiva e vulnerável do mundo externo e suas artimanhas.

Exatamente como sonhou Andy Warhol, o artista do século XX se tornou a personificação glorificada de todas as questões modernistas, assim como suas respostas; um monumento personificado de auto-investigação e auto-destruição, uma instalação humana de auto-exame com um foco individualizado no intelecto do artista.

O problema de Fausto é, portanto, o problema de qualquer artista. Mas um Fausto contemporâneo torna isso um pouco mais complexo. O artista deste século esteve — e está — preocupado em recriar a arte através do conhecimento disponível da arte, incestuando estilos, deformando velhos sentidos. O dilema de Fausto é o de todo artista de ruptura. Se, em outros séculos, o artista teve de polemizar e lutar contra códigos de conduta, morais, rígidas leis estilísticas, o dilema ganha cores mais berrantes em um século no qual as rupturas são não apenas a norma mas a demanda.

Toda era possui seus Faustos e Mefistos. O século XX teve Marcel Duchamp, Jackson Pollock ou James Joyce como exemplos de semideuses mefistofáusticos. Os *ready-mades* de Duchamp, pegando sucata nas ruas e elevando-a às galerias, mudou para sempre a nossa percepção de arte, bem como transformou "natureza morta" em *objet vivant*, assim realizando uma afirmação inanimada sobre vida, morte e glorificação. As "explosões" de Pollock na tela, o *Branco sobre Branco* de Joseph Alber e o *Finnegans Wake* de Joyce são alguns poucos exemplos de quem escolheu expor uma quantidade assustadora de "razão" em seu trabalho usando o veículo de sua linguagem como dragões malditos prontos para devorar. Ainda assim, todos eles nos mostraram o lado mais escuro, menos agradável e mais verdadeiro da arte.

Sem dúvida, Busoni foi apanhado na teia do mecanismo de auto-avaliação e da própria criatividade porque viu de modo claro demais o caminho que gostaria de trilhar. Sua composição racional, na melhor tradição modernista, baseia-se em um despojamento dos rituais mais artificiosos estabelecidos através dos séculos. Envolveria também o uso do processo composicional como autópsia para investigar o passado, presente e futuro de sua ópera, em caminhos analíticos similares ao do próprio Fausto. Sem dúvida, Busoni deve ter encontrado constantemente um estado de consciência, manifestado talvez através de uma voz elevada ao seu registro mais agudo, lembrando-lhe repetidamente que aquilo que ele estava fazendo não era o bastante. Fausto também tinha um lembrete de que aquilo não era o bastante. No entanto, na qualidade de personagem ficcional, ele dispõe de meios fantásticos e metafísicos para sair desse dilema. Como compositor do século XX, porém, o próprio Busoni deve ter-se imerso em labirintos de metalinguagem. Todo escritor e pintor, músico e poeta moderno viceja nessa metalinguagem, disseca-a avidamente a fim de desvelar o vírus contido em cada aspecto de sua manifestação racional.

Ironicamente, o compositor precisa manter-se bem fora do caminho da personagem, ou pode defrontar-se com o perigo de passar para a sua criação os jogos de trívia da cronologia e outras preocupações comuns. A personagem também deve se manter imune ao compositor, ou então corre o perigo de converter-se em seu pior vírus. Por ser simplesmente impossível para qualquer artista aproximar-se de Fausto e não se ver envolvido em seu legado, constitui um precioso lembrete o fato de que o processo criativo tem, para tanto, uma extraordinária beleza obscura. É também um quebra-cabeça complexo, muito maior e bem mais inacessível para seu autor do que foi inicialmente imaginado.

Como uma peça estilhaçada de Beckett, o *Doktor Faust* é uma ópera que parece usar seus componentes de modo a servir seu autor como incorporação de suas preocupações lingüísticas. Se a racionalidade se tornou uma exigência estética demasiado alta nos dias de Busoni, o papel de Mefisto pode facilmente ser interpretado como um genuíno missionário da habilidade artesanal, enviado para despertar Fausto de sua condição de *workaholic*, ou revelar questões que, nas palavras de Chesterton, são "demasiado pequenas para serem noticiadas, ou demasiado grandes para serem entendidas". De fato, o ser humano quase desapareceu da arte contemporânea, ou tornou-se pequeno demais para ser noticiado. Quando muito, os humanos são representados por meio de pequenas alusões de rarefeitas leituras semiológicas e pós-modernistas de suas consciências. Com o ser humano desapareceram também os valores altamente considerados do passado, tais como as impressões empíricas, terra-a-terra. Embora possa talvez não ser necessário discutir o que foi perdido, em um mundo imperdoavelmente modernista, de evolução forçada e progresso fabricado, pode ser interessante ouvir as palavras de Mefisto como de um fascinante subversor da ordem estabelecida, reaparecendo, portanto, como um elo — conservador mais do que ultrajante — para as impossíveis promessas do inferno.

Talvez Mefisto seja empurrado para o segundo milênio representando uma clara consciência, a de ter sobrevivido a um século de "acertos e erros" estéticos e religiosos. Talvez Mefisto seja para a humanidade, hoje, um verdadeiro lembrete dialético de seu real e mortal tamanho e dimensão. Se esses modos de ser se tornaram cada vez mais econômicos e materiais, isto se deu não porque os pontos de vista de Mefisto tenham, necessariamente, mudado. Foram as nossas questões que mudaram. Em um mundo onde o produto pode expressar o homem melhor do que ele próprio pode fazê-lo, talvez a exata cronometria efetuada por Mefisto da mortalidade tome a forma do anti-Saussure, do antiestruturalista, e cujos domínios de investigação (intenção moral, contexto biográfico, criatividade de modelos psicológicos, alusão, ilusão e decepção) sejam ressaltados por puro e ingênuo raciocinar, dando-nos assim uma interessante indicação de que a relação entre o artista e a obra pode não mais ocorrer através de um método de distanciamento por analogias, mas por um ato de conhecimento dos verdadeiros *selves* mútuos e das vozes interiores. Após um século em que a obra assumiu a voz de Mefisto a fim de usar o artista como um meio de libertar-se, o modernismo pode estar finalmente alçando uma trégua temporária por exaustão, marcando, assim, o fim do período de autópsia e, por causa disso, ambos podem ter a oportunidade de experimentar uma nova espécie de renascença.

Tradução de J. Guinsburg e Sérgio Coelho*

---

* Original em inglês, escrito para o programa da ópera *Doktor Faust* de Ferrucio Busoni, com cenários, iluminação e direção de Gerald Thomas e regência de Arturo Tamayo. Estreou na Ópera de Graz, Áustria, em 1º de outubro de 1995. (N. do O.)

A FICÇÃO CINEMÁTICA

Minha cabeça ainda está apoiada no ombro dela enquanto vou me recobrando do desmaio e volto, lentamente, à vida. Tem sido assim no cinema. Já se foram dez minutos e ainda não tenho a coragem de olhar para a tela diretamente. Fixo-me nos olhos dela olhando o filme. Ouço pequenos berros da platéia se deliciando com o horror. Inundado de pipoca, vou me recompondo no assento.

A guitarra de aço de Kurt Cobain ensurdecia o ambiente enquanto um corpo suava e mijava em cima de um outro. Uma vítima, amarrada, amordaçada, estava sendo currada e espancada enquanto uma mulher se deliciava olhando a cena, um pouco afastada dela. Na cena seguinte, essa mesma mulher livra a vítima (um homem) de suas amarras e nele faz um exame sensual, passando seus dedos pelo seu corpo quase mutilado, em que dá pequenos beijinhos inofensivos. Do lado dele na cama, há o corpo morto e enrijecido de uma outra mulher. Ela fora assassinada numa brincadeira sexual entre esse primeiro casal e sua cara havia sido mutilada e transfigurada.

Voltei a mim quando o homem do filme, com o ânus e o bico do seus peitos sangrando do excesso da noitada com a amante, lentamente se levantava e caminhava em direção a um armário. A amante, ainda na cama, era vista serrando o corpo da outra, que pretendia colocar em sacos plásticos. O homem tira uma escopeta de uma gaveta e dá um tiro ensurdecedor na cabeça da amante, fazendo o seu cérebro se espatifar na parede. Um breve *close* de um olho rolando chão abaixo.

O público urrava de rir, aplaudia e torcia a cada tiro. Sua quota diária de sangue havia sido provida. Os casais caretas, que se estarrecem com os fumantes em lugares públicos, estavam saciados e os oito dólares da entrada haviam sido devolvidos com generosos galões de sangue.

Sangue. Não são nem mais os tiros e as curras que as pessoas querem ver. Fome por sangue sempre houve. Mas hoje o sangue é somente a coroação de uma cena que desenvolve no espectador todo o pânico com o qual sonha, acordado ou não. Hoje o sangue vem quase como um alívio, pois o que se vê antes dele é infinitamente mais repugnante e cruel.

A ficção cinemática de hoje responde a pedidos diretos do chamado "pânico" popular. Não é mais ficção nem criação. O que o cinema de hoje faz é devolver, a curtíssimo prazo, uma necessidade — *um quick fix* — de se sentir circundado e restringido por algo que nos meta medo. Como a guerra fria e a escalada nuclear foram dissipadas, a tensão política entre países do Primeiro Mundo tomou proporções razoáveis. Pela primeira vez, desde que estou vivo, o mundo está ganhando uma coerência democrática.

O pânico de hoje pode residir no jardim da frente de sua casa e o assassino pode ser sua mãe, como no filme recente de John Waters ou no caso verídico da jovem mãe, na pequena cidade de Union em South Carolina, que afogou seus dois filhos e depois chorou na frente das câmeras pedindo ajuda ao povo, afirmando que havia sido vítima de um seqüestro. Ou pode ser uma estrela famosa, como no caso do célebre O. J. Simpson, em que o público não só se acostumou à loucura de ele ter esfaqueado sua mulher, como já não vive sem as pequenas conspirações entre os promotores, o juiz e os advogados de defesa. Mas isso é a realidade jurídica. A fictícia está nas páginas do *National Enquirer* ou na tela de *Inside Edition*. Neles, temos closes da faca que O. J. teria usado, com ponderações, *coast-to-coast*, sobre que tipo de corte essa ou aquela faca produzem na carne humana. Tenho certeza de que, quando ouvimos tais ponderações vindas de todas as direções, sentimos um pouquinho aquela faca atravessando nosso próprio pescoço. É para isso que pagamos tão caro pelo nosso interesse. O que interessa mais ainda na ficção de hoje é o tempo dramático de tortura da vítima. Sabe-se de antemão que ela vai morrer logo em seguida. O que interessa não é mais o desenrolar de um mistério dramático, mas sim a mera observação contemplativa do processo de dor e pânico. É para isso que se vai ao cinema. Se antigamente o sangue explodia numa parede porque um pulmão era perfurado por uma escopeta, hoje vemos o sangue rolar lentamente enquanto os heróis da geração Tarantino limpam restos de cérebro do assento de um carro e conversam sobre a diferença entre um *hamburger* do MacDonald's e do Burger King. A diferença é justamente essa. No passado — ainda não tão distante — a morte de um personagem era justificada pelo *status* de seu caráter no filme. E aquele que o matava tinha, no percorrer do enredo, adquirido aquela missão. A perseguição ou busca de um pelo outro era intrínseca ao enredo e acabava desembocando numa morte ou noutra. Hoje, a morte é quase que acidental e não se gasta tempo em explicá-la. Às vezes ela acontece no canto da tela, enquanto que no centro dela os personagens discutem coisas extremamente triviais e até engraçadas.

Paradoxalmente, a cinematografia de hoje, dando a entender que o valor da vida está cada vez mais deflacionado, compreende, ao mesmo tempo, toda a utopia dos anos 60. As experiências humanísticas e behavioristas dos últimos trinta anos foram naturalmente assimiladas pela sociedade de hoje. O que já foi tabu por centenas de anos, em meramente vinte anos virou o seu oposto e já é praxe. Não se tem mais confiança nas instituições, nenhuma delas. O que, antigamente, era a "confiança" nas instituições, desde governos até conceitos como amor, família, vida, era também a própria garantia de inocência das massas. E essa inocência era justamente a distância entre público e artista, uma barreira dificílima de se cruzar e que as artes mantinham como tal pois precisavam dela em estado puro e inadulterado para poder ter domínio de qualquer assunto na hora de entreter as massas. Claramente falsa e resultante de cinco séculos de manipulação estatal ou clerical, sempre se achou que o desmantelamento dessa falsa inocência iria devolver a clareza à humanidade. E a clareza, simplistamente falando, era constituída de paz e de uma certa compreensão entre os humanos.

Então, como pode? Como pode o consenso do pacifismo ter resultado na mais sádica violência? Será que, à medida que nos liberamos dos conceitos desenhados para atingir um mínimo denominador comum, também desenvolvemos certa irritação com a possível chegada de um horizonte pacífico ou, pelo menos, calmo? Será que o possível confronto pacífico com a nossa própria natureza, na eventualidade de não termos mais um inimigo nacional, produz tamanho desespero? Ou seremos eternas vítimas dessa engrenagem viciada que criava inimigos, sistemas antagônicos, censuras e ditaduras? Será que a violência fictícia nos mantém num estado de alerta e nos devolve algo de bestial que o racionalismo moderno nos roubou?

Como é que se chegou da denúncia da sujeira do *establishment* ao fim da guerra fria até o fascínio pelos *serial killers*? Em pouquíssimo tempo, o sexo quase desapareceu do cinema, para dar lugar ao *close* do olhar cínico de mulheres incentivando seus homens a destruírem uns aos outros com uma brutalidade pré-colombiana e os recompensando com uma cena de sexo frio no final. A cena de sedução virou um *close* da *bad girl* sorrindo e batendo uma carreira de pó no banheiro. O herói é aquele que não demonstra um pingo de humanidade pela morte de quem quer que seja.

O público de Nova York delira!!! O logotipo da cadeia de cinema americana Loews (agora comprada pela Sony) é a de um teatro grego que mais parece um coliseu. Sem dúvida é para isso que o futuro retroandará. Entre *Pulp Fiction, Natural Born Killers, Interview with a Vampire* e o medíocre Frankenstein, morrem mais pessoas e ratos que nos filmes épicos de luta entre os povos, ou filmes sobre grandes guerras. E, ao contrário daqueles filmes, que tratavam os humanos com explosões quase assépticas, os de hoje se concentram em deixar a vítima esgotar seu tempo de pavor frente à câmera. A crueldade com que o espectador contemporâneo "grelha" sua vítima é espantosa. O cinema acabou se tornando aquilo que na década de 70 se chamava de *snuff movie* (filmes em que — supostamente — vidas reais eram sacrificadas na frente de uma câmera). E, ao mesmo tempo que me contorço ou desmaio no assento, não consigo deixar de me incluir nesse fascínio. Talvez ele venha do fato de estarmos cada vez mais afastados da "grande catástrofe" da guerra, reservada aos exércitos e especialistas, e esteja chegando a nós nascida na própria vizinhança e através de grupos étnicos ou sociais especializados em "virar a mesa". Alguns acadêmicos ainda atribuirão esse fascínio ao termo "decadência" ou ao conceito de desilusão de "fim de império". Claramente, nenhuma das duas hipóteses se aplica ao mundo chocantemente redinamizado dos últimos quatro anos.

    A platéia se levanta para sair do cinema e, ainda meio tonto, ouço comentários diversos sobre essa ou aquela cena "fantástica" em que um feto humano era devorado por um cachorro. Ao mesmo tempo em que acho saudável nos confrontarmos com essas imagens-fantasmas que nos perseguirão pelo resto de nossas vidas, sei que a "massa" não ficará mais inteligente ou livre desses fantasmas por causa do exercício de vê-los exauridos através da ficção cinemática. Pelo contrário. Como já aconteceu, alguns casos individuais se sentirão encorajados a imitar a tela. Os outros simplesmente incorporarão aquela frase de violência ao seu vernáculo corriqueiro de forma que terão de renová-lo com outra, talvez mais violenta, com a constante correção vernacular dos tempos modernos. Ainda mais que violência ou sangue, o evento forte na ficção ou na vida moderna é o do *desprezo*. Em todas as épocas em que se manifestou socialmente em grande estilo, o desprezo causou uma bestialização e banalização por tudo que já se cultivou, principalmente a vida humana.

    Não estou sugerindo que seja possível voltar à época da inocência. Sou feliz pelo leque de escolhas que possuo nesse mundo consciente. Mas como artista tenho uma certa nostalgia dos tempos que separavam os "iluminados" dos "enganados". Como artista, tenho de estar alerta para o cuidado da minha arte não virar simplesmente um supermercado de demanda e entrega daquilo que a massa quer.

    Essa hemofilia cinemática, mas que também infesta as televisões, a música e a literatura, representa a total perda daquela coisa que outrora era chamada de metáfora e que permitia ao artista uma profusão de visões articuladas que se materializavam e sugeriam novos caminhos para uma sociedade eternamente esfomeada por novas formas de comportamento. O cinema é a grande invenção deste século e mudou a nossa forma de compreender as coisas. Esse "milagre" da edição, que ainda permite ao cinema coisas que não estão reservadas aos mortais em sua pobre realidade nada virtual, está passando por uma dolorosa metamorfose que outrora chamaríamos de reacionária, pois a direção que toma em nada difere daquele famoso dizer popular, "ópio do povo". Se o ópio de outrora era criativo, o de agora é aniquilante. A sugestão é que, lentamente, criemos uma carcaça de desprezo por qualquer coisa fora da nossa "ilha" individual.

Estamos há quase cinco anos de um milênio novo e, como acontece em datas assim tão célebres, o assunto "homem moderno" volta à tona. Pode ser que essa contagem cristã de nada valha, mas algo me diz que existe uma pequena válvula escondida dentro da nossa consciência, detonada após o término da Segunda Guerra Mundial. Essas imagens apocalípticas que chamamos de pós-modernistas nada mais são que essa válvula tentando se esvaziar de um milênio cheio de conceitos errôneos e conclusões nulas, inclusive aquelas que rezam que tudo iria acabar antes do final dele. Talvez o fascínio pela hemofilia cinemática seja uma resposta simplista a um milênio de controvertidas experimentações sociais que nos colocaram, inúmeras vezes, em lados opostos do espectro, criando centenas de verdades absolutas e irrefutáveis e muita poesia através dos tempos. Estamos é exaustos. A arte dessa exaustão está tendo de produzir galões e mais galões de sangue para satisfazer a curiosidade sobre o ato de matar e morrer.

Na saída do cinema, pego um cigarro urgente, fecho o casaco pois o frio é intenso e caminho em direção ao carro. Num beco vejo um ser humano dormindo dentro de uma caixa de papelão e, em sua volta, várias manchas negras. Imediatamente eu as vejo vermelhas e imagino o pior. Eis que a figura desperta e me pega olhando-o fixamente. Com um olhar desafiador ele me pergunta o que estou querendo e me manda andar. Sento no carro e de longe vejo como ele anda nervosamente em torno de sua caixa. Aí é que eu percebo que ele dormia imediatamente atrás da tela onde essas imagens se passavam. É madrugada e prefiro parar de fazer considerações sobre a curiosidade das coisas. Amanhã tenho de acordar cedo. Tenho muito o que fazer.

Playboy

TRUE LIES

Arnold Schwarzenegger veio a Graz na semana retrasada para a estréia do seu último filme, *True Lies*. O curioso híbrido, mistura de humor com músculo e de canastrice com doçura é nativo daqui e, hoje, o nome mais caro de Hollywood. E, apesar do orgulho discreto reservado a qualquer personalidade do Império Austro-Germânico que tenha cruzado a barreira do mundo e feito um nome para ele mesmo no mercado mais difícil e mais cobiçado do planeta, a crítica local recebeu o filme com um certo desagrado. Fizeram questão de frisar que o *action movie* é algo menor e o cobriram de desagrados.

Vi *True Lies* na estréia em Nova York. Quase fui expulso do cinema de tanto que berrei e vibrei, tal como o fiz a minha vida inteira, de James Bond a *Terremoto*, de *Lethal Weapon* a *Speed*. *True Lies*, como 95 por cento do cinema americano, é um *thriller*, evidentemente. Mas poucos se lembram de como e por que esse estilo nasceu. Erroneamente equacionado como "filme comercial", o *action movie* é uma genial apropriação de identidades alheias, formando uma mitologia própria, criada em um novo mundo, temperada com rebeldia e arrogância de uma independência bem fincada. Com essa mitologia, a arte americana conseguiu quebrar a insuportavelmente entediante arte racional européia, rançosa desde o início do século e fadada a uma lamentação existencialista e um chororô intelectual cheio de culpas e cheio de cobranças, traições e abstinências políticas. Mas a paixão popular nunca resultou do discurso intelectual. Este só faz constatar a podridão do estado das coisas. O ser germânico adora uma acusaçãozinha, mesmo que seja contra o estado de conservação dos postes de Viena. Sem acusação, humanística ou científica, diz-se por aqui, não há propósito na arte. O engraçado é que o *action movie* compreende tudo isso. É só saber reconhecer o caminho que ele percorre ao nos levar pelos lugares mais bestiais e primitivos que possuímos na nossa colagem de informações. Ao contrário do ranço do racionalismo moderno, ele nos permite o exercício dessa bestialidade, seja através de tiros, socos, vinganças, cobranças e muito sangue.

O estranho é que estou convencido de que se Freud, Wittgenstein e Canetti estivessem na estréia de Schwarzenegger, teriam vibrado igualmente. Freud teria morrido de rir e Wittgenstein teria ido para casa escrever para Bertrand Russell que a catarse grega não é um elemento perdido. Está na artificialidade e na graça do filme do Jim Cameron, diretor de *True Lies*. Ultimamente, o *action movie* tem voltado a ter humor ao assumir a canastrice, assim como era com James Bond. E uma leve cumplicidade com o público faz com que essa canastrice se torne uma enxurrada de delírios, tornando a "ação impossível" um deleite malabarístico onde o surrealismo de cada façanha é aceito por todos como a "menos pior" alternativa para sair daquele impasse. Depois de uma cena inacreditável, Schwarzenegger chega a virar para câmera e dizer: "Desculpa, mas por ora é o melhor que posso fazer..."

Mas o seríssimo crítico de Graz achou que poderia ter feito melhor. Ele acha, aliás, que a edição rapidíssima de Cameron "superficializa" a ação. Ora bolas!!! Já o Elias Canetti teria dito que é justamente a rapidez que cria uma nova medida de comportamento heróico, longe do coloquial. Acho que não estou sozinho quando digo que não poderíamos, de jeito nenhum, voltar ao ritmo do filme francês, em que uma cena de uma mulher abrindo a porta demorava catorze minutos. No final da cena, ainda tínhamos um *close* extraordinário da maçaneta, com altíssimos significados, metáforas incríveis. Graças a Deus, a arte e a poesia mudaram de continente, foram para o novo mundo e deixaram o coro da lamúria européia a um bando de galinhas histéricas incapazes de voar.

Nem sempre é fácil se lembrar da origem das coisas. Se hoje temos uma visão "importante" de *Fausto* de Goethe ou da obra de Shakespeare, seria saudável lembrarmos um pouco de como esses autores e essas obras foram concebidos. Goethe, um irônico, safado internacionalista, hoje é tido como um "grande" germanista. Goethe faz com que seu Fausto perfile as questões mais "humanisticamente corretas", dando início ao racionalismo modernista e, no final, dá uma enorme "banana" para o sistema, transformando o barroquismo dos anjinhos de um pretenso céu num falso pudor hipócrita, e decide jamais ser atraído por propostas tão *kitsch*. Shakespeare, um humorista coloquial e irreverente, em *Tempestade*, faz com que seu personagem Próspero faça acordos com uma bruxa, crie poderes sobrenaturais e deliberadamente naufrague seus inimigos. É considerado unanimemente um clássico. A brincadeira de gato e rato só se completa quando ele os absolve no final do espetáculo, forçando-os a aplaudi-lo. Wagner e Beethoven, um exonerado e megalomaníaco, o outro chamado de demente por seus contemporâneos como Weber, são hoje os símbolos clássicos da música. No entanto, o que os une é que a circunstância de suas vidas os levou a concentrar a essência de suas obras em personagens e sons que lutavam e perdiam, se arrependiam, lançavam seu arrependimento para as estrelas e tornavam a dúvida e a culpa grandes sentimentos humanísticos, dramáticos, essenciais. Essa é uma forma essencialmente européia de "parlamentar" com as suas próprias raízes, só sendo possível nesse continente de civilizações imutáveis há séculos. Quando eu chamo isso de ranço europeu é porque sei que essa panela de pressão segura por pouco tempo e quando explode, é em grandes proporções. Esse continente que está baseado na lei, que vigia o próximo, jamais se habituará a um conceito chamado "América", que juntou repentinamente, e caoticamente, todos esses povos e mais. E disso saiu o herói americano, como um novo Frankenstein, quebrando as portas do laboratório. É claro que ele vai sair por aí procurando se vingar dos séculos de bestialidade européia. É claro que ele não vai deitar na sua cama e se considerar um perdedor. Ele é a imagem perfeita de seus criadores. E seus criadores são todos ex-europeus, fugidos, expatriados, refugiados, desterrados e com fome de liberdade. A ironia da coisa é que a maior parte das revoluções artísticas tomou forma no exílio, longe da "profundidade" de suas raízes. Os pintores espanhóis, os latino-americanos e os irlandeses foram para Paris, os dadaístas parisienses foram para Nova York. Os escritores novaiorquinos foram para Paris. Os europeus orientais vieram para Viena. Os poetas *beat* foram para Tânger. E nesse final de milênio, todos se diasporizam pelos aeroportos do mundo procurando um endosso de climas novos, mesmo que a CNN os persiga onde estiverem.

Mas, para os europeus "puros", o *action movie* faz parte de uma campanha imperialista e foi equacionado com o crescimento econômico americano, que atraiu e atrai muitos até hoje, e repudia aqueles que preferem se ater ao mundinho chato, pré-colombiano. Mas quando o poder estava com os europeus, tudo bem. O problema se chama ciúme. O gigantismo do novo poder e o florescimento de uma cultura que não mais precisava pedir permissão para existir foram franzindo ainda mais a cara franzida desses que se consideram profundos só porque estão plantados no mesmo lugar há milhares de anos. E, quando Frankenstein volta a Graz, o pequeno crítico saído de sua vidinha isolada, assexuada, branca e pura joga a sua pedrinha nele, fazendo-o voltar correndo para Los Angeles. Mas não sem antes parar no aeroporto e comentar, no meio de risadas, que jamais poderia ter filmado aquelas cenas de *True Lies* ali, pelo tamanho dele, mas, principalmente, porque a lei preguiçosa da Áustria exigiria que os extras fizessem pausas de duas em duas horas e isso aumentaria a filmagem para quatro meses. Toda grande estrela tem um decadente e sublime gosto irônico pela terra de onde veio e para onde jamais poderá voltar. Como o *action movie* em si, o herói segue sozinho os caminhos de Fausto e, no alto da colina, dá a última olhada para trás. Tenho a impressão de que o *action movie* está se tornando um clássico.

O Globo

TRAVOLTA SURFA A BOMBA NUCLEAR

John Travolta está criando uma revolução mineira no cinema. Nenhum grande escândalo, nenhuma grande descoberta. Quase na moita, sem que ninguém ainda tenha conseguido achar os termos necessários para descrevê-lo, John Travolta está virando o Marlon Brando de sua época. Ele está trazendo de volta uma preciosidade que Hollywood não via há tempos: a da criatividade lúdica na interpretação. Depois de décadas congratulando o talento do ator com superlativos baseados unicamente na sua capacidade *teatral*, ou classificando seu grau de majestosidade interpretativa através da qualidade e quantidade de seu engajamento psicológico e impressionista, Travolta obriga o público a trazer de volta comentários sobre "textura", "coloração" e "distribuição espacial", mais próprios de uma mostra conceitual de arte moderna, como a Documenta ou algum evento no MoMA. É notório o quanto outros atores até mais novos que Travolta tentam marcar a história através de um falso resguardo, uma falsa modéstia, uma espécie de narcisismo introspectivo impresso em seus personagens. Nicholas Cage ou Brad Pitt e até mesmo Bruce Willis tentam parecer cada vez mais aquilo que o escritor Paul Auster descreve como um "acidente do narciso que desviou a natureza de suas personalidades para sempre". O ator de cinema americano de uns anos para cá não "surfa" mais nas ondas, embebeu-se de um ar trágico e introspectivo, quer parecer com um modesto Joe, indo em busca de uma substância *dark* qualquer que tinja sua falta de coragem de chicotear seu papel ou de cavalgar o público com uma gargalhada glamourosa.

Mais que Auster, o autor que inspira essa geração de atores é o pré-bukowskiano John Fante. Fante escreveu sobre os "grandes anônimos", sobre a saudável síndrome dos intelectuais americanos em idolatrar o capitalismo e produzir comentários cáusticos sobre o efeito de seus excessos. Um dos seus excessos mais visíveis é o enorme contingente de anônimos, de loucos solitários enlouquecidos por "vencer", amargos com a quebra da promessa do sistema. Seu personagem em quase todos os livros, Arturo Bandini, é um genial escritor tratado pela sociedade como um pequeno medíocre, jogado no centro do mundo dos solitários, um Napoleãozinho atrás de sua máquina de escrever. Bandini duplica os anseios de seu criador, Fante, um escritor marginal, antipático e prepotente nos seus delírios e genial na atenção ao detalhe psicológico sobre a loucura nacionalista e claustrofóbica que se transforma tão facilmente em "grandeza" fascista, própria do medíocre enraivecido. Fante escreveu como ninguém sobre a fome capitalista, devoradora do artista. Detalhou, mapeou a mente silenciosa, o ser introspectivo e que pensa perigosamente, dada a sua solidão e a violência do que vê quando se olha no espelho. Os mecanismos literários que Fante usa, ao construir a empatia do leitor com o personagem Arturo Bandini, é, em muitas formas, semelhante aos mecanismos responsáveis por hoje tornar John Travolta o mais venerado ator do pedaço.

Travolta representa seus personagens com uma dose de sedução impossível de se resistir, mas a recheia com uma estranha mistura de amnésia e carência, uma bizarra carência edipiana, aquele candor de filho implorando a mesada, enquanto aponta uma 45 psicológica no seu nariz. Sua expressão mais constante em *Broken Arrow* é a de uma culpa orgulhosa, se é que se pode dizer isso. Assim como Brando e o personagem Bandini, Travolta é um poço de silêncio interessante. Quanto menos ele fala, mais você quer que ele fale. Quando fala, você se surpreende com o que ele falou. Hollywood mudou muito. As paciências eram curtas. Hoje, o que mais motiva a juventude a rir é a violência surrealista, aquela vinda do nada, de lugar algum, que surge, como surgiu, em *Pulp Fiction*, quando o mesmo Travolta arranca a cabeça do sujeito com um tiro, sem querer, pois a arma disparara sozinha. Tendo ficado mais de uma década soterrado por uma avalanche de votos de "falência perpétua", Travolta conhece como ninguém a fome e a esperança de recuperar aquele gesto inesperado, chocante, revanchista, de quem ri por último, e ri com muito prazer.

Eu saí de *Broken Arrow* encantado, com o mesmo sorriso bonachão que o galã cínico e simpático ostenta no canto de sua boca antes, durante e depois de cometer alguma sacanagem. Aliás, venho percebendo que a língua brasileira é a melhor para se classificar Travolta, já que o termo "sacana" lhe cai como uma luva. Tamanha sacanagem só lhe é possível por ter comido o pão que o diabo amassou após um sucesso incrível e a ruína repentina. Travolta é hoje venerado pela mesma geração de intelectuais e cultos que o ridicularizavam na época de *Saturday Night Fever*, e come o melhor brioche francês servido em bandeja de platina pelos mesmos que já lhe enviaram restos de pão para o diabo amassar. Mas parece estar tudo no nome. Travolta lembra "outra vez", ou "entre vezes" em italiano ou "trazer de volta" em português. Não deu outra. Depois de um rapidíssimo retorno ao primeiro *rank*, Travolta escolheu agora imigrar para o *action movie*. Essa imigração é importantíssima para ambos. O *action movie* é a mais gloriosa bandeira americana, criador da linguagem representativa de uma cultura que ergueu sua independência à força, que aprendeu a odiar aquilo que amava, que se obrigou a começar de novo com valores zerados, assim como o *blues*, o *jazz*, a narrativa investigadora de Chandler e o musical da Broadway. O action movie, sem Travolta, já rejeitava os velhos valores racionalistas europeus da ponderação, da falta de urgência e da obsessão etimológica com as proezas legalistas de seus filósofos. O *action movie*, com Travolta, será obrigado a incorporar a auto-ironia, a crítica cáustica ao sistema, vai ter de aprender o jogo do *double standard*, do *double crossing*, já que seu mais recente ídolo é o mestre em não dizer o que pensa e emitir vibrações que vão justamente de encontro ao que se espera dele.

Broken Arrow, de John Woo (eu o chamo de Holly Woo), ainda será julgado "superficial" por aqueles que querem parecer europeus, pelos mesmos que, na década de 30, forçaram George Gershwin a travestir sua *Rhapsody in Blue* de música clássica para poder ser aceita pelos novos ricos e poderosos. Melhor pra Gershwin, que fez do dever uma lição de ironia e melhor para Woo, que importou ainda mais superficialidade, trazendo da Ásia uma forma muito mais simplista de fazer o cinema americano. Pergunta: quantas nações no mundo agüentariam tamanho número de estrangeiros em seus *ranks* culturais, aprimorando sua cultura nativa, recheando-a de cores e sabores inusitados? Fora daqui? Nenhuma! A cultura americana é um saudabilíssimo fluxo de vogas. A obra literária de John Fante não é sobre outra coisa. Hollywood também não.

    A arte da interpretação também passa por vogas, por modas, assim como qualquer outra coisa. Se o tempo já pertenceu aos apáticos, como Eliott Gould e Donald Sutherland, ou aos desvairados, como Jack Nicholson, Alan Arkin e Dennis Hopper, ou aos contra-atacantes como De Niro, Pacino e Harvey Keitel e agora está numa interessante fase fragmentária e introspectiva que vai de Samuel Jackson ao genial, mas genial mesmo, Kevin Spacey (o assassino de *Seven* e de *Usual Suspect*) e seu mais recente aderente, Bruce Willis em *Twelve Monkeys*, Travolta está inteiramente numa outra categoria. Pode parecer chato tentar classificá-lo assim, ainda mais sabendo que tal conceito nunca passou nem raspando perto dele, mas ouso dizer que a construção dos personagens de Travolta é baseada na desconstrução. Não é preciso ser francês nem analisando de Lacan para fatiar as camadas psicológicas e lingüísticas e de expectativa emocional, para notar que o calculismo é tão nativo de Travolta quanto a própria máquina hollywoodiana. Travolta faz bom uso de todos os ingredientes em existência para uma interpretação repleta de novidades. Não há aquilo que jovens atores buscam com desespero, a chamada "construção de personagem". Essa é, tipicamente, a questão que aflige os jovens, os muito jovens sem experiência e sem a maturidade de entrar num palco ou enfrentar uma câmera simplesmente com o material humano que Deus lhes deu. Precisam recheá-lo com uma substância qualquer vinda de fora. Mas interpretação é somente cinquenta por cento da "coisa". O resto está no talento e na vontade de ser visto. Ser olhado, ser observado, ser lambido por um público é o primeiro instante do ator. Se ele negá-lo, pena. Se ele tentar disfarçá-lo com modéstias e mirabolâncias diluídas em "personagem", pena. Travolta tem um imenso prazer em ser olhado, em primeiro lugar. Sendo assim, ele estabelece um jogo simples com a platéia. Ele lhe dará alguns aspectos dele, de vez em quando, se ela prometer continuar interessada. E promete sempre. O capitalismo, os produtos de consumo fazem o mesmo. Tornaram-se "essenciais" e brincam de gato e rato com o público através do "último" lançamento, brincam de se fazer difíceis de obter e o comércio parece ter um imenso prazer nesse esconde-esconde. Travolta está na mesma fase social que o seu tempo, assim como Brando estava com o seu. Quando a massa precisa de um lutador, ele surge. Quando a massa precisa de um herói digno, ele surge. Agora, a enorme massa de anônimos, de Arturos Bandinis no mundo, claramente achatado pelos valores de consumo, iguais de leste a oeste, precisa de um ícone que brinca de ser precisado, que aposta nitidamente em fingir ser o vencedor que venceu porque finge desconhecer as regras do jogo. Em *Broken Arrow*, Travolta surfa a bomba nuclear numa clara alusão de que o delírio e perigo de seu precedente, *Doctor Strangelove*, é essencialmente impossível pois a sociedade de agora não está propriamente preocupada com advertências ou previsões. Sequer está preocupada em construir uma identidade. Ao contrário, está esfacelando e autopsiando todas as identidades, como é próprio de um fim de século. Ter personalidade parece ser equacionado como uma certa culpa. Se Kubrick fazia uma crítica ácida ao "sistema" e àquela fome de poder que fazia o pequeno-grande Arturo Bandini delirar, hoje ninguém estaria interessado nesse discurso, pois as previsões pessimistas do passado não resultaram em nenhuma grande tragédia. O capitalismo venceu, graças a Deus. Sobre essa frase talvez Travolta desse um sorriso, uma tragada, olhasse para a câmera e fizesse uma expressão de indecisão e já estaria interessado em outra coisa. Pois é. Nenhum assunto "gruda" mais em ninguém. Não há mais nenhum medo do sistema. Seu futuro promete ser tão confuso quanto o seu passado. O capitalismo venceu. Venceu por pênaltis. Como culpar um ícone que expressa tão majestosamente toda essa vitória mornamente conquistada, e o que fazer com o troféu? "I don't know what the big deal is. I really don't" (não sei por que tamanho auê. Sinceramente não sei), diz Travolta após matar o chefe dele. Sua aparente falta de emoção todos nós entendemos. Não é preciso travesti-la de nada, de nenhum personagem. A genialidade de Travolta está nisso. Está também no sorriso que ele dá logo depois, dando indícios para a platéia de que estamos entrando numa época interessante, onde o valor de cada frase se encaixa somente naquele tempo em que dura seu efeito. Talvez seja triste, mas não é nenhuma grande tragédia.

O Globo

A DILUIÇÃO DA IDENTIDADE DO HOMEM GLOBALIZADO

Vários filmes atuais estão sintonizados no mesmo tema, mesmo que de formas diferentes. O tema, ainda impensável em Hollywood, é a diluição da identidade do homem "globalizado". Ou, pelo menos, essa é a leitura de superfície. Junto com ela está o fenômeno curioso de como as filosofias de vida de décadas recentes, desde os *beatniks* até os *yuppies*, entraram em profunda confusão, indo dar numa espécie de esterilidade emotiva, um amálgama pós-modernista que é capaz de truques surpreendentes, desde resgatar valores morais dados como mortos até emancipar outros ainda na proveta. A temática é revolucionária em um cinema que passou uma centena de anos construindo personagens fortes, alguns indestrutíveis, outros glamourosamente invencíveis. Mesmo na década do anti-*establishment*, o *approach* era construtivista, ou melhor, "demolidoramente" intencionado em construir uma nova mentalidade.

Filmes chegam de todos os cantos batendo na mesma tecla em que o autor (e, recentemente, roteirista e diretor de cinema) Paul Auster tem tocado há anos: a inundação de eventos coincidentes, muitas vezes azarados, que assolam e dominam o destino do indivíduo. Isso somente é possível numa sociedade sem caracteres fortes, sem traços individuais, pois tudo gira em torno de um epicentro impessoal e confuso, uma espécie de jargão que reúne clichês de todas as épocas e época nenhuma. Nessa sociedade retratada pelos filmes ainda continua existindo uma coisa chamada "alma", mas a existência dela é sujeita a decisões que vão desde jogos semânticos até choques de metalinguagem que a anulam. Esse "indivíduo" em questão em todos os filmes *low budget* americanos é um ser camaleônico, que não procura situação nenhuma e se adapta a todas.

A história recente da civilização moderna tem tido uma *performance* paralela parecida com isso que tem fascinado os autores e cineastas. Vemos russos, romenos e albaneses se tornando típicos consumistas de classe baixa, das *malls* mais suburbanas, criando máfias de assustar os sicilianos. Sem os dois pólos dominadores, a "opinião" do indivíduo fica baseada em quê? Afinal, desde a queda do "muro", ou melhor, do desmantelamento do sistema soviético, milhares de agrupamentos culturais, artificialmente conectados por setenta anos de ideologia política, vêem-se repentinamente órfãos de uma alma cultural.

Os países do ex-bloco comunista são um *circus freakshow* nessa corrida desenfreada pelo resgate de uma identidade cultural. Diferente dos jovens americanos que são o assunto dos filmes, os jovens desses países estão a um passo do fascismo, pois este oferece vias de violência, as únicas que eles conseguem entender. O jovem americano é uma mulher barbada desse *circus freakshow*, cercado de uma sociedade que só se reúne para apontar e idolatrar os seres esquisitos, daqueles considerados "normais", rindo e se horrorizando com as diferenças daqueles em exibição. A TV americana já institucionalizou isso em seus abundantes *talk shows* matinais. A sociedade hoje tolera tudo e está tão forte que consegue reunir em um só discurso a dependência dos bens de consumo, a defesa do ambiente, a aceitação dos drogados como doentes e a defesa das minorias. Mas na prática esses assuntos são adversários um do outro e são papo puro. E, do eventual choque deles, nasce o ser desorientado e desmotivado dos cineastas.

Da Austrália vem o filme *Bad Boy Bubby*, que mistura o mundo enclausurado e quase mudo de Beckett com uma explosiva versão psicológica de *Sexta-feira 13*. Um garoto retardado, mantido isolado num porão pela mãe que o maltrata, acaba matando-a e vira um *pop star*, através dos caminhos tortos da coincidência. Bad Boy repete no palco as poucas palavras que conseguiu "clonizar" de sua curta exposição ao mundo, e faz desses pequenos clichês verdadeiros hinos de guerra ao microfone. O público que o eleva a *star* desconhece as circunstâncias de sua vida, mas vibra quando ele simula o sufocamento de seu gato e o próprio assassinato da mãe, ambos asfixiados com papel celofane. É bom notar que sua condição de *star* nada tem em comum com aquela dos dois *serial killers* em *Natural Born Killers* de Oliver Stone. *Bad Boy* lida com a personalidade fortíssima de alguém que é mantido na clausura e cujo "excesso" de idiossincrasias contagia meio mundo quando exposto ao ar livre. Se no passado a sociedade rejeitava fortemente os "esquisitos", hoje ela os adora, fica pasma diante deles, nos *talk shows* e fora deles.

Smoke, co-dirigido por Paul Auster, tem os personagens mais diversos, étnica e socialmente, que cruzam caminhos e se tornam vitais uns para os outros. As histórias de Auster ficam melhor nas páginas impressas, pois os atores dão uma entonação banal e monolítica a situações tão bizarras. Quando lê Auster, o leitor entona silenciosamente uma excitação peculiar à de um *thriller*, sua voz silenciosa evoca aquele tom de surpresa chocante a cada nova revelação. Isso os atores de *Smoke* e *Blue in the Face* (a segunda parte, que estréia em breve) não fazem porque não expressam a estranheza de deparar com as coincidências, coisa vital na obra desse autor. *Nadja*, que estréia hoje (25 de agosto) no Angelica Film Center, lida com o roubo de identidade através de uma forma comum de vampirismo: o próprio vampirismo. O filme já foi rodado com a intenção de ser *cult*.

Kids é outro filme que lida com a diluição mais absoluta de caráter entre garotos de catorze e dezesseis anos. É um filme divertidíssimo, só que em análise retroativa percebe-se que rimos de uma tragédia. Os garotos fazem o que todos os garotos sempre fizeram, só que com uma diferença brutal: se no passado víamos a adolescência com corrida de automóveis e brigas de *gangs* nos *hamburger stops*, o esforço do ser humano era sempre o de vencer o outro, de estabelecer as regras, de deixar clara a briga do poder e criar pequenos bolsos de afirmação de identidade. Em *Kids*, vemos o jargão da década de 60, "paz e amor", virar "passividade e frieza". Os mecanismos sociais que atingem essa geração de adolescentes, ironicamente, são aqueles que "liberaram" as gerações anteriores de seus sistemas moralistas e às vezes draconianos. A total falta de uma moral ou uma crença na vida dos adolescentes em *Kids* não é nenhuma novidade. O que é curioso é como os adolescentes americanos passam por um processo de transformação cultural semelhante à dos adultos russos e europeus orientais. Não é que tenham deixado todos os valores para trás. É que existe um *buffer* de descrença herdada de outras gerações e outros sistemas que deixou pairando no ar uma apatia nada recomendada para o estado de paixão que o ser humano idealiza.

Para lutar contra essa apatia é necessário criar. Mesmo contra as situações mais adversas, é preciso continuar. E assim, continuando muito divertidamente, um outro filme independente, *Living in Oblivion*, lota as salas de cinema. Este não lida com identidade propriamente, e sim com o que fazer com ela. O filme é uma engraçadíssima versão de *Noite Americana* de Truffaut, e a crise do cineasta está contida entre dois pólos específicos. Primeiro, a precária circunstância em que realiza as filmagens e a extensão de sua criação dentro desses limites. Segundo, o quanto a identidade do autor pode ser filtrada através do personagem, já que o personagem principal é um diretor de cinema tentando realizar um filme. Então, *Living in Oblivion* é uma batalha contra esse bando de gente que anda pra lá e pra cá sem nada a dizer, que povoam os outros filmes. *Living in Oblivion* é sobre o quê? Sobre um bando de gente andando pra lá e pra cá, tentando dizer algo através de um filme, sem consegui-lo.

Esses filmes ecoam o *Hey Joe* do Jimi Hendrix, com 25 anos de atraso. Ecoam também o mundanismo de Seattle, do Nirvana e Pearl Jam. O desespero de sobrevivência contra a massificação e o discurso da década de 60 deu no "politicamente correto", que deu nessa nulidade. O que fazer? Pedir para que os franceses ou a Susan Sontag escrevam mais um livro contra a interpretação? O ser humano precisa de uma "falta de discurso" para poder manter sua alma livre? A metamorfose desse discurso é incrível. Kerouak, Burroughs e Ginsberg foram os primeiros a sofrer o efeito *Kids*. Criado com a intenção de alertar a classe média moralista de que existe um satã em cada pessoa, e "iluminar" os "quadrados" sobre os perigos do progresso, do armamento, da guerra, do consumismo, esse discurso se transformou num lugar vazio culturalmente, chamado de "sociedade politicamente correta", onde as minorias são tratadas com igualdade, onde a ecologia é entendida como o único meio de sobrevivência das espécies, onde não há cigarros e se anda de bicicleta. A essência é maravilhosa, mas ninguém imaginou que a natureza daria tremenda rasteira na história, deixando o discurso vazio de emoções.

Com razão, um autor previu que podemos acordar de manhã e não sermos mais o que éramos quando fomos dormir. O que nos garante que acordaremos sendo a mesma massa, física e intelectual, que foi dormir na noite anterior? De fato, Gregor Samsa acorda no dia seguinte e percebe que havia virado uma barata. A metáfora para a situação atual é gritante. Mas não só Kafka previu a crise de identidade da era moderna. Andy Warhol a validou. Achou uma linguagem moral que lançasse, e deslanchasse para sempre, a bizarra beleza no trivial horrendo e o trivial horrendo dentro da beleza. Esse tema pode parecer superficial, mas destruiu conceitos que unificaram séculos.

Seus filmes e os de Kenneth Anger deram nos de John Waters, Peter Greenaway, Almodóvar e, eventualmente, em *Kids*. Da geração da identidade exacerbada, da personalidade colorida, excêntrica, até a geração da fala mutilada, da nulidade total. Os esquecidos semiólogos franceses, o *crème de la crème* do racionalismo modernista, falavam do desaparecimento das línguas empíricas. Barthes, Derrida e Lacan falavam dos jargões transportados de outras culturas e outras etnias, que subverteriam a linguagem, principal instrumento de verificação de que existimos, num menu de falsos ingredientes humanos que colocariam sob suspeita a própria constituição do homem. Eles diziam, com conhecimento de causa, que a raça se diluiria cada vez mais e o denominador comum seria cada vez mais baixo, transformando aqueles poucos minimamente ligados a uma identidade qualquer em *stars*. *Bad Boy Bubby?* Quando se conversa com um ser da sociedade moderna, tem-se a noção de que ele acordou de manhã, foi hipnotizado e repete aquele mantra pelo resto do dia. Se olharmos bem no fundo de seus olhos não conseguiremos enxergar a cor real de sua alma. Sua identidade é uma mescla de discursos herdados da mídia. Fala mas não tem noção da fala.

O contrário disso, os que falam sabendo o que falam, é pouco explorado em cinema, pois é um assunto perigoso: a retomada da direita, em busca de um discurso que possa ser colocado em prática. São os radicais malucos das milícias, tipo o MacVeigh, que explodiu o prédio em Oklahoma. Estes não querem ver o Estado nem pintado. São o anti-*establishment* da direita. O discurso deles é perfeitamente década de 60, dos Panteras Negras, dos Trash Diggers, de Jerry Rubin. Só que de direita. Seu discurso também é hipnotizante. Não duvidem de que esses acreditam em algo. É só ouvir o "Bolinha" da direita, Rush Limbaugh, falar. Além do mais, quem é de direita hoje tem clube a qual pertencer. Não irão sair, pois se ficarem sem discurso, como em *Kids*, farão o quê? Irão para o East Village, atrás de outros órfãos culturais?

As próprias massas começaram a dar um outro golpe, que em filme poderia perfeitamente se chamar de *Adults*. Sincronizado com a passagem de Warhol sobre a Terra, o ser humano mais comum, os cidadãos sem nome e sem quintal, compraram sua *handcam*, sua Vídeo 8, e começaram a se filmar entre si, não precisando mais da arte para ter acesso à "imagem". Os aeroportos de hoje são de enlouquecer. Vê-se uma família de malasianos ou paquistaneses filmado a entrada de um Duty Free Shop ou de um quadro na parede da cafeteria do aeroporto. Quadro que, por sua vez, é *xerox* colorida de um original, por sua vez roubado de algum pobre diabo que foi recusado como "artista" e ficou "ilustrador".

O fato é que, diante do paradoxo que a modernidade criou, não havia mesmo outra possibilidade. Somando os discursos das décadas anteriores, tudo seria de alcance de todos. Temendo esse acesso, o artista foi se encurralando. Não é à toa que a arte começou a se auto-retratar, auto-analisar, auto-denunciar, auto-enterrar, auto tudo, pois não havia mais um futuro.

Fora dos filmes, a falta de identidade do ser humano já ocorre na prática. No Japão, um par de velhinhos já pode alugar um jovem, ou uma jovem, para passar a tarde com eles. Até aí, nada de estranho. Começa a ficar pior quando se percebe que os jovens de aluguel são treinados minuciosamente para serem "filhos" do casal de velhos. Não desses velhos em particular, mas de qualquer casal de velhos. Os jovens não precisam de qualificação. Qualquer jovem serve. Eles são treinados para agirem como os filhos que os pais não vêem há muito tempo. Então eles chegam no determinado endereço e abraçam os velhos emocionadamente, entram e tratam a casa como se fosse deles. Participam daquela família, conversam emotivamente com os dois, e depois vão embora. Se o casal quiser outra visita, nada garante que o mesmo jovem virá. Pode ser que comece tudo outra vez. Quando perguntados, os jovens dizem que o trabalho é emocionalmente difícil, mas que não decoram nenhum papel. Dizem que não precisam decorar nomes nem situações, pois quase todas as famílias de classe média baixa no Japão são iguais e que os dados sempre coincidirão.

O Globo

JOGUEM ESSAS PEDRAS, MEUS AMORES

O mais engraçado ainda é Monty Python. A cena em que John Cleese empunhava uma banana e lecionava a um bando de imbecis como se defender de um assaltante que usava como armas frutas ao atacar. Estamos em 71, em Londres, minha TV alugada da Granada Television estava quase pifada, e um técnico bruto deparava com essa cena enquanto tentava consertar a imagem. Ele olhava atentamente para a cena, tirava os dedos dos botões e observava. Eu notava que a atenção do técnico foi virando uma ofensa, uma ofensa pessoal. O técnico notou que eu estava me deleitando e investiu: "Quer saber de uma coisa? Eu não entendo esse pessoal. Isso aí é supostamente engraçado... Eu não entendo como podem achar isso engraçado e com o meu dinheiro [a BBC é estatal]. Além do mais, isso só pode vir de bichas como esse tal de Graham Chapman..."

Monty Python passava em horário nobre na BBC, mas estava muito longe de ser parte do *establishment*. Na verdade, a sociedade inglesa da época considerava Monty Python *vanguarda*.

Estamos ainda em 71. A Tate Gallery pagou a algum artesão algumas milhares de libras para reproduzir a *Roda de Bicicleta* e o *Large Glass* (*The Bride Stripped Bare by the Bachelors Even*), de Duchamp. Eu não desgrudava de um livro de Calvin Tomkins chamado *Ahead of the Game*, que reunia o próprio Duchamp, Rauschenberg,

Tingueli e Cage (na edição posterior entrou Merce Cunningham também). Fui checar as duas peças com devoção religiosa. Eu era daqueles que, chegando perto do andar onde a obra estava exposta, começava a sentir calafrios desumanos e possessivos, pronto para brigar com a burrice inglesa que já xingava tudo aquilo pelos jornais: "Como uma fundação como a Tate & Lyle (a maior produtora de açúcar da Inglaterra e responsável pela Tate Gallery) gasta milhares de libras numa besteira dessas?" E daí a frase fatal: "And... is it art?"

De volta ao Monty Python. Terry Jones está sentado num *pub*, Michael Palin passa do lado de fora, de bicicleta. Um pianista, Eric Idle, toca sem que saia som do piano. A câmera faz um *close* nos braços do pianista e nota-se que ele não tem mãos. No entanto, Terry Jones está sentado se deleitando com a "música" que está sendo tocada. Entra o ciclista para entregar uma encomenda, timidamente deixa um pacote sobre a mesa, vira-se para câmera e pergunta: "But... is it art?" O Monty Python estava fazendo com a vanguarda o mesmo que a classe operária fazia com eles.

Na mesma BBC, o "explicólogo" inglês John Fletcher atacava os semiólogos franceses. Chamava-os de absurdo. Na capa da revista *Time*, americana, o crítico de arte Robert Hughes "denunciava" o esquema da arte moderna, os *gimmicks* (truques) entre artistas e *marchands*. Hughes "enxergava" milhões de *esquemas* entre artistas e curadores, "visando" alienar o público e criando uma arte que excluiria de vez o espectador até o final do século. Era a primeira vez, depois do sucesso escandaloso de Andy Warhol, que alguém tomava a dianteira no ataque frontal contra a arte pessoal. O *Le Monde* parisiense abria com um editorial violento contra Jimi Hendrix e a "nova cultura", tentando encontrar um senso, um sentido para o grito dos jovens. O título da matéria era algo como "vanguarda demolidora dos subtraídos".

A paranóia sempre andou lado a lado com a caretice, seja de direita ou de esquerda. Mas existe um lado que não é de direita e nem e de esquerda, muito pelo contrário, e que se esconde debaixo do cobertor grosso no meio da madrugada e não consegue dormir. E no meio da insônia uma voz aparece e pergunta: "Interessa? O que você pensa interessa?".

SÍLVIA FERNANDES E J. GUINSBURG

O problema começou quando a arte tomou consciência da consciência. Isso não está isolado do fato de a própria consciência ter tomado consciência da consciência e isso não está isolado do fato de que, a partir daí, o território estava livre para a arte da representação de tudo que se pensava, sentia e julgava, pronto para que se jogasse na arena o primeiro gesto reativo, seja ao sistema, seja à própria arte. A virada da história da arte para a explosão quase psicológica da *self indulgence* foi uma guinada escandalosa, muito notada na época e obscurecida pelo tempo. Mas quando aconteceu? Foi com o Malevitch? Foi com Joyce? Foi com os dadaístas? Foi o Armoury Show? Foram os construtivistas? Muitos já esqueceram que o Bauhaus foi um movimento espartano de vanguarda. O Bauhaus tinha a consciência quase militar do que era a vanguarda. No entanto, eu ainda acho que esse conceito serve aos teóricos, aos jornalistas e pouco tem a ver com os artistas, envoltos no desespero da vulnerabilidade, envoltos na nebulosidade do seu próprio significado. E está aí a chave dessa equação: a guerra dos significados deve ter começado com os cubinhos de mármore aprisionados numa gaiola, que Duchamp chamou de *Why Not Sneeze, Rose Selavy?* O artista quando jovem ou quando velho está no meio do calor eufórico da troca de entusiasmos e insultos a respeito do significado ou não de sua arte ou de sua voz. Mas uma coisa é certa. Ninguém acorda de manhã e diz: "Hoje vou criar um grande objeto de vanguarda".

Mas já se acordou de manhã e já se disse isso. Claro, na época a sociedade era composta de pólos, as posições eram claras e eram crentes. E hoje? Em meio a um ceticismo total, a pergunta permanece: "O que você pensa interessa?".

Interessará sempre. E, se existe alguma lógica no desenrolar da história, ela prova que essa guerra de significados mudou o rumo da humanidade. Como? Sim, mudou e mudará sempre o rumo da humanidade. Um objeto de arte é um objeto de arte, e um objeto de arte é um edifício é uma cidade é uma população é uma nação. Exagero? Nem tanto. Enquanto o universo for um problema de entendimento pessoal, inevitavelmente teremos a vanguarda. E o universo pessoal é que é mal-vindo, pois a visão subjetiva, a obsessão doentia do artista não se prepara em academia, não aprende *como* deve fazer as coisas. E isso enerva aqueles que aprenderam a fazer as coisas. Enerva profundamente. É como um grito de "Independência ou Morte", fácil de ser dado e difícil de ser ouvido, pois ouvi-lo significa aplicá-lo e a aplicação dos caretas rejeita o ato aleatório, do acaso, da brincadeira, da experimentação, da brincadeira pessoal de significados. Ser artista é quase uma questão de maturidade, de tolerância. Não ser artista e ser careta é quase que uma questão de seriedade, de compromisso com uma verdade. O artista já ouviu essa *uma* verdade, já a experimentou e já a multiplicou. O artista, portanto, não tem compromisso senão com a multiplicidade do seu ser e qualquer tentativa de encaixe de um ou outro aspecto desse ser nada mais é que um mero acaso. Esse acaso é caso de ódio por parte dos que são devotos de uma verdade, aqueles pobres coitados que crêem na *verdade* da vida.

Estamos entrando em mais um período desse porre, digo, desse porre do ódio contra o "Independência ou Morte", não tenho dúvidas. E, como sempre, quem atira a pedra em quem empunha a espada não deixa de ter lá as suas razões. A minha própria tolerância para a arte é limitada. Admiro poucos. Tenho tolerância para muito-muito poucos. Falta-me ânimo para ir ver as mais novas instalações na Documenta ou no Whitney. Mas leio com prazer sobre intervenções de Joseph Beuys em Documentas passadas. Por que é isso? Apego-me ansiosamente à roda de bicicleta de Duchamp, como se fosse o signo dos Deuses, e uso e abuso dela. O símbolo dos Deuses achado no meio da rua? No meio do Bowery esquina da Houston Street? Isso é dos Deuses? Ela virou a bússola do meu tempo. Duchamp a criou em meia hora e foi extremamente pragmático. Pra mim, onde quer que entre, ela cria a fronteira entre o estado emotivo e o racional, ela cria a perspectiva entre o abuso romântico e o *humanamente viável*. Mas entendo também que foi preciso se ter chegado à roda de bicicleta empiricamente. Não basta abrir um livro sobre os Dada e ela ali... É necessário, de uma forma ou outra, ter sofrido na pele as armadilhas das quais a roda é uma espécie de *precursora* nesse mundo ocidental. E talvez a função do termo *vanguarda* sirva só para definir que alguma tropa vai na frente, avaliando o território. Alguns voltam triunfantes, outros feridos e muitos nem voltam. Às vezes me pergunto se a minha posição não é careta.

Respondo-me que o problema do batalhão de vanguarda de hoje é a quantidade. Meu Deus do céu! São muitos artistas, são muitos nomes, são muitas instalações, muitos vídeos, muitos CDs. Não é possível que todos sejam donos de uma voz, e não são mesmo. Mas por que a voz haveria de ser tão importante? Não era justamente a voz humana que a *Roda* de Duchamp calava? Os *ready-mades* existiram por quê? Para que eu tenha a mesma relação romântica com eles como um careta tem com uma tela de Rembrant? Será isso? Será que o meu amor por Duchamp sequer está a altura do próprio Duchamp? E será que, quando uso a roda dele nos meus espetáculos, estou fazendo o mesmo que o Monty Python fez com a vanguarda? Será que estou tentando dar uma dimensão racional ao acaso deliberado dele, ou será que estou jogando uma pedra de ódio nela, expondo-a ao ridículo, como se estivesse dizendo: "morre logo sua merda e vamos voltar à pincelada". Impossível. Impossível voltar à virgindade. A caretice não encara Maquiavel, não tolera Hegel. Tirar o espírito aventureiro e aventurista da arte de experimentação é impossível. Tão impossível quanto nos livrarmos de tantos outros males, como própria edificação da sociedade "eficiente", tecnológica, impessoal e numérica. Ficam alguns dilemas: se existe uma certa tranqüilidade no fato de as coisas serem efêmeras, por que sempre tanto barulho de um lado ou de outro? Ao mesmo tempo, as coisas só são efêmeras se as mantivermos efêmeras, e isso não acontece com tanto barulho. Mas é a sociedade que exige a eternização das coisas, não são (muitas vezes) os artistas. Então, o conceito de *vanguarda* quase que necessariamente inclui o termo *disturbance*. Se ela se edifica e monumentaliza, vamos ver se não é justamente a sociedade que a torna assim. Talvez o faça para que seja quixoteada com bombardeios, ridicularizações ou o mero enferrujamento. Talvez o faça por reconhecer que não há atrito sem *disturbance*. Desconfio de quem esteja renegando (por mais ridículo que o termo possa parecer) a *vanguarda do passado*. Deve ser coisa de infiltradores ultra-vanguardistas, mas que posam como reacionários para reacenderem a chama da controvérsia com mais impunidade que os "loucos artistas". A enfermidade nas idéias é óbvia, mas a fertilidade do "But... is it art?" está longe de estar moribunda. Desconfio dos enfermeiros que querem tratar da enfermidade atual, a não ser que venham travestidos de cabrochas e carreguem pedras no lugar da genitália:

"Joguem essas pedras, meus amores, joguem!!! Precisamos delas!!!"

16 de maio de 1993
Folha de S. Paulo

A PUBLICIDADE É A EXTREMA-UNÇÃO DO MODERNISMO

Às vezes eu acho que a publicidade é a extrema-unção do modernismo. Ela vem rezar no ouvido moribundo dele tudo aquilo que ele criou, cochichando, minuciosamente, detalhes do *estado de consciência* que ele desenvolveu e que, eventualmente, irá sufocá-lo. Só que ela o faz com a voz de um diabinho sacana. A publicidade se ergueu com pernas emprestadas de todas as artes e filosofias, mas hoje existe e o faz glamourosamente, dando a última gargalhada. Seu processo de gestação foi incrivelmente inescrupuloso, amoral e sem remorsos, assim como deve ser a gestação de um vírus. Unida ao princípio de "vender" algum produto, a publicidade validava sua estadia no planeta através da objetividade de seu resultado. Ao contrário do "purismo" utópico dos artistas, seu mecanismo de sobrevivência foi absolutamente antiético, usando o que tinha que usar, verdade ou mentira, afirmando seja lá o que fosse. O final da década de 70 nos trouxe a "antipublicidade", ou aquela que sacaneava os próprios princípios. Via-se que até ela estava criando um *estado de consciência* crítico, seguindo a trilha das matérias mais "sérias" como arte e filosofia. Com isso a publicidade incluía em seu pacote sintomas de um anticorpo.

Ironicamente, isso ajudou a complicar a difícil relação entre artista e publicitário, pois os galhos se uniam e os macacos não sabiam mais onde se pendurar. Seguindo a trilha moderna da tomada de consciência, a publicidade virou um interminável léxico de inversão de termos e significados. A ética e a individualidade viraram meros degraus numa longa escada que a publicidade usava para alcançar seu objetivo. Sou fã de primeira fila nessa divertida manipulação de interpretações.

Por isso, fico pasmo quando reclamam da falta de ética nesse mecanismo que se transformou num puro "direito de apropriação". Oliviero Toscani é genial! Ele fechou na publicidade o mesmo círculo que Bob Wilson fechou no teatro, que Godard fechou no cinema e que Warhol fechou na pintura. Todos eles colocaram um *basta* na falsa inocência da arte e a "denunciaram", brincaram com ela, aceleraram seu processo de degeneração. Enxergaram a doença criada pelo domínio de uma verdade relativa dentro de suas profissões. Toscani é o primeiro a ter a coragem de denunciar, tão cruamente, essa doença. E o faz com ironia, fotografando a própria doença. Ela chega justamente em épocas em que a especialização atinge o seu cúmulo, destruindo tudo como o HIV, jogando uns contra os outros. Enfim surge um publicitário acusado por outros publicitários de "não publicitário". Não é à toa que ele escolheu fotografar o HIV em ação. Não se deve chamar de gênio todo aquele que consegue dizer, com uma simples palavra, dezenas de coisas ao mesmo tempo?

Acho engraçado quando vejo que são publicitários aqueles que reclamam "coerência", "verdade" e "ética" naquilo que estão dizendo. Ora! Enlouqueceram? Estão falando com quem? A publicidade jurava com sua mão direita sobre a bíblia da "idéia". Até o papa do expressionismo abstrato, Clement Greenberg, nos anos 50, reconheceu que a arte estava virando uma corrida pela identidade, ou por "uma boa idéia". Os publicitários exercem essa corrida em grupos, sentados em volta de mesas, fumando incessantemente, desdobrando significados, trocadilhos e dados estatísticos. Os artistas o faziam sozinhos, pasmos na frente da tela. Todos em busca de "uma boa idéia", algo que os colocasse no mapa. A antiga missão da arte de refletir sobre a humanidade, de projetar o interior para fora, estava sendo substituída por uma cápsula, um comprimido passageiro, uma aspirina chamada "idéia". A "boa idéia" era tão boa que ela começou a habitar o cerne de todas as questões. Era tão boa que fez com que todos se olhassem no espelho e se sentissem com necessidade de criar. Alguns ficaram para trás, no espelho, criando entediantes monólogos sobre a validade daquilo tudo, outros fazendo ícones de si próprios, exibindo exuberância e versatilidade e se tornando inalcançáveis para o consumidor. Soa familiar?

Então, qual é a reclamação? Qual pacto foi quebrado? O do "bom gosto"? Warhol queria ser publicitário. Tinha "bom gosto". Sua tentativa de matrícula no Art Directors Club foi recusada. Razão: mau gosto. Warhol se lançou através da "arte". Sublinhou o mau gosto na beleza e o bom gosto na feiúra. Milton Glaser, desenhista, publicitário, num gesto de compaixão e ironia, incluiu em seus projetos algumas das idéias de Warhol, recusadas pelo Art Directors Club, e foi premiadíssimo por elas. Em algum lugar tem sempre alguém dando uma gargalhada.

Na confusão entre arte e propaganda, a gargalhada deve acontecer em grego clássico. A relação entre elas é tão perversa quanto a trama de uma tragédia grega. Pode-se enxergar membros da mesma família se amando, se odiando e se matando. O problema não está com o pai, nem com a mãe e nem com os filhos. Está com os códigos de conduta. Quando dá curto-circuito, começa a matança. Os códigos que regem os tempos modernos são frutos da "inteligência" e não mais da intuição, da impressão e da *naïveté*. A inteligência destila tudo; concentra, reduz, tira de proporção, descontextualiza. Raros são os momentos em que ainda vemos *guts*, isto é, alma, coragem, cara-de-pau, ocuparem o centro da arena com uma superposição de idéias que toca em tantas partes ao mesmo tempo que merece um estudo publicado em livro. As fotos de Toscani e a coragem da Benneton merecem ovação de pé.

A publicidade virou um mecanismo complexo de investigação de como e a quê responde o ser humano moderno. Nesse sentido entrou pelo mesmo beco que a arte moderna, parando de se deixar influenciar por imagens e experiências reais, e investigando os próprios mecanismos. Começou a se reproduzir através de padrões estritamente teóricos, baseados em questões ligadas a sua validade ou não validade. Apaixonou-se pela própria imagem. Toscani enxergou o excesso de poeira no narciso da publicidade e, como Godard ou Brecht, optou por um choque que vem de uma mudança térmica brutal.

Não há dúvidas de que a engenharia da modernidade está na crise dos cem anos. Esse aspecto também está impresso nas fotos de Toscani e talvez seja o mais chocante. Mas há nelas também uma enorme compaixão e uma espécie de "verdade" que o mundo da vaidade e da futilidade apagaram. No passado era a arte a portadora dessa "verdade". Hoje, talvez a "boa idéia" tenha tornado invisível a fronteira entre ela e a publicidade. No futuro as duas estarão perfeitamente mescladas. O trabalho de Toscani foi fundamental no amadurecimento da publicidade, pois levou o espectador, ou consumidor, a manter uma relação "espiritual" com o produto. Toscani criou a ponte decisiva entre a publicidade e seu "estado de consciência". Nesse estado de vulnerabilidade, ela finalmente estará pronta para percorrer os mesmos caminhos suicidas da arte moderna.

Folha de S. Paulo

A PORTA ABERTA DA INTERNET

Se George Orwell pudesse observar a fascinante revolução na arte de se obter informação e de se comunicar no mundo contemporâneo, teria de conceder que suas previsões falharam feio. Afinal, o Big Brother não virou o fantasma temido do sistema, e sim, nosso servente. Sim, o sistema como nosso servente! Quem poderia imaginar isso? Não é só isso. O sistema não nos amedronta e tudo que o futurismo pregava foi por água abaixo. Se o futuro do passado previa bilhões de homens formigas vivendo sob anestesia, o nosso futuro real mostrará um ser humano renascentista, voltando à tona com surpreendente voracidade. Sua individualidade renascerá através da maneira com que cata e acha, fuça e revira a enorme caixa de informações que a Internet coloca a sua disposição. A procura dependerá de sua personalidade. Suas conquistas virão do como vai digerir a informação no emaranhado de possibilidades a sua disposição. Pode-se dizer que a tecnologia (e uma boa linha de telefone) proporcionam a "independência editorial" de cada um? Pode-se. O ser humano moderno é independente, cínico, pensa em vários níveis distintos, não é fiel a nenhuma crença nem a um produto, reconhece a multiplicidade de significados em cada ato e não descansa enquanto não encontra a sua própria fórmula de sobrevivência no mundo do consumo e da informação. O futuro não ficou com a cara de Fritz Lang ou *Fahrenheit 451*. Ficou com cara de Buñuel, em cujos filmes os personagens parecem entretidos com o próprio rumo surrealista de suas vidas. Ou ficou com cara de um filme de Terry Gillian, onde algum desesperado luta contra um sistema invisível em decadência e acha sua própria solução mental para o escape. Apesar de kafkiano, Gillian não nega suas raízes montypythonianas, e abusa da farsa e da inversão de valores para subverter a crueldade do que está realmente sendo dito.

Pois parece que Buñuel e Gillian se juntaram para criar uma experiência que tive em Copenhague, há alguns meses, na sala de reuniões do prédio onde fica o Electronic Café. A cena é engraçada e lembra um momento do filme *O Discreto Charme da Burguesia*, em que as pessoas comiam em absoluta privacidade, como se defecassem, e defecavam socialmente, umas na frente das outras, como se jantassem. Ou lembra aquelas paródias que Gillian faz do futuro e do futurismo. A ocasião era um simpósio chamado *Mindship*, numa tarde de janeiro de um brutal inverno. Eu participava das conversas preliminares para esse simpósio, um quebra-pau filosófico, um *brain-storm* de proporções gigantescas que acontecerá a partir de julho. Lá estavam umas catorze pessoas, de todas as profissões e interesses possíveis, desde cientistas malucos que descobrem buracos negros, inventores de novos meios de comunicação internacional, até roqueiros conhecidos, jornalistas, autores, e este que vos escreve. O que tornava a cena engraçada, surreal e futurista, é que, diante de cada um dos participantes, sobre a enorme mesa que reunia essa casta eclética, havia um *laptop*, um *powerbook*, um computador pessoal, aberto e sintonizado na Internet, cada um navegando na sua. Vista de fora, essa reunião parecia congregar catorze pessoas silenciosas, mudas mesmo, cada uma fitando a tela de seu computador, tendo orgasmos ecumênicos a cada nova página cibernética. Raramente nos falávamos de verdade. Horas depois, descobri que três pessoas na reunião estavam sintonizadas no mesmo programa e se relacionavam através da tela, mesmo estando sentadas ali, debaixo do mesmo teto. "Então será assim, daqui em diante?", pensei meio indignado. "Meu Deus do céu! Os hábitos do mundo moderno! Estamos dentro dele, afinal", eu pensava enquanto tinha pequenas doses de calafrios.

Mas não havia motivo para tanto susto. Vamos ter de reaprender a conviver socialmente com um novo acessório — o computador ligado na Internet — como um elemento a mais de incrementação da eficiência dos futuros encontros. O assunto do *Mindship?* Justamente este: o de reintegrar o homem ao seu poder individual, o de trazer a arte para perto da ciência e vice-versa, o de tentar apagar a imagem do "temeroso futuro" que nos aflige desde que somos crianças. O "temeroso futuro" ficou manso, humanizado, justamente "através" do computador. Depois de ser um consumidor passivo da arte e do entretenimento, por séculos a fio, o homem moderno vai se tornando dono do seu próprio método de entretenimento, autor de sua própria cultura e roteiro de interesses. E o que é mais interessante: é autor de uma cultura que não discrimina entre "fato real" e ficção, onde informação pode significar tudo, desde um texto de Rabelais até detalhes técnicos sobre o afundamento do *Titanic*. A década de 60 propôs essa não discriminação entre a arte e o espectador, mas a proposta não deixava muito lugar para que os mecanismos individuais do espectador se manifestassem. Foi a década da libertação dos dogmas, mas contava com comportamentos e reações previsíveis demais. Foi também a década mais apavorada com o sistema, qualquer sistema. Foi nela que se celebrou o *1984*, de Orwell, ou o *Brave New World*, de Huxley, como previsões apocalípticas contra o perigo dos "ministérios", domicílio do Big Brother.

Pois a Dinamarca criou um ministério "inteligente", para unir áreas segregadas pela institucionalização da política e do Estado com o passar dos anos. Se a filosofia de governo já foi a de separar Transportes da Saúde, por exemplo, para fortalecer o Estado como um labirinto indestrutível de forças independentes, a filosofia de governo do futuro indica uma clara volta a um saudável *melting pot* diletante que compreenderá um pouco de tudo em todos os departamentos. Uma coisa é certa. Arte e Ciência sempre caminharam juntas, debaixo do conceito "humanidades". Os cientistas falavam coisas poéticas. Em muitos movimentos de arte brotaram idéias científicas. De repente o mundo se especializou. Cada um foi para um canto. Surgiram estatísticas. Surgiram linguagens especializadas, restritas a grupos pequenos. Surgiram milhões de pequenas fortalezas olhando milhões de outras fortalezas, todas desenvolvendo fortíssimos dialetos pessoais. Surgiu a semiótica para tentar desvendar todos esses dialetos. Surgiu o desconstrutivismo para entender cada partícula de funcionamento desses dialetos. Surgiu o behaviorismo para oficializar o estudo das centenas de camadas filosóficas e práticas do comportamento humano. Mas nem a semiótica, o desconstrutivismo ou o behaviorismo deram o pulo de volta para a ciência. Se o Renascentismo é descrito como um período de união total entre as artes, tendo as ciências como guia, por estarem na vanguarda do descobrimento do homem moderno, o nosso querido século XX pode ser descrito como o "Moribundismo", pois ficamos sós e isolados. O século XXI tratará de cobrir os buracos deixados pela ignorância, através da informação barata, acessível e democrática (e uma boa linha de telefone). O evento Internet é muito mais profundo do que se imagina.

Talvez Leonardo Da Vinci, Shakespeare e Goethe representem melhor essa idílica categoria de seres humanos que o século XX aniquilou, e que talvez o XXI reinvente. O propósito do *Mindship* é o de criar uma reaproximação entre esses mundos "apartheitizados" pela especialização. Os grandes humanistas vieram das idiossincrasias desorganizadas. As grandes questões vieram dos assuntos pequenos demais para serem notados ou grandes demais para serem entendidos. Mas estivemos num século que cuidou, em primeiro lugar, da massificação. Desde uma assimilação cultural, forçada, importada, imposta ou convidada, todos sofremos, de uma maneira ou de outra, uma espécie de extermínio do individualismo, dado o peso da avalanche dos sistemas do mundo moderno que rolavam morro abaixo pra cima de todos. Artista era artista somente por conseguir provar que a avalanche não o havia engolido também. Mas o grande humanista consegue mais. O grande humanista deve ser aquele que inventa parâmetros de interpretação. Afinal, ainda existe um monstro aí fora chamado universo que exige uma paciência indescritível, pois só podemos nos comunicar com ele através do exercício da interpretação, da especulação, da tecelagem de teorias sobre as questões fundamentais.

Portanto, o *Mindship*. Estávamos ali, na ex-sede da marinha dinamarquesa, uma ilhota fortificada e claramente erguida com a função de, um dia, defender a Dinamarca de possíveis invasores. Aqui estávamos nós, os invasores, vindos de todas as áreas do mundo, jogados ali num espaço criado para a guerra, com o singelo propósito de criar a paz entre os "assuntos". Se os assuntos eram os segredos de Estado que o Big Brother tentava proteger, eles hoje são a matéria-prima e lucrativa do indivíduo, sem nenhum constrangimento, graças a Deus. Pois o privilégio de poder "navegar" pelas ondas da Internet é um privilégio semelhante àquele dos primeiros descobridores, dos navegantes olhando para as estrelas no firmamento em busca de uma localização. Muitas vezes o vento os levava ao acaso. Muitas vezes o acaso levava ao descobrimento. Goethe deixou o acaso da informação influenciar sua obra, assim como Borges e Joyce também o fizeram. Shakespeare anotava avidamente as informações que lhe eram trazidas pela marinha mercante, do recém-descoberto continente americano. Eles, assim como eu e você, queriam saber como e por que as coisas em volta acontecem, como e por que sentiam essa necessidade angustiante de descobrir coisas atrás de coisas, com a mesma livre associação e latitude que o diletantismo de um apaixonado proporciona. É isso. Estávamos descobrindo que o século XXI será o século do diletante apaixonado, daquele que entende a cultura como um fenômeno ligado à imensidão do universo e às questões pequenas, grandes, médias, desorganizadas ou lindamente dispostas na mesa, de qualquer forma e em qualquer estilo. Não há um termo ainda palpável para descrever esse território que cobre tantos interesses ao mesmo tempo. Mas uma coisa é certa. A porta aberta pela Internet é tão fascinante quanto o descobrimento das Américas, do firmamento de Copérnico, da gravidade de Newton. Talvez o *1984* de Orwell tenha de esperar mais mil anos e virar o 2984, porque, sem dúvida alguma, os anos que iniciam esse novo milênio estão mais para *Alegria, Alegria*, de Caetano, ou *Sonho de uma Noite de Verão*.

    Meu e-mail é: 103266,3640@ Compuserve.com.
    Quem quiser, me escreva.

O Globo

Minha máscara caiu na esquina

Fiquei muito comovido com o artigo do Caetano. Sobretudo porque ele unia, muito carinhosamente, alguns entendidos e mal-entendidos que me dizem respeito diretamente. Achei o artigo uma inspiração contemporânea sobre uma das melhores frases de Hamlet, "or to take arms against a sea of troubles/And by opposing end them" que é onde Shakespeare convoca faíscas de racionalismo e que, em última instância, deve ter movido Zé Celso a montar seu *Ham-let*.

Preciso também deixar claro que eu estou escrevendo este artigo porque quero e não porque me foi pedido. Reconheço um certo perigo em escrever artigos assim, diretamente ligados a outros artigos, porque podem parecer "respostas", ou coisa que o valha. Pensei muito antes de decidir escrevê-lo e sei que corro o risco da interpretação, pois há uma enorme diferença entre o que se quer dizer e o que se acaba dizendo. E, justamente no meu momento mais vulnerável, depois de um belo concerto de Arvo Part e Górecki, resolvi voltar para casa andando e comecei a refletir sobre a minha própria formação *judeo-ósseo-carbonara*, e de como cheguei ao ponto de insinuar que Caetano teria sido "esperto" ao escolher o programa do Jô para fazer sua reclamação. Numa esquina da Broadway, minha máscara caiu. Fui ultrapassado por dois irlandeses que explodiram a minha saudade pelas ruas de Kilburn (onde eu vivia andando em cima da linha pontilhada entre militantes da Sinn Fein e do Exército Britânico). Um mendigo me pedia um *quarter* e de uma limousine descia um casal de ricos. Eu sentia que poderia conversar com cada um deles, nos seus próprios termos. Nos estilhaços da minha máscara quebrada no chão eu enxerguei todos os pontos que Caetano descreve como sendo aqueles que me afastam dele e que o unem a Zé Celso. Confesso que, naquele momento, eu mesmo me afastei de Gerald Thomas.

Os irlandeses, que já estavam um quarteirão à frente, serão um eterno enigma pra mim. Mas sei, com certeza, que, se fossem da Sinn Fein, teríamos tido conversa para a noite inteira e, se tivessem sido do Exército Britânico, ou seja, seus inimigos, também teríamos tido conversa para a noite inteira. Percebi que sofro em demasia de um interesse imparcial, amoral, coisa que foi considerada muito positiva na minha adolescência. Isso não me torna em essência um desinteressado, calculista, casaca, traidor ou oportunista. Torna-me um pragmático ou, simplesmente, um *aliado ao ponto de vista cuja intimidade eu creio compreender.* Ironicamente, na lata de lixo daquela esquina estava o *New York Times* do dia, que deve ter feito relatos sobre o mundo inteiro, crendo compreender a intimidade de cada lugar.

Tenho certeza de que, nas diferenças colocadas por Caetano, alguns enxergam uma verdadeira guerra entre nós. Outros, provavelmente, não enxergam nada mas desejam guerra só porque faz o tempo passar. Outros, ainda, crêem enxergar "além" do que está dito. E foi justamente esse o erro que cometi quando falei sobre a tal "esperteza". Mas quando fiz essa observação, ao ser perguntado, não percebi a malícia que ela poderia representar depois de impressa. É que fui acostumado, pela minha vivência, a sempre enxergar um estágio perverso e com lucros somando a própria sobrevivência. Esse impasse entre culturas e tradições é próprio da minha formação.Também pudera. Aprendi a ver delegados que também eram traficantes, *hippies* rasgados com Bentleys na garagem, senhores bem casados que mantinham travestis, gente de extrema-direita que dava abrigo a militante de esquerda, padres mantendo amantes e governantes que são ladrões, tudo torto. Tudo maravilhosamente torto. Foi pelo português de Hélio Oiticica que descobri, muito jovem, que era atrás da porta do quarto, no *closet*, que o verdadeiro *deal* se dava, não importando o nível de liberalismo ou conservadorismo dos envolvidos. E Hélio, que convivia com Cara de Cavalo e a *intelligenzia* brasileira, dizia ter recebido um banho de lucidez na Inglaterra, que, é claro, é o lugar onde essa troca de papéis chega a ter um estatuto, um regimento e uma tradição.

    Eu venho de uma geração que já recebeu com cinismo e reclamação os aspectos da mudança que haviam sido a luta da geração anterior. Pior, ainda transformávamos em poesia os nossos achados e nos tornávamos concêntricos e egocêntricos, achando que o mundo de verdade começava ali. O *closet* deixava de ser o lugar onde os enrustidos se escondiam e passava a ser um exótico altar onde tudo o que era proibido prosperava. Keneth Anger e Andy Warhol foram verdadeiros profetas dessa porcaria toda. Poucos eram, mesmo na década de 60, aqueles que assumiam publicamente o que eram privadamente, seja em relação a drogas, a sexo ou política. E olha que eu conhecia gente que alardeava a própria liberdade e falta de preconceitos em público, mas estava tão revestida de piche quanto Fernando Collor. Então, isso — obviamente — me deu uma visão, digamos assim, fatalista ou, talvez, cínica das coisas.

    Agora, quando deixei a Inglaterra e escolhi os Estados Unidos para morar, escolhi também muito mais do que somente uma "cidade excitante". Escolhi os americanos da *Bill Of Rights*, escolhi os americanos que deixaram o velho mundo mas não se sentiam culpados em usar pedaços dele que ainda os serviam e, por causa disso, deram um significado muito mais dramático à existência. Não é à toa que o mundo inteiro veio derramar aqui. E não veio só porque aqui é o lugar da oportunidade, como reza o dito popular. É o lugar da oportunidade porque o pragmatismo a transformou num utensílio de poder versátil e desconectado de uma crença ou um dogma.

    E, dentro dessa confusão *judeo-ósseo-carbonara*, não posso deixar de enxergar a visão do James Brooke quando ele tenta em cem linhas fazer uma tese reduzida sobre um imenso país com ainda mais imensas contradições. Mais de algumas bilhões de linhas já foram escritas sobre o Brasil. Ninguém acerta e, principalmente, não se precisa ser americano ou estrangeiro para errar. Só quem acerta são os poetas, dentre eles, Caetano sendo o mais genial de todos. Então, entre entendidos e mal-entendidos, Brooke faz o que qualquer correspondente faz: generaliza, acerta, erra, edita, descontextualiza. Não estou aqui para defender ou atacar ninguém. Mas aprendi com os tempos a lidar com eventuais ataques e ataques não tão eventuais assim. É parte da minha vida. É quase que necessário para que eu mesmo reconstrua um Gerald Thomas deixado em estilhaços numa esquina da Broadway.

Banido de Jô

Quanto à questão da minha participação no programa do Jô Soares em 1988, é curioso que possa ter parecido que eu gozasse o programa. Se é isso que foi transmitido, não foi intencional. Talvez por pura ingenuidade eu achasse que, estando no auge da minha vida com *Trilogia Kafka*, não precisasse responder perguntas sobre se atores só se tornavam atores de vanguarda depois de não darem certo no mundo "real". Claro que hoje eu saberia incluir a cumplicidade do Jô com o público e responderia normalmente. Fico triste em perceber que a impressão tenha sido a de que eu teria apontado os erros do programa. Não é à toa que estou "banido" desde essa época, mas sempre que estou no Brasil o vejo avidamente. Criei até uma amizade inexistente entre David Letterman e Jô Soares.

Para concluir, acho que o artigo do Caetano serviu para que eu visse com ainda mais clareza que venho de uma geração de *un-Glaubers* (trocadilho com "descrentes", em alemão), ao contrário dele próprio e do Zé Celso. Sempre fui um ávido torcedor pelo Zé e a melhor coisa que me acontece nas temporadas é a visita dele. Lembro-me de estar sentado com ele, talvez há sete anos, e comentar que gostaria de montar um *Ham-Zé-Let*. Isso aos olhos de um correspondente poderia soar como uma ridicularização de um texto sagrado. Mas nós sabemos o valor da antropofagia, da palavra "merda" e do carinho áspero, difícil mas vivo. Estou parindo uma peça vagamente baseada em Glauber Rocha e, relendo as primeiras notas, percebi um falso formalismo, edificante de nada. A compreensão do texto de Caetano me fez apagá-las.

31 de outubro de 1993
Folha de S. Paulo

GERMÂNIAS

Berlim — O teatro de Gerald Thomas não precisa da música de Beat Furrer e a música de Beat Furrer não precisa do teatro de Gerald Thomas. Isso é o que diz a crítica do jornal *Frankfurter Allgemeine* sobre a ópera *Narciso*, que estreou em Graz, teve suas cinco apresentações, custou um milhão de dólares, foi aplaudidérrima e exaustivamente coberta pela imprensa e foi-se. Ainda bem que se foi. Fiquei incomodado com o que fiz. Deixou-me frio. Ninguém, além desse jornal, teve a coragem de ser realmente crítico, mas todos enxergaram a total desunião entre encenação e música. Têm razão. Certíssimos. Não agüento música serial-racional. Não encenei para ela. Ela é composta para satisfazer cinqüenta intelectuais que não a escutam com os ouvidos, e seus arranhões sonoros cumprem a função estética de encobrir a frustração de seus corpos assexuados, incapazes de se manifestar criativamente nesse período de transformação radical pela qual passa a Mittle Europa. Webern e Varèse criaram essa música e John Cage a enterrou. Com humor ela nasceu e morreu. Os bezerros desmamados de Stockhausen e Ramati ainda a alimentam, senão perdem o emprego. Eu disse isso, cara a cara, olhando nos olhos de Beat Furrer, ao nos despedirmos, um dia após a última apresentação. Com um respeitoso e frio abraço concordamos que nosso divórcio era inevitável e eu disse que tentaria, a todo custo, impedir que a produção viajasse.

GERMÂNIAS
GERALD THOMAS

Ao mesmo tempo, muitos críticos viram essa desunião como uma enorme vantagem. Os que não gostaram da música podiam se concentrar na cena. Os que não gostaram da cena podiam fechar seus olhos e se deleitar com os ruídos. Pode ser. Para mim, o trabalho foi importante. Em cinco semanas de ensaio, coloquei no palco três solistas e trinta e sete atores numa bem-humorada crítica ao narcisismo e suas paranóias, como ponto de partida e de chegada no processo de produção do artista contemporâneo, nesse século de auto-exame. O compositor, por outro lado, preferiu ir pelas frases clássicas de Ovídio e as dessacralizou, separando suas sílabas, tornando-as estéreis. É o *approach* europeu. Paga-se um dramaturgo que estuda, disseca o pobre clássico para o "artista" chegar e transformá-lo em titica. O resultado da minha encenação com a música de Furrer é como encontrar uma banana, com casca e tudo, em cima de um prato sério da cozinha francesa. Eu celebro com entusiasmo e com humor a minha saída dessa arte erudita, feita para pouquíssimos. Quero gente rindo em ópera. Quero que se emocionem como num *action movie*. Nada menos. Beat, por outro lado, ainda recita com seriedade as frases paradoxais de Beckett — "precisamos usar palavras, enquanto palavras existem". Ufa!

Estou me tornando um Lex Luthor, um inimigo número um da Europa contemporânea e da sua caretice. Evidentemente, é preciso conhecer bem os seus propósitos e seus símbolos. A esterilidade cultural é evidente. Relatem-me um único evento cultural europeu de extrema importância em tempos recentes. Um só! Se a pretensão européia não for jogada num arco-íris de novas conjunturas, ela começará a se reproduzir em negro sobre negro. Saí correndo de Graz, peguei o carro e vim correndo para Berlim, literalmente numa média de 180 km/hora. O Muro de Berlim caiu mas agora está em volta de toda Europa.

Hoje já estou sentado, esperando desesperadamente pelo meu *Rasende Reporters Frühstück* (café da manhã chamado de "o repórter apressado"), no Café O-Ton, na Knesebeckstrasse. Esse prato consiste em um pote de café extra-forte, duas aspirinas, pão, um maço de Marlboro e um rolo de filme virgem. Enquanto a comida não chega, ocupo-me com os passantes na rua. Voltei à civilização. A sua exuberante elegância e modesta extravagância, considerando que ainda é antes do meio-dia, deixam-me respirar um pouco. Sempre acabo em Berlim. Muitas coisas acabam aqui.

Vim trazer a minha mãe de volta à casa onde nasceu, há 75 anos, em Bad Saarow, a 80 km de Berlim. É uma volta emocionante, considerando que a casa foi tomada da minha família depois da Kristal Nacht e aqueles que não foram exterminados nunca mais a viram. Com uma câmera na mão, gravo as idéias na cabeça da minha mãe e as descrições que ela faz de sua infância, em pé diante da casa. Penso no enorme ciclo que a vida dessa mulher conclui aqui. Do Bad Saarow da sua infância às passeatas dos nazistas, que via com pavor de sua janela; do holocausto até a chegada ao Rio, com brancos e negros dançando nas ruas. Hoje, aos 75 anos, ela é uma sobrevivente e Bad Saarow, depois da guerra de quarenta anos debaixo do stalinismo de Honnecker, também o é. Os dois se reencontram após tantas quase-mortes, bombardeios e fugas. Olhando para a lente da câmera, seus olhos úmidos, ela aponta o dedo para o seu quarto, para a sala de jantar e para a pequena ruela onde sua melhor amiga não mais a olhou na cara por ser judia. Como numa história de Borges ou de Paul Auster, minha mãe poderia se encontrar no segundo andar da casa e achar que os últimos 68 anos de sua vida foram um sonho e a realidade, fora da janela, é o pesadelo que não vai embora. Essa seria uma história ordinária. Afinal, velhos e velhas adoram contar suas vidas, como era aquela rua e aquela outra. No caso da minha mãe, esses eventos triviais aconteceram no umbigo do mundo, onde toda a história da humanidade deu a volta. Esse reencontro é silenciosamente acompanhado pelo peso da morte de milhões, debaixo de Hitler e de Stalin, dos laboratórios sociais mais improváveis e cruéis da história do planeta. Ela olha para a lente por uns segundos, faz uma pequena pausa e me diz que quer voltar correndo para o Rio.

Hoje, o dia seguinte, e três dias depois do término da ópera, sento aqui nesse café e tento manter uma certa calma. Não poderia estar lúcido se levasse tudo isso para o coração com o peso que merece e se me deixasse emocionar com a quantidade de eventos que um simples dia pode proporcionar. Uma menina linda, como a Christiane

F., aparece me pedindo dinheiro. Eu digo que não, mas a convido para sentar. Ela não aparenta ter mais que quinze anos. Loura, *punk*, anéis, brincos e botas enormes e várias camadas de roupas largas, ela pega a cadeira próxima à minha. Em volta, senhores e senhoras lêem os jornais do dia da Alemanha e de outras partes do mundo. Berlim voltou a ser uma capital. Não sei se isso me fere ou me deixa contente. Seu nome é Mela. Separou-se dos pais há quatro anos. Ela tem catorze anos e é viciada em heroína. Veio me pedir dinheiro pois precisa de dezoito marcos pra ir pegar seu *fix*. Nasceu em Magdeburg, quando ainda havia uma separação entre Alemanha Oriental e Ocidental. Eu lhe pergunto sobre como sua vida mudou depois da queda do Muro. Ela me olha em silêncio e não dá resposta. Talvez a pergunta fosse absurda para alguém que precisava de um *fix*. Talvez ela não se lembrasse que há cinco anos atrás, a mil metros dali, havia o maldito Muro. Talvez ela se lembre dos tempos do Muro como minha mãe se lembra de Bad Saarow, só que não tem um Rio para onde fugir, ou o seu Rio custe dezoito marcos por dia.

 Pergunto a Mela se quer comer. Quer. Pedimos um segundo Frühstück. Um turco berra do carro para outro turco num terceiro andar. Quem os ouve pensa que estão em guerra, mas devem estar combinando alguma festa pra mais tarde. Berlim tem mais turcos que Ancara. Mela e eu rimos desse comentário e ela levanta a sobrancelha, querendo dizer algo, mas não diz. Pergunto como ela passa os dias. Ela me diz que dorme onde dá, geralmente na companhia de um grupo que ela encontra, por acaso, ali mesmo, em Charlottenburg. Pergunto se ela trepa e ela faz cara de quem trepa mas não gosta. Diz que o faz porque mata o tempo e às vezes dá dinheiro. Não falo sobre a Aids. Está feliz, ela diz que o Ice-T vai se apresentar no Metrópole daqui a pouco. Berlim passa por sua quarta reconstrução. Mela não quer parte nisso e bebe o café com euforia, mas encara o pão com uma certa resistência. Ela me pede dinheiro de novo. A frase fica pendurada no ar. Boto a mão no bolso e lhe dou vinte marcos. Preciso comer rápido e colocar o carro na estrada. Em três horas tenho de estar em Weimar. Em meia hora estarei atrás do volante e Mela estará nas trevas.

Weimar — Günther, o diretor artístico do teatro estatal, já está me esperando na praça principal, em frente à estátua de Goethe e Schiller. Chego bastante atrasado, mas o abraço é interminável. Há dois anos nós não nos vemos e agora nos reencontramos numa das cidades de maior personalidade de todas as Germânias. Aqui, Goethe passou 56 anos de sua vida, desenhou o teatro, encenou, jantava e escrevia no restaurante Resi, e para cá convidou Schiller. Goethe desenhou o parque da cidade, urbanizou o centro, pensou o sistema de trânsito de mão única. A primeira fase da Bauhaus, no início deste século, também germinou aqui e foi nesse teatro que *Lohengrin*, de Wagner, fez a sua estréia. Também aqui a República de Weimar nasceu. E apesar da semidestruição que quarenta anos de stalinismo causaram a essa jóia de cidadela, Weimar continuou sendo um centro pensante. Mas, depois de dois anos sem nos vermos, Günther e eu não falamos de nada disso. Ele pega os meus ombros nas suas mãos, chacoalha meu corpo e me pergunta, com indignação, sobre o que os ingleses estão fazendo com essa "loucura"?

— Qual loucura, Günther?

— Essa loucura na Hayward Gallery de Londres, esse total engodo que é essa exposição "A Alemanha Romântica".

Ele se referia à primeira grande compilação exposta internacionalmente sobre esse período da arte alemã, que virou um grande escândalo por parte dos *experts* na imprensa alemã.

— Está tudo mal representado e mal descrito!!!! Como podem fazer uma coisa dessas?

Pegando rapidamente os seus ombros em minhas mãos, e chacoalhando o seu corpo insistentemente, eu respondo em voz alta:

— Não sei, Günther, e não me importo. Amanhã estarei de volta a Nova York e vou correndo ver *Pulp Fiction*, do Tarantino.

Evidentemente, ele não tinha a menor idéia do que eu estava falando. Na Europa, os únicos eventos culturais de importância são sobre a própria Europa. Os europeus não têm a liberdade de linguagem que nós, no novo mundo, temos. Um simples "inverter" de sentidos, ou um pequeno jogo de palavras com um texto de Kleist ou Goethe é um "mega-evento", e todos têm sobre o que escrever e sobre o que falar por meses, talvez anos. A linguagem literal que possuem é tudo que possuem. Até que chegam os "irresponsáveis" do novo mundo e eles se põe a rir e gargalhar com a "facilidade" que temos de transformar as coisas. É pena que alguns críticos do novo mundo, da América e do Brasil, ainda defendam os valores vigentes de uma Europa que nem existe mais. Pena que eles não embarquem e defendam os novos valores com mais entusiasmo. É que aprenderam tudo através da imitação. Aí, fica difícil. Graças a Deus e à United Airlines, estou indo de volta para casa.

Nova York — Da janela da minha casa olho a vista mais gloriosa construída sobre os alicerces da irresponsabilidade humana, uma vista que é uma homenagem à ereção, à expansão macrocósmica. O Empire State e o Chrysler Building não são à prova de fogo e nem os bombeiros em 1936 tinham escadas magiras. E mesmo assim a curiosidade e o desespero da humanidade tiveram seus monumentos construídos. Depois fomos à Lua. E não vai parar aí. Afinal, o crescimento vertical é em direção a Deus. Claro que essa é a bestialidade da corrida do ouro ou da nossa própria sombra. Mas a sombra é horrível. Basta olhar para a Europa para vê-la. Os mais sérios dirão que o crescimento tem de ser espiritual, para dentro. Eu digo que não há calma e não haverá calma nunca. Sinto-me aliviado com os pés na América. Graz, Berlim, Weimar e a casa da minha mãe em Bad Saarow são lembranças tenebrosas que, infelizmente, se repetirão sempre na minha vida. Mas antes que apaguem a realidade que brilha fora da minha janela, vou correndo ver a sessão das duas de *Pulp Fiction*.

O Globo

LET IT BLEED

Foi semana passada, no cais do porto do Rio, que aconteceu um encontro curioso, muito curioso. Eu havia escolhido as docas do Rio como locação para um ensaio fotográfico para a revista *Playboy*. Pensei que seria engraçado levar a Marinara, a "mulher nua", a um cais do porto ou a um borracheiro (os lugares onde mais se contempla a "mulher nua"), e seria engraçado também reverter os papéis, fazendo com que a "mulher nua" tivesse tara num estivador, o mais macho do mundo dos homens machos. Ela deveria fazer o mesmo que eles fazem: pendurar a foto dele nu e suado na parede e usá-lo em suas fantasias sexuais.

Ando pelo cais e olho, na placa, a data de fabricação de uma máquina que me deixa paralisado: 1969 — ano de Let It Bleed *e de longas noitadas marginais e heróicas na casa de Hélio Oiticica. Eu tinha quinze anos.*

Além disso, a escolha da locação foi também uma questão estética, pois deteriorado como eu o imaginava, o cais apresentava todas as tradições e contradições, os trânsitos, trâmites, transações e trambiques que a idade de seus guindastes não esconde. Nesse labirinto de homens solitários e cosmopolitas, onde as mais diversas nacionalidades só servem para acentuar ainda mais as condições de primitivismo alarmante dos trabalhadores locais, a "mulher nua" representa tudo que há de mais sagrado, de mais sublime. Ao mesmo tempo, ela representa tudo aquilo que há de mais humilhante, de mais canalha e podre na relação de domínio do homem *contra* a mulher, englobando o pior chauvinismo, racismo e a escravidão física e mental. Inverter os papéis, fazer "ela" perseguir "ele", pode ser visto como mera provocação ou uma pobre tentativa metalingüística, principalmente sendo "meta", nesse microcosmo, sinônimo de meteção, e "lingüística", sinônimo de língua e libidinagem.

No entanto, mesmo com o fato todo racionalizado, são os encontros inesperados que nos pegam pelo esôfago. E no meio daquele cheiro fortíssimo de tudo aquilo que não se quer cheirar, eu entrei em pânico cultural, social, existencial, sei lá. Senti que não deveria estar metendo o bedelho ali; que estava revelando e explorando o ambiente da vida de pessoas que, evidentemente, não encaram o cais como um simples pouso estético. Bateu uma culpa fora de hora, uma certa vergonha de estar trivializando um belíssimo filme de Raul Ruiz ou de Fellini, cometendo a mesma curra cultural que acusam o Oliviero Toscani ou os *fashion photographers* de cometerem. O fato é que eu ainda me sentia meio encabulado pois, invertendo ou não a simbologia que transforma a minha "mulher nua" na perseguidora do homem, em última instância — quando a revista for publicada — o ensaio irá continuar a cumprir a mesma função de sempre. A "mulher nua" será devorada e usurpada sem o menor escrúpulo moral ou sentimental. A carne dela será a fantasia da perfeição, do poder e da conquista que alegrará alguns homens por alguns momentos, e os levará de volta para casa um pouco menos desesperados que antes. O ensaio fotográfico levará adiante tudo aquilo que as últimas décadas de lutas pela igualdade da mulher combateram.

Gilda e Patrícia eram as produtoras locais desse evento, as *field officers*, no melhor sentido de uma infantaria ganhando o território inimigo. Através do meu contato com elas, todo o meu medo de estar fazendo um ensaio sexista foi se transformando numa emocionante compreensão do acúmulo de vitórias e conquistas da mulher deste século. É engraçado, mas entre preocupações gráficas sobre o bico do peito duro ou a abertura da vagina, a posição das coxas, dos bíceps, ou os lábios de gozo, fui percebendo que estava sendo acompanhado por duas mulheres vindas do futuro. Gilda, uma índia, se faz onipresente em cada gesto e cada frase que é dita, como uma personagem saída de um conto de Edgar Allan Poe. Sua autoconfiança de ferro gusa, inatingível, é tão doce quanto uma mãe na hora de amamentar o seu bebê. Ela vem de um futuro remoto, quase utópico, um território seguro que personifica o ganho, a glória de uma luta milenar das causas femininas. Ela e Patrícia são capazes de enfrentar o homem, qualquer homem, no olho, na voz, no bafo de cachaça e com o tom barítono de suas vozes femininas, falam um português *desert storm*, e substituem dúvidas por soluções, antes que se pergunte algo. Mas não é só isso que impressiona.

Anotação no caderninho numa pausa da foto: "O alerta do carioca tem a temperatura e o diâmetro de 360 graus". Faço xixi nas águas imundas da baía da Guanabara, mantendo um olho aberto por cima dos meus ombros paranóicos. Os guindastes são verdadeiros monstros japoneses.

Gilda é uma intelectual lindíssima e brilhante, cuja forma de ser anula ou ridiculariza na hora toda essa discussão sobre qual forma de feminismo é a mais válida, se a de Susan Sontag ou a de Camille Paglia, a de Kate Millet ou a de Benazir Bhutto, pois não se subentende em suas atitudes nenhuma fórmula comportamental, política e socialmente construída. Chegou ao que é através dos labirintos intelectuais cariocas e o ritmo bêbado de um surdo. Ela consegue pensar nesse ensaio fotográfico com o mesmo olhar de um homem sem remorsos, com o escrúpulo tão pragmático quanto é o Brasil, com uma superioridade de alguém vindo do próximo milênio, onde essas fotos talvez serão vistas como uma relíquia empoeirada e dolorosamente ultrapassada.

Gilda é um evento carioca. Essas mulheres roucas, rápidas, de tom grave e uma agilidade nos gestos e na gíria sacana são o contragolpe real e inesperado que as lutas femininas não conseguiram transformar em método. Essa mulher é a personificação desse século de conquistas culturais e sociais, a personificação do modernismo. Ironicamente, esse é o mesmo modernismo que acabou tendo um impacto castrador sobre a arte, pois seu abuso de análise estrutural e existencialista criou um excesso de abertura e, tendo assassinado as vias tradicionais da lógica, não deixou nada em seu lugar, exceto um punhado de artistas olhando a história da própria arte sob a lente de um microscópio, bichado de influências e auto-referências, conceitualizando suas existências uns para os outros, olhando perplexos no espelho sobre o que fazer. Paradoxalmente, o lado realmente criativo do modernismo se materializou e se edificou nessas mulheres, cristalizando-se nesse ser do próximo milênio.

E, visto do próximo milênio, é terrível constatar a que ponto de retrocesso chegamos desde a década da marginália, da contra-cultura, de todas as "libertariedades" até essa nossa época insossa de conceitos medíocres, estéreis e inertes. É possível, mesmo durante uma sessão tumultuada de fotos num cais do porto, altas horas da madrugada, fechar os olhos e saber dividir quem é quem, aqui dentro desse grupo multissocial. Dentro de um armazém com sacas de açúcar até o teto, bicos de peito, coxas, ângulos de bunda, eu prestava cada vez mais atençãos às opiniões e sugestões de Gilda. Olhos fechados, eu me lembrava de vozes semelhantes vindas de amigos na enorme sala de jantar na casa de Hélio Oiticica no alto do Jardim Botânico, há 25 anos, uma época que não tinha *Weltschmerz* (dor de mundo), só tinha *Weltlust* (desejo de mundo). As frases eram complexas e vinham de todos os lados, englobando em um só pensamento a sinopse dos recentes ganhos culturais americanos, franceses, tudo; coisas que a bússola brasileira sempre apontou muito bem. Frases que começavam e terminavam com a adoção de um conceito — até então quase órfão — de heroísmo, de liberdade conectada com a marginalização, como uma opção cultural.

Como regredimos. É como se os deuses tivessem levado muito a sério os planos utópicos de uma geração e os tivessem gratificado com uma realidade semelhante aos seus ideais. Da utopia caiu-se numa drasticidade social incapaz de ser administrada. Da utopia ao seqüestro.

Gilda me alerta de que não devo continuar sentado aqui na beira do cais por muito tempo. Já são cinco da manhã e nosso prazo, junto à Receita Federal, expira às sete.

Ela me guia de volta à foto da mulher nua. Conversamos sobre o Paquistão e sobre o bairro onde moro, Williamsburg. Ela acende um cigarro e me oferece um gole de cachaça. Estão todos exaustos. Volto a dirigir a Marinara e o fotógrafo. Estamos todos nus de exaustão, não temos mais defesas. Só que eu e a equipe estamos nus e indefesos no tempo presente, desastroso, preocupante, mesquinho. Pensei na baía de Guanabara que Caetano canta tão lindamente em *Estrangeiro*, e em como ela havia me servido para fazer xixi. Sei que hoje à noite embarco de volta para Nova York. Tenho saudades da casa do Hélio e do medo utópico do aparato policial. Gilda está igualmente exausta e despida, só que num plano futuro, metafísico, que o meu corpo meio feminino intui, mas que meu intelecto masculino ainda é incapaz de compreender.

O Globo

Mestre Cláudio

Tem vezes em que a gente sabe exatamente o que estava fazendo numa determinada hora de um determinado dia. Eu já tinha me preparado para escrever sobre o carnaval de Varsóvia, Polônia, onde eu deveria estar ensaiando uma ópera nesse instante. Só que alguns detalhes técnicos me trouxeram, por uma semana, de volta para casa, em Nova York. E, quando o sábado de noite se aproximou, eu comecei a sentir uma espécie de tremedeira, parecida com aquela que eu sinto todos os anos nessa mesma época. Eu voltava de um jantar. Meus pés deixavam marcas na neve e eu olhava o relógio com insistência. Eu não sabia a hora exata em que a Rocinha pisaria na avenida. Num determinado momento, a caminho de casa, tirei as luvas e parei para sentir o frio gélido bater na cara. Olhei para a palma da minha mão, exatamente como eu fazia na concentração, morrendo de medo.

Mestre Cláudio, quase tranqüilo demais para o agito do momento, dava as últimas instruções. Eu só conseguia rezar para a caixa não cair do cinto. Maior preocupação ainda eram as baquetas. Eu queria ter uns cinco pares de reserva, caso elas começassem a me escapulir. Mas um par era tudo que eu tinha. Do meu lado, um surdista treinadíssimo. Envolvido por uma fantasia complicadíssima, eu respirava nos últimos minutos como se fosse embarcar na Discovery em direção ao espaço. De repente, o amigão Haroldo Avlis pára na minha frente, me chacoalha e me pergunta se tudo bem. Existe um ar de fatalidade e solidariedade na concentração que é inacreditável. Nada mais parece possível. Formar uma simples fila parece impossível. Olhar para frente parece impossível. Imagino que todo lugar onde os segundos estejam contados para o começo de uma prova de morte sejam igualmente insuportáveis. Mestre Cláudio pede silêncio. Dá as últimas instruções. Depois, abre um sorriso, levanta o bastão e parece que foi dada a partida. A bateria explode.

A "coisa" toda se move. Não sei como estou caminhando e batendo caixa, mas estou. Não me ouço mas sinto o meu braço reagir automaticamente àquele impulso gigantesco. Os primeiros vinte metros são vencidos. Entre batidas ensurdecedoras, às vezes há tempo de trocar sorrisos com outros ritmistas. Cada segundo que Mestre Cláudio não olha na minha direção com o olhar crítico é um segundo de vitória. As pernas não agüentam mais. As juntas dos braços se sentem no fim. Os parafusos da caixa penetram a virilha com a crueldade de uma máquina de tortura. As baquetas fazem a mão ficar em carne viva, mesmo com as bandagens de fita crepe que eu já havia preparado. O suor derruba tudo. Os óculos começam a escorregar. O enorme chapéu também. Já temos uns quarenta minutos e até agora não atravessei. Parei todas as vezes em que a escola parou. Recomecei sempre no compasso certo.

Claro, nunca tive tempo de decorar nenhum samba-enredo, nem mesmo no ano em que fui o "inspirador" oficial da Rocinha, com o tema *Tristão e Isolda*. Todo ano é a mesma coisa: estou fora do Brasil ou fora do Rio. O Haroldo reserva a minha fantasia e sempre dá um jeito de me mandar. Às vezes, manda alguém me encontrar no aeroporto. Nunca gostei de celebridades se infiltrando em desfiles para complementar o próprio ego. Nunca gostei daquele bando de bundas brancas e flácidas pulando sem jeito e sem ritmo, tirando a vez dos mais maravilhosos negros do mundo. O meu namoro com a Rocinha começou por causa de uma reportagem que o Alfredo Ribeiro inventou sobre vanguarda subindo o morro. Levou-me morro acima e eu me apaixonei pela Rocinha. Meu caminho natural, ritmista que sempre fui, seria me "infiltrar" na bateria, no batuque, ganhando, aos poucos, a confiança deles. Com o tempo, já ficou natural eu simplesmente aparecer na quadra de esportes no alto da Rocinha e me "juntar" a eles. É claro que um certo constrangimento sempre existe. Não sou e nunca serei tão bom ritmista quanto eles. É claro que estou lá porque entrei escoltado pelo nome que tenho. Claro que é assim. Ao mesmo tempo, a paixão que eu tenho por aquilo é visceral, inexplicável. O lugar onde me sinto melhor, no mundo, não é na Ópera de Viena, como alguns podem achar, mas no meio da bateria, com Mestre Cláudio dando as ordens, na avenida ou na quadra.

Estou atravessando a rua nevada. Lembro-me com uma mistura de tristeza e euforia daquele momento em que a bateria recua e entra naquele cantinho pra deixar o resto da escola passar. Quase sempre choro de dor nessa hora. Todas as vezes em que eu olhava pra baixo, via as marcas de sangue seco que os meus dedos deixavam no couro. Fechava os olhos e tentava me auto-hipnotizar, dizendo que logo logo aquilo acabaria. Como um parto, aquele é o momento mais esperado e é, também, o mais agonizante.

Chego em casa, subo a escada, tiro o casaco e o cachecol. Estou quase morto de apreensão. Checo as mensagens e não tem nenhuma do Brasil. Tento ligar para vários lugares no Rio, mas não tem ninguém. Ligo a CNN pra ver se tem notícia, mas só tem O. J. Simpson. Faço um café forte, começo a andar pela casa feito uma galinha tonta. De repente o telefone toca. Uma voz do outro lado do mundo me diz: "Foi lindo, cara, foi lindo". Paro de respirar por alguns instantes, sento e a voz continua: "Foi tão lindo que deve subir de grupo". Olho o relógio. É meio de madrugada em Nova York. Agradeço a Deus e vou dormir.

O Globo

MENINO, VOCÊ ESTEVE COM ELE?

"Menino, você esteve com ele?" A voz super grave, lenta e sensual de Hélio Oiticica temia mostrar alguma emoção enquanto perguntava, excitadíssimo, se eu havia estado com Andy Warhol, na Factory. "Não falei com ele pessoalmente, mas o vi passar várias vezes por onde eu estava", eu respondia timidamente enquanto Hélio telefonava e espalhava instantaneamente para dezenas de pessoas, bem na minha frente: "Estou aqui com uma boneca que trepou com Warhol, Lou Reed e Joe Dallessandro". Eu tinha catorze anos. Dizer o quê? Eu estava excitadíssimo é em estar com Hélio Oiticica. A minha chegada ao Brasil, de uma longa temporada no Tennessee, foi uma coisa solitária. Fui cair num oásis de Oiticicas, no verão do Rio de Janeiro ainda órfão de Caetano e Gil, exilados em Londres.

"Menino, cuidado", ele advertia várias vezes ao dia, enquanto andava desfilando pela casa no alto do Jardim Botânico, me mostrando os vários cantos dela, com apelidos carinhosos. "Esse armário aqui é o Chelsea Hotel, essa geladeira é a Lower East Side. Você esteve no Filmore? Viu o MC-5?, Você viu a boneca Dylan, lindíssima depois do acidente? Você entendeu aquele texto reacionário do Burroughs? Aquela boneca Christo enlouqueceu? Quer embrulhar o meu pau!!! Boto o Cara de Cavalo atrás!!! Mando eliminar!!! Comigo é assim: mando Johny Karate do Bronx correr atrás!" Hélio se enfurecia e se melindrava em questão de segundos. Era tão explosivo quanto seus trabalhos. Numa mesa inundada de papéis, uma carta de Haroldo de Campos e um postal de Guy Brett, na época o crítico de arte do jornal londrino *The Times*. "Querem que eu dê um depoimento sobre a confusão lá na Whitechapel sobre o paradeiro da Exploding Galaxy. Aquela boneca do Keeler devia mandar matar quem os delatou. Deve ter sido aquela louca filipina do Medalla."

E assim ia-se passando a tarde. A tarde virava uma troca de informações que unia, umbilicalmente, toda a sociedade internacional de gênios, travestis, passistas e roqueiros. A fome de fofoca contracultural era um troca-troca de informações que não era propriedade de Hélio, mas ele era um de seus melhores embaixadores. A época era dona da nossa fome. Visto da plataforma insossa e inóspita de 1995, o fim da década de 60 era o "ânus douradus" do Renascentismo. O ser humano estava sendo re-inventado, desnudado, desestruturalizado, desconstruído e vestido novamente, sem o ranço do modernismo que foi contaminando as próximas décadas. A informação, o deslumbre com cada gesto, chegava a ter conotações antropológicas, que até hoje estão dormentes ou ignoradas quando se descreve essa época. Hélio era *Hélio da Vinci*. Inventou a máquina de voar pelos morros, pintou várias Monalisas metalingüísticas, e sua última ceia eram os ninhos *enter and fuck*, empilhados no Brasil, empilhados no *loft* da Segunda Avenida, empilhados no seu apartamento na Christopher Street.

Nasci uns dez anos atrasado. Não é à toa que escrevo este posfácio, pois ele está na mesma proporção da minha aterrissada no ambiente mais deslumbrante da arte inteligente, da arte ainda romanticamente intelectual, mas ainda salva de um intelectualismo auto-analítico, freudiano, castrador, *self-conscious*, que a destruiu por dentro. Cheguei bem no fim, já no dissolver do cogumelo atômico. A poeira atômica deixou uma certa nuvem negra para as próximas gerações e hoje, 1995, ainda não dá muitos sinais de estar se dissolvendo. Os ninhos de Hélio eram o amálgama que hoje se chamaria, com frivolidade e canibalismo jornalístico, de pós-modernismo. Eles compreendiam um ciclo quase aristotélico de princípio, meio e fim, contendo o processo de construção, os meios de realização e seu objetivo estrutural. Mas os ninhos de Hélio compreendiam também uma sexualidade e um humor que transcendiam a seriedade e a importância do objetivismo que a arte tomou como rumo para se justificar. Aquela era a adolescência dos filhos de uma vertente do modernismo, aquela que tinha Duchamp como pai, Malevitch como mãe, Pollock como tio enlouquecido e Clement Greenberg como avô. Nasci atrasado, pois já encontrei esse filho do modernismo em estado de euforia, o que deveria significar, segundo as melhores tragédias gregas, que logo, muito logo, estaria se afundando em trivializações, imitações e continuidades. E assim foi. O mesmo tipo de modernismo que explodiu nas mãos de Hélio, Augusto e Haroldo de Campos, de Caetano e Gil, de Glauber, Bressane e Sganzerla, de Lygia Clark, implodiu os mundos mais esterilizados de Oldenburg, Rauschenberg, Johns, Rothko e Christo. Mas não implodiu Warhol, curiosamente, pois esse filho de imigrantes russos muito tinha em comum com o tipo de tangente expressionista ora residente no mais hiper-realista dos movimentos, ora sobrevivente do mais absurdo fato inventado, mentiroso e artificial que Oiticica tanto adorava. Tanto Warhol quanto Hélio tiveram mortes semelhantes e o trabalho de suas vidas teria de vir acompanhado de uma *entourage* de eventos e pessoas, pois suas obras estão inteiramente misturadas às correntes de pessoas e ambientes que as fertilizaram. Se estivessem vivos, não teriam se encurralado no truque auto-reflexivo que o modernismo proporcionou, tendo um impacto castrador sobre a arte, pois seu abuso de análise estrutural e existencialista criou tamanho excesso de abertura que, tendo assassinado as vias tradicionais da lógica, não deixou nada em seu lugar, exceto um punhado de artistas olhando a história da própria arte sob a lente de um microscópio, bichado de influências e auto-referências, conceitualizando suas existências uns para os outros, olhando perplexos no espelho sobre o que fazer.

Esse livro magnífico mostra os rumos que se tinha antes da grande questão inibidora. Afinal, "aquela louca da Chris acabou deitada num dos ninhos, e Gal comprou um Fiat burguês, e Bertolucci vai passar aqui daqui a pouco pra pegar 10 gramas", a geléia geral do que se vivia não tinha programação, não tinha metodologia, não tinha essa chatice explicativa de páginas e páginas justificativas do vazio criativo desse fim de milênio. Esse livro mostra o que uma retrospectiva não mostraria, simplesmente por ser ele uma descrição poética viva e seu acúmulo de reportagens através dos anos proporciona uma cronologia íntima, desfrutável por inteiro somente através da intimidade da solidão de quem o lê.

É evidente que ingressamos *full speed* na era das enormes retrospectivas. Entre a Guggenheim, o MoMA e o Whitney está este livro. Fico chocado com a minha foto aos dezesseis anos, frágil posando de frágil num parque na Lagoa. Lembro-me tão especificamente desse dia: da troca de roupas num dos seus galpões, das expressões viadérrimas que Marisa usava para nos dirigir. Posei nu para a mesma Marisa duas décadas depois, pois senti que se existe um raio X possível de nos pegar, ele reside nessa mulher gloriosa, a Kenneth Anger dos trópicos. Seu trabalho através das décadas constrói um verdadeiro monumento de um rastro cultural que teve, no Brasil, uma amplitude macrocósmica e pouco divulgada em outros países. Por quê? A marginália insistia no cheiro forte do suor do morro, na batida do surdo, enquanto que a vanguarda americana simplesmente continuava a adotar e refinar os mesmos princípios sofisticados e puristas que a haviam colocado no planeta, desde que rompera com a Europa. Por mais revolucionária que fosse, a vanguarda americana era branca. Não deixou entrar o sotaque do Bronx e nem alusões aos alagados do Mississippi. Só que, no Brasil, a cultura do morro entrou de sola na manifestação das elites intelectuais. Não se pode fazer nada no Brasil que não espelhe as fantásticas contradições e os complexos sentimentos que o samba e a cultura do morro exigem ver refletidos. Se existe um bombástico diálogo social e étnico de um dinamismo complexo nos EUA, no Brasil existe uma compreensão assustadora de proporção, de filtragem do mundo, do que é o que, de quem é quem. É impossível racionalizar as influências.

No entanto, a marginália era um punhado de expressões espontâneas, cuja fonte de influências era relativamente visível. Não bastava que o trabalho fosse repleto de significados artísticos. A época era uma *mélange* de trocas e experimentações pessoais, sexuais, de vivência do "ser" brasileiro pelo mundo, a ponto de se perderem de vista sua meta. A marginália brasileira era a própria metalinguagem entre a vanguarda do mundo e o impasse social e político do Brasil. Essa reportagem poética de Marisa Alvares de Lima é uma celebração de vida e um triste *post-mortem* que nos faz perceber o quanto regredimos. Fomos da utopia que venerava o medo do sistema, do aparato policial, em plena ditadura militar; venerava os subtextos, as gírias que proporcionavam a sub leitura da realidade, venerava o corrompimento lento do *establishment*, da própria política, de políticos e da alta sociedade, através de valores criados em barracos de favela, debaixo de um calibre 38 e uma caixa de fósforos batucando noite adentro.

Regredimos pois entramos numa desgraça social e cultural inadministrável. Da utopia aos seqüestros, as exposições flácidas, a arte pálida, de brancos. Esse livro é a mais sublime recriação, compilação e desnudamento do princípio, meio e fim de uma identidade brasileira. Uma identidade brasileira que foi esculpida pela Semana de 22, mas que foi vivida plenamente através do tropicalismo. Se existe alguma identidade "gostosa" no Brasil hoje, ela vem da poesia de Caetano e Gil e do entendimento longitudinal de linguagem dos irmãos Campos. Isso diferencia a identidade brasileira de qualquer outro sentido de identidade. A nacionalidade brasileira é tão complexa que não merece e não pode virar uma simples nacionalidade qualquer, pois sua idéia de mundo é quase pré-colombiana, vendo o mundo de longe, celebrando seus encantos com uma mistura de idolatria e superstição. É isso que a marginália constatava, berrava com toda sensualidade, tentando se equilibrar em pé, encurralada entre o som atravessado do primeiro e do segundo surdo.

O tempo da marginália teria desaparecido junto com o passista morto, deitado na avenida, atingido pelas rajadas erradas, tendo seu sangue espalhado como o de Orfeu ou de Tristão, solitário, velado por uma pequena multidão triste, silenciosa, que ouve ao longe o eco do seu batuque, olhando as nuvens sabendo que resta pouco tempo e que restam poucos parangolés para cobrirem outros corpos e que restam poucos filmes nessa câmera. Cheguei tarde a essa festa, mas ainda consegui pegá-la antes de as luzes se acenderem e revelarem os segredos eternos de seu mistério.

Posfácio do livro *Marginália*,
de Marisa Alvares de Lima

A BANDEIRA DE LUGAR NENHUM

A "bandeira americana" do pintor Jasper Johns, ou Mao Tsetung, a litografia de Andy Warhol poderiam muito bem se chamar "os vários disfarces do demônio". São negativos ou raios X da mente desenraizada do artista. São ex-votos e *souvenirs* do estado desterrado do artista.

Era o verão carioca de 1970. Hélio Oiticica secava seus longos cabelos ao sol no jardim da casa de seu pai e estava eufórico. Eu mal me acostumava àqueles dois quilômetros que separavam a minha sala de aula no Colégio Pedro II (onde meus colegas de classe me cobravam uma nacionalidade) da casa de Hélio, no alto do Jardim Botânico. Eu tinha quinze anos. Hélio, que para mim era o brasileiro modernista, o brasileiro da metalinguagem, do parangolé, do Cara de Cavalo, da Mangueira, da cocaína brasileira, já tinha mais de trinta. Nesse dia estava eufórico, pois iria de mudança para Nova York, e a carta de um amigo confirmava a visita ao estúdio de Jasper Johns. Hélio corria para cima e para baixo, falava grosso e botava banca, dizendo que eu tinha de conhecer melhor o trabalho de Johns e de Rauschenberg. Na vitrola da sala era só Jimi Hendrix e, na do quarto, Bob Dylan. Tudo ao mesmo tempo.

GERALD THOMAS

BUNKER CULTURAL

Esse tropicalismo brasileiro de Hélio me era muito familiar e falava com sotaque do Bronx. Casava-se tremendamente bem com as turmas que invadiam a casa de noite, trazendo misturas inacreditáveis entre alta sociedade e *drug dealers* do morro, marginais com *appeal de movie stars* e transgressores culturais das galerias de arte da zona sul. Enfim, a casa de Hélio era como sua cabeça, uma *nowhere land*, terra de lugar nenhum, catacumba de metrópolis-qualquer, *bunker* cultural do século XX, um brado de independência das cidades contra a mediocridade das províncias. Ah, sim, as províncias nacionalistas.

Hélio venerava tudo aquilo que se produzia em Nova York ou em Londres. Toda arte produzida em grandes centros é descaracterizada de nacionalidade. Ela é urbana simplesmente. Essa urbanidade compreende a falta de identidade, a confusão étnica e mística que as vias de concreto propõem. É curioso notar que essa mescla criou uma identidade vulnerável no objeto de expressão da arte moderna, vulnerabilidade esta que a arte primitiva de sociedades enclausuradas há muito perderam por se erguerem por meio da construção de "semideuses", grandes mitos, grandes "naturezas vivas".

A produção artística dos centros urbanos é a natureza *mais que morta*, decrépita, mas, paradoxalmente, essa decrepitude contém todos os aspectos do homem moderno, suas várias nacionalidades — tudo justaposto, aglomerado, anárquico e fora de ordem. Nesse disfarce democrático, fica difícil distinguir até o sexo da obra, quanto mais a sua origem étnica. Hélio berrava de alegria, sabendo que dali a um mês estaria de pé na frente da bandeira americana de Johns, enquanto toda a esquerda brasileira queimava a mesma bandeira na Cinelândia.

Johns, assim como Hélio, aplicaram *o twist* a suas artes. A bandeira de Johns está tão perversamente colocada para a sociedade americana quanto os parangolés de Hélio estão para a brasileira. No entanto, ambos são hinos de amor nacionalistas, militantes de suas culturas. Ambos são críticos azedos do nacionalismo que suas obras inspiram. O artista é sempre um estrangeiro. É ridículo que tente ser outra coisa, pois pressupõe-se que o artista é, como de costume, um excluso, um *outcast*, alguém que se permite citações e ilustrações que vão muito mais longe que o olho nu permite. E suas gozações com nacionalidades, patriotismos e estupros culturais são tão críticas quanto são emotivas. Tanto quanto foi emotivo e crítico Pablo Picasso pintar *Guernica*.

É fácil reconhecer o demônio em *Guernica*, pois existe nela uma clara referência à Guerra Civil. Mas o centro "espiritual" dessa obra está longe de ser um retrato dessa guerra. Suas figuras deformadas e cinzas espelham a alma de um criador falando as línguas de Babel sozinho, monologando perante o eterno paradoxo que aflige o artista desde que Platão deu seqüência ao rapsodista itinerante: a sua história inventada é seu berço, e seu único limite é o limite imposto pela tenacidade, ou pelo cansaço, de inventar uma nova história por dia para um novo povoado diário.

Na bandeira de Johns e na obra de Hélio existem guerras civis individuais, lutas entre o Norte e o Sul de seus caracteres solitários. Não posso separar a obra de Hélio da de Johns, apesar de não haver absolutamente nenhuma similaridade estética ou mesmo poética entre as duas. No entanto, são almas gêmeas que discursam ali seus brados internacionalistas, usando, cada uma, particularidades regionais e folclóricas que suas regiões geográficas lhes ofereceram. Trinta anos antes, Johns e Hélio eram navegantes praticantes do socialismo da Internet, onde todos os preços são — eticamente — iguais. A bandeira de Johns alcançou o preço de um milhão de dólares em 1974 e a obra de Hélio teria o mesmo valor da de Johns se custasse um mísero cruzeiro.

Almas Vazias

O teatro brasileiro não teve a mesma sorte da pintura e das letras em sua abrangência de discussão conceitual. As escolas aqui ainda discutem imbecilidades como stanislavskianismo ou não-stanislavskianismo, o "trabalho" do ator ainda não tomou proporções do físico-cientista, do criador que arregimenta forças aleatórias de onde quer que seja para penetrar sedutoramente na alma de seu povo. O retrato da alma do teatro é tão pobre, e seu egoísmo tão avassalador, que suas necessidades narcisísticas poucas vezes permitem uma conceitualização além do seu umbigo.

Seu objetivo parece nunca sair da triste tarefa de reforçar o ponto de vista de resolução psicológica e técnica em seus atores praticantes, tornando essencial que venham a público derramar suas almas vazias e burras com a aparência de que estão transbordando em "humanidades". Com exceção do CPT (Centro de Pesquisas Teatrais) de Antunes Filho, onde os atores são obrigados a conceitualizar suas tarefas no palco dentro de um macrocosmo de ações e forças, visando quaisquer informações para tanto, o teatro em geral está em *deficit*, pois se pendura numa parca tradição que vem se arrastando há décadas. Qual é essa tradição?

As preocupações macrocósmicas de Antunes Filho estão em minoria absoluta. Se Jasper Johns encobriu dois séculos de independência política americana com sua bandeira, ele pelo menos não estava só. Warhol o fez também através de sua paixão pelo supermercado e os grandes mitos populares. Lichtenstein o fez através da exposição e do aumento exagerado do segredo da feitura da imagem. Oldenburg o fez através da monumentalização e do derretimento daquela. E assim por diante, cada um em seu galho, apontando para o caule e a raiz comuns a todos: o elemento *terra* no artista flutua sobre camadas espessas de influências, maleáveis e pessoais, a ponto de sofrer do mal itinerante (necessário) que os povos nômades sofreram no desesperador esforço de acumularem sofisticação durante seu percurso.

Estamos longe dessa sofisticação A generosidade de Hélio ao se plantar na frente da "bandeira americana" é rara no teatro. É mais fácil desmerecer o esforço do outro do que absorvê-lo. Quando escrevi sobre o espetáculo *Ham-let*, de José Celso, ou sobre o *Transilvânia*, de Antunes, tentei quebrar o sigilo que envolve nossas almas nacionalistas de si mesmas. Uma prova de que esse patriotismo é um escudo e proteção desnecessários e só serve para proteger um narcisismo do outro, evitando o eventual transbordamento de uma imagem para dentro do espelho do outro.

Criar inimigos sempre foi e sempre será a tática de todos aqueles que não conseguem mais se olhar no espelho ou tolerar a entrada de imagens estranhas àquelas que se admiram. E a cara do inimigo geralmente compreende todos os traços que a sua não tem. Tudo aquilo que a moldura do espelho contém pode ser chamado de "estrangeiro". Alguns se penteiam perante o estrangeiro e se embelezam para ele. Outros jogam pedras no estrangeiro e o estilhaçam, confirmando mais uma superstição. Pois o teatro brasileiro precisa achar uma linguagem para ele, que o reflita melhor perante o mundo, pois essa é sua questão existencial.

Se a banda Sepultura canta em inglês, o faz porque entendeu que suas raízes existiam fora de seu corpo. Nada mais saudável para o artista. Deve ter avaliado suas influências de maneira brilhante e entendido que a particularidade de um sotaque é uma preocupação mesquinha e ínfima perante a questão maior da sobrevivência da expressão do indivíduo diante de um universo cada vez maior e mais enigmático. Qual a importância, se isso se dá em anglo-saxônico ou em latim? Antes pudesse o teatro berrar suas angústias em *rap*, em *heavy metal*, em árabe ou em finlandês, se com isso conseguisse libertar-se do fantasma do falso patriotismo que o contamina e o constrange.

Diferenciar nacionalismo de patriotismo, de xenofobia, de preservação de identidade, de limpeza étnica, de nazismo, pode trazer um sorriso à face do demônio, pois a nossa confusão é o seu prazer. A defesa de certas culturas se confunde facilmente com o discurso oportunista que se apropria de tudo e usa o estado psicológico de uma população fragilizada para imprimir seu ódio racista e, muitas vezes, exterminador. Pois Jasper Johns, visto por Hélio Oiticica, poderia ter passado mal com pressão baixa, afinal sua "bandeira americana" poderia ser usada conforme seu consumidor. Mas a quantidade de suas conotações inspiravam Hélio — gênio do Terceiro Mundo, fascinado com o Primeiro e um *expert* na subversão que poderia minar o Primeiro Mundo até seu extermínio.

Hélio olhava a tela assim como Caetano olhava para a esquina da Ipiranga com a São João. O amor era igual. A angústia também. O reconhecimento dos sentimentos fatais na arte da poesia são, afinal, a verdadeira carteira de identidade e o passaporte do artista. Qual bandeira americana o Hélio via? Aquela que ele viu fincada num jardim particular em Washington, quando os EUA jogavam bombas sobre o Vietnã? Ou aquela que enrolava adolescentes enlameados em Woodstock? Ou aquela que fazia o Super-Homem voar? Ou será que previa a bandeira que hoje honra os EUA de Clinton, que festeja o suprematismo do capitalismo, que festeja uma nação de novo jovem, com dezenas de jovens Bill Gates determinando o futuro das nações com hinos invisíveis e inaudíveis de emancipação do indivíduo, através da arma da paz, a tecnologia da comunicação?

Não. Hélio não via nenhuma dessas bandeiras na bandeira de Johns. Via, sim, sua textura, sua capacidade conceitual, seu tamanho virtual na tela pequena sobreposta à tela maior. O que deixava Hélio sem respiração era a inteligência importada da filosofia para a pintura, ou para as artes em geral. O que deixava Hélio com arrepios era a metalinguagem que Johns conseguiu forjar.

O Teatro Vislumbrado

Qual é o teatro brasileiro que vislumbramos? Ou será que vale a pergunta nesses termos? Não é melhor perguntarmos "qual é o *teatro* que vislumbramos"? O de Antunes Filho, que enxergou a sua "bandeira americana" quando encenou *Macunaíma*, metendo em cena suas odes de amor pela ritualização que o mundo foi pescar no mundo? Foi através das obras do mundo, da obra de Bob Wilson, Pina Bausch e Kazuo Ono, que Antunes se tornou um brasileiro mais brasileiro, criando sua própria trajetória emocionante, indo até a autocaricatura de não conseguir mais se ver no espelho, pois seu Drácula, como todos os Dráculas, não se vê no espelho.

Ou será o teatro de José Celso, que enxergou tão genialmente a granulação de seu país, através da obra "behaviorista" de Julian Beck ou Bertolt Brecht, e entendeu a conexão entre a Grécia antiga e a figura de Elza Soares dentro da *Gestalt* de seu país?

Ou mesmo Cacá Rosset, que viu em Jarry e em Shakespeare uma maneira de universalizar a condição brasileira? Se o demônio do nacionalismo tem muitos disfarces, graças a Deus, o demônio da criatividade também tem.

UM ENCENADOR DE SI MESMO: GERALD THOMAS

SÍLVIA FERNANDES E J. GUINSBURG

As questões que atingem a arte de hoje são muito próximas das questões que afligem o homem de hoje, segundo a perspectiva de uma sofisticação tecnológica, que aproximará um do outro cada vez mais e que facilitará sua chegada a um entendimento da grandeza (e talvez da finitude) do universo. Quem quiser tomar atitudes como as da Bósnia tem minha total piedade. Quem quiser ficar brigando por aquela árvore ou pelo quintal do vizinho, deveria enfrentar os disfarces do demônio do nacionalismo, com direito a cozinhar no caldeirão final, sem saber quem foi seu carrasco. Raízes constituem pratos deliciosos, quando picadinhas e cozidas com muitos temperos étnicos. Mas muito mal podem fazer quando impedem que seus pés o carreguem para longe do espelho no qual você jogou suas dúvidas, antes de ir dormir na noite anterior.

Folha de S. Paulo

II

Gerald thomas em cartaz

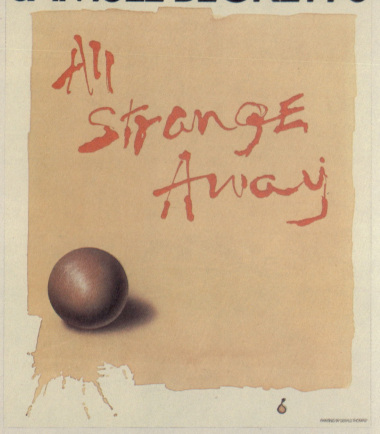

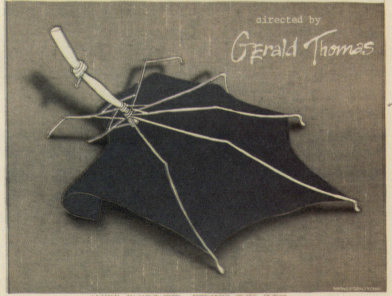

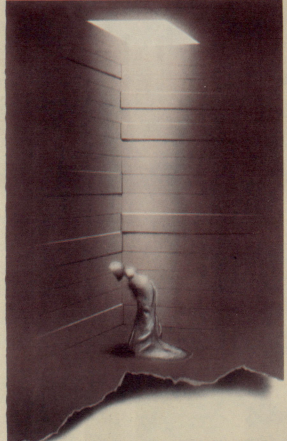

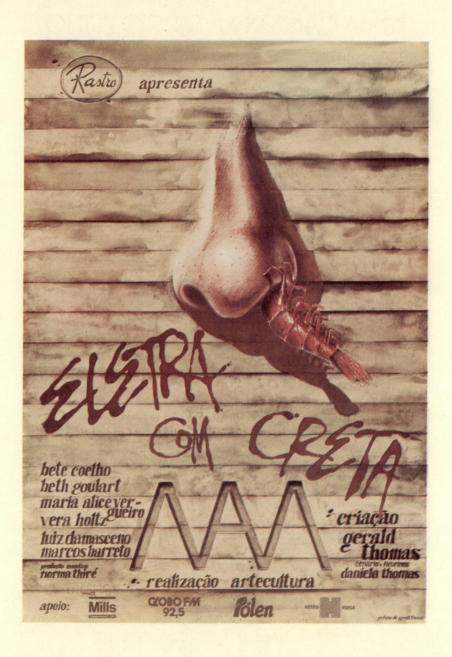

TRILOGIA
KAFKA

um PROCESSO   uma METAMORFOSE   PRAGA

O judeu errante
Gerald Thomas
A preparação
do espetáculo
Philip Glass,
um Parsifal de jeans
Alguns dias na
vida do senhor K

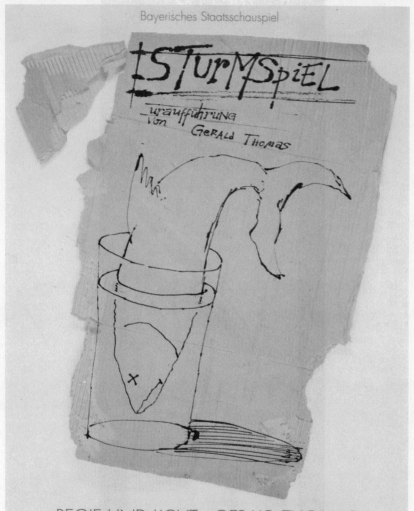

III

Sobre gerald thomas

Digressão ao redor de um inventor de si mesmo

ALBERTO GUZIK

Foi num belo entardecer de sábado em São Paulo. Ar quase limpo, sol em vermelhos e amarelos lá para as bandas do pico do Jaraguá. Desci do táxi e cruzei, curioso, o vestíbulo de um prédio de apartamentos nos Jardins. Dias antes havia recebido uma mensagem pela secretária eletrônica. Convite de Gita Guinsburg para tomar chá em sua casa. Irrecusável a oportunidade de passar algumas horas na companhia dessa senhora e de seu marido, J. Guinsburg, diretor da Editora Perspectiva. Lá fui eu. Sabia vagamente que o chá era pretexto para uma conversa sobre Gerald Thomas. Mais nada. Quando cheguei ao espaçoso apartamento, paredes inteiras ocupadas por estantes de livros, deparei, além de Guinsburg e Gita, com Haroldo de Campos e o próprio Thomas, em carne e osso. O *globe-trotter* recém-chegava, como sempre, do Rio, ou de Viena, ou de Nova York, ou de um dos mil lugares onde a toda hora monta um espetáculo, prepara uma produção. O mistério do encontro se desfez. Guinsburg e Haroldo de Campos explicaram que planejavam lançar pela Perspectiva um volume sobre o teatro de Thomas. Editor, coordenador e personagem-tema do livro convidavam-me para colaborar com um ensaio.

Impossível dizer não. Admiro há muito tempo a envergadura intelectual de Haroldo de Campos. Prezo a amizade e respeito a erudição de J. Guinsburg. E, como crítico, tive a oportunidade de acompanhar uma parcela significativa da produção de Thomas, de cuja obra se pode, no mínimo, dizer que assombra. Quando deixei a casa dos Guinsburg, por volta das oito da noite daquele sábado, a caminho de um teatro, indagava-me de que maneira poderia contribuir para o livro. O que deveria conter meu ensaio, a partir de que ângulo poderia abordar a figura e a criação polêmicas, multifacetadas de Thomas?

Alguns limites se estabeleceram desde logo. Só poderia escrever sobre os espetáculos que vi. Deveria pôr de lado a pretensão de historiar suas montagens na Europa ou nos Estados Unidos, realizadas antes ou depois do retorno do diretor ao Brasil. E senti que também não me caberia escrever sobre suas encenações de óperas, *O Navio Fantasma* ou *Mattogrosso*. Seria melhor limitar-me ao teatro criado pelo encenador/dramaturgo.

Tampouco queria alinhavar e estudar a cronologia do que Thomas realizou e as reações críticas que suscitou. A perspectiva pessoal tinha de prevalecer. A deste crítico específico. Não desejava, além do mais, o compromisso de abordar sistematicamente o assunto. Ou de analisar didaticamente as fontes de seu teatro. Isso pode ficar para acadêmicos, que sabem fazê-lo melhor que eu. Seduziu-me o desafio de me deixar guiar pela memória, pelas impressões, pelas sensações que Thomas despertou em mim, desde que o conheci e vi pela primeira vez *Carmem com Filtro*, em 1986. O que segue, portanto, é não uma análise, mas uma impressão pessoal, uma digressão sobre o que assisti e o que senti nos espetáculos de Gerald Thomas. Uma reação subjetiva do crítico, do espectador, que vem sendo provocado e instigado por esse diretor há quase uma década. Talvez seja minha forma de responder aos enigmas que ele transforma em montagens teatrais. Que marcas deixa no espectador? Que associações desperta? Que reflexo do espírito do artista permanece, com o passar do tempo, no espírito do receptor?

O teatro brasileiro, ao longo da década de 80, foi moldado, lapidado, esculpido por encenadores inquietos, atentos, vigorosos.

ALBERTO GUZIK

Antunes Filho, em fins dos anos 70, deu o grito de independência do teatro comercial, das regras da bilheteria, da camisa-de-força de convenções que vigoravam desde os anos 50. O ponto de partida foi a antológica versão de *Macunaíma*, o romance medular do modernismo escrito por Mário de Andrade. Sua transposição para o palco, assinada por Antunes em 1978, com a colaboração decisiva de Jacques Thieriot na adaptação do texto, Naum Alves de Souza na direção de arte e Cacá Carvalho no papel-título, foi para o teatro contemporâneo um marco comparável à montagem de *Vestido de Noiva*, de Nelson Rodrigues, que Zbigniew Ziembinski dirigiu em 1943 com um grupo de amadores cariocas, Os Comediantes.

A partir do fértil *Macunaíma* de Antunes, tornou-se difícil aceitar as limitações dos dois tipos de encenação que haviam sido produzidos com mais freqüência no país desde princípios dos anos 60. De um lado as comédias comerciais, irrelevantes, em geral importadas do West End londrino ou dos bulevares de Paris, que só visavam bilheteria. De outro, as encenações de textos nacionais, metafóricos, não raro pesados, que lutavam para expressar nas entrelinhas verdades sociais e políticas. Ditas com clareza, tais idéias provocariam a ira dos generais-presidentes, a interdição pela censura das obras sacrílegas, a intimidação ou aprisionamento dos artistas.

Em *Macunaíma*, Antunes Filho construiu um espetáculo criativo, surpreendente, colorido e teatralista, onde o bom humor avançava ao lado de um discurso político lúcido e urgente. Com essa montagem, o encenador mudou a ênfase da produção teatral. A presença do diretor impôs-se como nunca antes no teatro brasileiro — mesmo levando-se em conta a revolução empreendida nos anos 40 por Ziembinski, Adolfo Celi e seus pares, ou, a partir de fins de 50, a contribuição de Augusto Boal e do Teatro de Arena ao teatro de protesto e a obra também política mas personalíssima, irada, vibrante, de José Celso Martinez Correa à frente do Teatro Oficina.

A partir do *Macunaíma* de 1978 teve início um processo ainda em curso. Dele brotou uma geração de diretores dotada de personalidade própria, pontos de vista definidos e forte individualidade. Ulysses Cruz, William Pereira, Bia Lessa, Moacyr Góes, Gabriel Villela, Beth

Lopes e Luís Carlos Vasconcelos são alguns dos artistas que despontaram na década de 80 e vêm dando contribuição marcante ao processo criativo do teatro. Nenhum deles, no entanto, demonstrou a capacidade de Gerald Thomas para ocupar espaços, seduzir a mídia, despertar iras, levantar polêmicas. Thomas começou a dirigir no Brasil em 1985, vindo de uma elogiada seqüência de encenações na célebre sala experimental La Mama, em Nova York. Judeu carioca, filho de pai inglês e mãe alemã que cresceu entre o Rio e Londres, falando português com sotaque anglo-germânico, ele tem conseguido, como poucos, escapar da unanimidade. Se, como dizia Nelson Rodrigues, "toda unanimidade é burra", Gerald Thomas está no caminho certo, em boa companhia.

Na maior parte, críticos e espectadores ficam tão ocupados em amá-lo ou odiá-lo que não percebem, atrás da cortina de fumaça (literal e alegórica) em que ele envolve suas encenações, a fascinante e contraditória figura do artista. Ele é provocador, corrosivo, capaz de alvejar desafetos com desaforos ditos em voz suave.

É também um criador atormentado por dúvidas sobre a própria criação, ansioso por agredir e atrair o público ao mesmo tempo. A cada nova obra, desencadeia um ciclo antropofágico. Destroça a montagem anterior, tenta partir do zero. Mas as obsessões que o assombram dão um jeito de se insinuar nas frinchas de cada novo trabalho. Como os *leitmotive* de Richard Wagner, que ele tanto ama, ou as idéias fixas de Nelson Rodrigues, do qual ainda não dirigiu nem um texto. Na realidade, a cada novo espetáculo, Thomas de certo modo volta ao ponto de partida e modifica suas premissas, num perpétuo movimento espiral.

Neste mundo individualista, nesta era que vive a ressaca do desabamento dos regimes comunistas do Leste europeu e da aparente e assustadora vitória dos modelos econômicos liberais, neste tempo de guerras locais, nacionais, de violência comparável apenas à ferocidade nazista, Gerald Thomas apresenta-se como radar egoísta e arrogante. Coloca-se, como o homem renascentista de Leonardo da Vinci, no centro do universo da criação.

Capta de todos os lados, de todo tipo de fonte, da política à literatura, do surrealismo ao minimalismo, da música à filosofia e ao cinema, as informações que lhe interessam. Leva-as para a cena depois de cozê-las no forno íntimo de seu universo de imagens. O palco, nesse teatro, é uma tela, um filtro das emoções e percepções do artista. Não por acaso, em tantas montagens havia uma rede de fino tule separando palco e platéia. Ele subverte a ordem tradicional do teatro. Transforma a lógica em massa de modelar. Confere-lhe dimensões e formatos espantosos, que nada têm a ver com o mundo cartesiano a que estamos habituados. Ao resultado da manipulação e distorção da razão, cola, adiciona, soma mitos, ritos, citações. Põe no liquidificador Wagner, Freud, Marx, Beckett, Duchamp, Hélio Oiticica, Pollock, Gertrude Stein, os concretistas, Alex Raymond. Exibe visões, frases, fragmentos, num carrossel veloz, destinado a atordoar o espectador.

Nem sempre nomeia os autores de idéias que toma para si. Mas poderia dizer: "não indico fontes, porque me é indiferente que alguém mais já tenha, antes de mim, pensado o que pensei". Estaria de novo em boa companhia. O autor da frase é Ludwig Wittgenstein, no prefácio de *Tractatus*.

O mundo de Gerald Thomas não é amistoso nem esperançoso. Pode ser bem-humorado. Mas seu humor é refinado, cético, sombrio, derrisório. Mais próximo do sorriso raivoso que do riso fraternal e redentor.

No Brasil, Thomas deu início à criação de uma obra pessoal, esteticamente ousada. Magro, nariz aquilino, óculos redondos, longos cabelos cacheados, sempre vestido de preto, ao retornar ao país onde nasceu Gerald parecia, e continua a parecer (embora tenha variado um pouco as cores do guarda-roupa), uma figura saída dos relatos hassídicos de Martin Buber.

Não vieram para São Paulo os primeiros trabalhos que dirigiu no Rio, *Quatro Vezes Beckett* e *Quartett*, de Heiner Müller, elogiadíssimos pela crítica, sucessos de público. Do público de vanguarda, afinado com recentes pesquisas de linguagem cênica, que existe nas capitais brasileiras em maior número do que se supõe. Quando Gerald Thomas aportou em São Paulo, no ano de 1986, veio com um trabalho próprio. Não tinha, pois, as escoras da dramaturgia de Müller e Beckett, que fizeram com que fosse tão bem aceito — os textos eram anteparos à ousadia — em sua primeira temporada carioca.

Carmem com Filtro foi o primeiro espetáculo que apresentou aos paulistanos. Por indicação de Antônio Abujamra, que conhecera Thomas em Nova York, o ator e produtor Antonio Fagundes, responsável pela fantasticamente bem-sucedida Companhia Estável de Repertório, chamou o jovem encenador para dirigir um projeto experimental. Conhecido pela forte presença cênica e pela incomum capacidade de trabalho, Fagundes sentia que a CER, responsável por sucessos comerciais que chegavam a ficar três, quatro anos em cartaz, tinha, em decorrência mesmo dos êxitos de público, flexibilidade limitada.

O ator versátil e inquieto ambicionava vôos mais desafiadores que o humor político de Dario Fo e o romantismo lírico de Edmond Rostand. *Morte Acidental de um Anarquista* e *Cyrano de Bergerac* haviam sido seus maiores triunfos. Thomas aceitou o convite de Fagundes e trouxe consigo sua mulher, a cenógrafa Daniela Alves Pinto, filha do cartunista Ziraldo. Naqueles anos em que São Paulo morria de vontade de imitar o estilo *yuppie* de Nova York, Gerald e Daniela formavam um par contrastante com os Armanis e os Valentinos que circulavam pelos Jardins. Ambos vestiam preto, tinham pele muito branca, cabelos pretos, óculos redondos, fumavam Gauloises. Thomas sugeriu a Fagundes a montagem de uma *Carmem* cujo texto seria escrito por Heiner Müller. Por problemas de saúde, o dramaturgo alemão não concluiu o texto. O próprio diretor assumiu a autoria do roteiro.

Quando o espetáculo estreou, era de conhecimento público que diretor e ator se haviam desentendido durante os ensaios. Vindos de mundos teatrais antípodas, não foram capazes de encontrar uma linguagem comum, de criar um campo de ação conjunto. Mas a falta de entendimento entre os dois artistas não impediu que *Carmem com Filtro* fosse um acontecimento de indiscutível importância.

Como todas as criações de Thomas que viriam depois, *Carmem com Filtro* provocou simultaneamente fascínio e exasperação. Mas seu impacto foi talvez maior que o dos sucessores. Nada havia preparado o público para aquele enfumaçado exercício de tédio e angústia, que transformava a flamejante cigana criada por Prosper Mérimée numa mulher dura, tão sedutora quanto uma governanta solteirona de Eça de Queiroz. A paixão de José por Carmem era produto da desesperança, da aridez de emoções, não do erotismo, da sensualidade.

Num espaço cinza e preto, com personagens vestidos de cinza e preto, o drama de Carmem e do infeliz José desenrolava-se ao som de monólogos intermináveis e de um cello lancinante. Poucos elementos cenográficos quebravam a uniformidade cinzenta da cenografia. Uma janela fantasmal, reduzida ao batente branco, arrematada por esvoaçante cortina, era o signo inicial do espetáculo.

Era também sua chave. O tecido transparente enfunava-se, envolto em fumaça, enquanto a voz gravada de Antonio Fagundes dizia frases fragmentadas, sem nexo aparente. Clima de pesadelo. A janela branca contra o fundo preto. A voz do narrador em off. Essa "Carmem" vinha dos filmes B. Era puro Dashiell Hammett. Ou Raymond Chandler. E Fagundes poderia ser Humphrey Bogart. Ou Dick Powell.

Mas a montagem não tinha o ritmo aflito dos filmes B. Thomas gosta dos fluxos vagarosos do teatro europeu, das lentidões abissais de Ingmar Bergman e Michelangelo Antonioni. Na versão original de *Carmem*, o encenador impeliu seu gosto pelo jogo temporal aos limites de uma ousadia que não repetiria em espetáculos posteriores. Porque era, quem sabe, radical demais. Mesmo para um artista radical.

O primeiro ato daquela *Carmem* ocupava quatro quintos do espetáculo. Mas o público não sabia disso no momento em que o pano se fechava, ao fim da primeira e interminável porção do drama vanguardista. Quando se esperava uma segunda fatia igualmente longa e exasperante, o diretor espantava a platéia ao encerrar o segundo ato em quinze minutos.

A encenação ficou pouco em cartaz. A falta de diálogo entre diretor a ator-produtor apressou o fim da carreira. Mas antes de encerrar-se a meteórica passagem de *Carmem com Filtro* pelo palco do Teatro Procópio Ferreira, a encenação havia se transformado num sucesso *cult*, assunto de todas as conversas. Gerald Thomas conquistou público e firmou nome na cidade com um espetáculo.

Transigiu apenas na questão do tempo. Reviu a duração dos dois atos e deslocou o intervalo para um ponto mais ao centro da montagem. *Carmem* continuou a impressionar pela aspereza, pelo grau de desespero que emanava da cena, pela marcação expressionista, pelo visual poderoso, pelas revelações de atores (Bete Coelho, Luiz Damasceno) que viriam a desempenhar importante papel na Cia. de Ópera Seca, formada mais tarde por Thomas. Mas desapareceu o assustador desequilíbrio dramático suscitado pelo intervalo a quinze minutos do final.

Esse jogo temporal é bom exemplo das investigações que Gerald Thomas empreende e descarta. Usa o palco como tela de pintor e tubo de ensaio do químico. A disponibilidade para o insólito, o desarrazoado, a subversão de leis, o desprezo pelas convenções da dramaturgia são alguns dos elementos que despertam a ira de quem não empatiza com suas obras. No entanto, Thomas firma o direito à invenção. Seu código não é o da clareza, mas da obscuridade. Mascara temas, repete idéias, exaure a capacidade de concentração do espectador para fazê-lo vislumbrar, através do desconforto, um mundo sombrio, em que o futuro da raça humana é uma incógnita pessimista.

A maneira como usa o teatro para denunciar o jogo teatral leva a pensar em Brecht. Não pelo viés político, mas pelo desemocionalismo, pelo exercício de metateatro, que alveja o ilusionismo aristotélico. Gerald Thomas não seduz. Faz um teatro tão desagradável quanto possível. Não cessa de arrebentar limites e recomeçar do zero. Poderá ser maior o fosso entre a limpeza ascética das criações de fins da década de 80, *Eletra com Creta*, *Trilogia Kafka*, e a desorganização visceral, carnal, do espaço em *Flash and Crash Days* e *Império das Meias Verdades?*

Em mais de um sentido, Gerald Thomas confunde arte e vida. São públicos seus vários casamentos. Sempre com mulheres envolvidas em seu processo de trabalho. Daniela Thomas foi sucedida pelas atrizes Bete Coelho e Fernanda Torres, para mencionar as uniões que ganharam mais publicidade. Ele também parece divertir-se ao responder com franqueza desconcertante as perguntas pessoais. Fala de tudo. Desde a própria atividade sexual até a situação da Bósnia, passando pelas iniciativas da Anistia Internacional, da qual foi ativista em Londres, há quinze anos. E sempre embute nas respostas uma ponta de polêmica, de provocação.

Além da capacidade de se transformar em notícia, ele não tem medo de briga. Recusa-se a levar desaforo. Mais de uma vez lutou por escrito com críticos e jornalistas. Garante que não o incomoda a opinião divergente, mas a mesquinhez. Para se proteger, sabe esgrimir com aspereza, crueza. Ofende com sorriso nos lábios. Pretende ser pessoalmente tão incômodo quanto seus espetáculos.

Na impaciência com o provincianismo, o bom comportamento do teatro brasileiro, Thomas lembra Luiz Roberto Galízia, a magnífica promessa de homem de teatro que morreu, vítima de Aids, em 1985. Na adesão à vanguarda como instrumento de ataque os dois também estão juntos. Galízia era mais desadornado, não teria assinado os delírios barrocos de Thomas. Mas no amor pela radicalidade ambos se encontram. Havia num e há no outro desprezo pelo espírito de acomodação, pelo excesso de transigência da maior parte da produção artística brasileira e da reflexão teórica que a acompanha.

Galízia criava segundo códigos das, com o perdão da heresia, vanguardas clássicas. Formou-se numa geração que se autoproclamou herdeira das invenções e ousadias de Antonin Artaud e Vsévold Meyerhold, de Tristan Tzara a Allen Ginsberg. Gerald Thomas, por sua vez, brotou do vale-tudo do pós-modernismo, da fragmentação, da citação, da derrisão, dos *ready-mades* de Duchamp, dos pesadelos neo-expressionistas de Bacon.

Parte considerável da oposição ao seu teatro toma como alvo a dramaturgia. Não é boa, falta domínio da carpintaria, articulação de idéias, dizem. Ele é diretor interessante, dizem, não deveria se meter a escrever roteiros sem lógica e nexo. E indagam por que não se restringe a fazer o que sabe, isto é, montar peças de dramaturgos verdadeiros. Gerald Thomas dá boa conta de obras alheias. Passam por seu filtro, com facilidade, textos de Beckett e óperas de Wagner. Mas será possível ignorar a experiência que empreende nos espetáculos construídos a partir dos próprios roteiros? Deixar de admirar o risco que corre nessa aventura pelo mundo dos conceitos e imagens? O encenador paga caro por obedecer seus instintos e impulsos. Mas instintos e impulsos são bem mais poderosos que qualquer teoria da arte. As teorias e as estéticas passam, superam-se umas às outras. O impulso que leva à obra permanece. Em qualquer época, a corrente subterrânea que determina o curso da criação é inevitável, irresistível. O ímpeto criativo não é monolítico. Permeia-se de nuances. Pode-se criar com ou sem risco. Thomas é dos que preferem a primeira hipótese.

Não deixa de ser esclarecedor das contradições de nosso tempo, a poucos anos de distância da virada do século e do milênio, observar como Gerald Thomas é alvejado por críticas ancoradas na tradição, na convenção. Afinal, o século XX da era cristã não foi por excelência o tempo de quebra das ideologias políticas e das regras artísticas? É espantoso lembrar que há pouco mais de cento e cinqüenta anos, em 1830, *Hernani*, de Victor Hugo, causou uma batalha campal num teatro parisiense e intermináveis discussões nos círculos eruditos da França. Tudo por causa de idéias, de rimas consideradas impróprias, de metrificações atrevidas, que se desvencilhavam das regras consagradas pela *Arte Poética* de Boileau, contemporâneo de Racine.

O século XX, principalmente a partir dos anos 30, mas mesmo antes disso, especializou-se em demolir códigos. Por que, em 1961, 1972, 1983, o teatro teria de ser como o pensaram Aristóteles em 500 a.C. ou Bertolt Brecht em 1920 d.C.? Por que não pode ser toda noite recriado, segundo o cânon de cada artista? Quem determina o que é, ou não, arte? Como saber se os respingos de tinta de Pollock são mais ou menos "artísticos" que as pinceladas de Renoir? As rupturas violentas com a tradição política ou artística são uma conquista, não raro sangrenta, do século XX.

Mas alguns criadores parecem ir longe demais. Despertam o instinto regulador de muitos espíritos retos, que exclamam: "Ele não pode fazer isso. Não é arte". Mas por que "ele não pode fazer isso"? De que "arte" falam? Ninguém mais determina o que é "arte" neste final de século multifacetado, televisual, transnacional, *hight tech*, ultrassofisticado e assolado de miséria por todos os lados. Ninguém nunca conseguiu fazer isso, ao menos de forma perene. Cada estética vale para a era em que foi confeccionada. Às vezes não vigora por mais que uns poucos anos. A verdade de uma década não é a da seguinte.

Quarenta anos depois de sua estréia tumultuada, o *Hernani* de Hugo foi montado pela Comédie Française com a unção e reverência que merecem os clássicos, Sarah Bernhardt no principal papel feminino. Em virtude da fama e do escândalo parisiense, *Hernani* foi uma das peças mais populares do século XIX. Encenada, adaptada, copiada em todo o mundo. Quem lembra dela em 1994, além dos acadêmicos e estudantes de teatro? E quem pode garantir que a grande moda, em 2030, quando *Hernani* completará duzentos anos, não será de novo Victor Hugo?

Para o melhor e para o pior, como os românticos do século XIX, Gerald Thomas traça as próprias regras. Nem sempre acerta. Mas forja uma estética, luta para expressar os próprios fantasmas. É tributário de um sem-número de fontes. Todas selecionadas com criterioso bom gosto e faro acurado. Beckett, por exemplo, e seus impressionantes exercícios de redução do texto ao silêncio, é uma presença sempre forte no teatro de Thomas.

Mas para além de todas as influências, eis um encenador que tira o sentido da obra da prática do teatro. As idéias se organizam em cena, mais que no papel. O próprio diretor determina quais leis regem sua obra. Haverá diferença, quando se usam códigos tão pessoais, tão auto-determinados, entre verdade e mentira, entre gênio e impostura? Onde termina um e começa outro? Qual o sentido esotérico dos espetáculos de Thomas? Tanto hermetismo realmente significa alguma coisa?

Essas questões (que lembram a cebola descascada por Peer Gynt no último ato da peça de Ibsen, na busca vã da essência), direta ou indiretamente sugeridas pelo teatro de Thomas, aproximam-no de Orson Welles. O cineasta era tão obcecado pelo problema da mistificação que o transformou em filme, *F for Fake*, em português *Verdades e Mentiras*. "O que é 'arte'?", pergunta-se vezes sem conta. A mesma indagação surge a cada momento dos espetáculos de Gerald Thomas.

Quem é o artista? Santo ou farsante? Proclamador da verdade ou inventor da mentira? Onde a fronteira entre uma e outra? Como se pode determinar o que é ou não válido enquanto expressão do mundo? O simples fato de o artista existir e se expressar não é suficiente para validá-lo?

Todos os espetáculos que Gerald Thomas apresentou em São Paulo, a partir de 1987, têm a ver com a questão do verdadeiro e do falso, da aparência e da essência, dos limites da mistificação. Ele retrabalha suas montagens como um músico revê partituras prontas, como um escultor lapida a estátua acabada. Escreve roteiros eternamente refeitos. Seus textos não param de ser alterados, ajustados durante a temporada. Nem depois que saíram de cartaz. *Carmem com Filtro* teve uma segunda versão onde a carpintaria dramática era infinitamente melhor que a primeira.

Thomas é capaz de levar a autoria de seus espetáculos a limites insólitos. Em *Trilogia Kafka*, *Fim de Jogo*, *M.O.R.T.E.*, *Flash and Crash Days*, o diretor entrava em cena durante o espetáculo. Dava instruções aos atores, reposicionava-os, apertava mais algumas articulações do andaime dramático e, tão sereno e seguro quanto havia chegado, retirava-se para que a montagem seguisse seu curso.

Apesar de ainda não ter transposto os limites que separam o diretor do ator (talvez, como ocorreu com José Celso Martinez Correa, Gerald Thomas um dia venha a assumir o ator que há nele), sua voz é onipresente nos espetáculos. Nas trilhas sonoras, ao lado de composições de Richard Wagner e/ou Philip Glass, a voz pausada, irônica, do encenador surge como um condutor da narrativa. Da estirpe de Chacrinha, que veio para confundir, não para explicar. Narcisismo? Sem dúvida. Mas não faz parte do processo de criação, o narcisismo? Como age o artista senão medindo o mundo a partir de sua própria óptica?

Thomas é digno herdeiro dos dadas, dos surrealistas, dos artaudianos. Costura espetáculos que investem contra todos os ícones. Antes de demolir os outros, desmonta a si mesmo. Como um monge zen, não se leva a sério, ironiza a vida. Mas que não o provoquem. Pois Thomas faz a defesa apaixonada da própria obra com irresistível ímpeto exibicionista. Sabe o quanto vale uma briga apimentada. Embarca em polêmicas no maior entusiasmo. Não recusa bate-boca. Nem teme criar inimigos com a desfaçatez verbal. Quando insulta, sabe ser cruel.

Por trás da fachada brilhante, agressiva, feroz, além do narcisismo, das poses, das frases de efeito que transformam Thomas num queridinho das mídias, há um artista sensível e assustado com as próprias visões. Um alfaiate de pesadelos. Em encenações recentes, *Flash and Crash*, *Império das Meias Verdades*, *Unglauber*, tem temperado a angústia com doses mais generosas de humor. Humor ácido, áspero. Mas humor, assim mesmo. Do tipo judaico. Certeiro, fatal, autocrítico.

Nas últimas montagens, Thomas vem também experimentando outros tons e tarefas. Após o fim do casamento e da parceria artística com Daniela Thomas, assumiu também a autoria da concepção visual dos espetáculos. Isso resultou em mudanças. Daniela formou com o encenador uma parceria extraordinária, radical. Vestiu de cinza e preto os primeiros espetáculos, de branco os últimos. Desenhou paisagens lancinantes, espaços inquietantes como o magnífico labirinto de *Eletra com Creta*, o porto do *Navio Fantasma*, a biblioteca de *Carmem com Filtro 2* e *Trilogia Kafka*, o cubo de vidro de *Metamorfose*, o *alvo-bunker* de *Fim de Jogo*. Sozinho, Gerald Thomas passou a desenhar espaços mais imprecisos. Será uma cozinha o cenário de Unglauber? E que dizer da sala de jantar do *Império das Meias Verdades*, que se abre para um espaço mutável, onde painéis corrediços desvendam cenas de arquetípica violência, como páginas de histórias em quadrinhos?

Os cenários de Daniela eram definidos, limpos. Gerald cria espaços borrados, suja o palco. As cenas passam a deixar restos. As últimas peças indicam que o diretor se distancia da clareza de traços do pós-modernismo para namorar os excessos, o exagero, a distorção do neo-expressionismo.

Seu trabalho com os atores já antecipava isso desde os primeiros espetáculos. Quando os orienta na construção dos personagens, Thomas tende a tratá-los como se fossem marionetes que devem executar em detalhes suas indicações. Porém, ao mesmo tempo, respeita-lhes a individualidade. Transforma-os em cúmplices. Sabe como conseguir de cada um a cooperação necessária para o lineamento de papéis bizarros, incomuns, que desafiam a lógica e a física.

UM ENCENADOR DE SI MESMO: GERALD THOMAS
SÍLVIA FERNANDES E J. GUINSBURG

Com o passar do tempo e a ampliação do repertório da Companhia de Ópera Seca, vários de seus atores tornaram-se verdadeiros co-autores de seus personagens. É o caso de Luiz Damasceno. Por outro lado, a personalidade dos intérpretes influi decisivamente no espírito de cada montagem. Enquanto Bete Coelho foi a memorável protagonista das produções da Ópera Seca (*Carmem com Filtro 2*, *O Processo*, *Praga*), os espetáculos de Thomas eram mais pesados, dramáticos. A entrada de Fernanda Torres (*The Flash and Crash Days*, *Império das Meias Verdades*) reforçou a carga de humor e irreverência.

O ator tem de ter boa dose de disponibilidade para trabalhar com Gerald Thomas. As personagens que ele inventa não são simples nem fáceis. Impossível lembrar de uma ao menos que andasse em linha reta, como um ser humano normal, sem quebrar o eixo do corpo em ângulos improváveis. Não é a normalidade que Thomas leva para o palco, mas o *freak show* da vida. Seu teatro abre espaço para personagens que equivalem à mulher barbada e os anões. Figuras sem sensualidade, esquálidas, desvitalizadas. Maquilagens carregadas, rostos retintos de branco, como máscaras de teatro japonês. As marcações são coreográficas. Quase sempre desenhadas em linhas paralelas e com acentuado uso de diagonais. Thomas nunca faz um ator entrar simplesmente em cena, andando em linha reta. As marcas, como os gestos, são pontuadas de sinuosidades, de arabescos barrocos tingidos de exageros expressionistas. Talvez as intérpretes que mais tenham captado o espírito do diretor sejam Bete Coelho em *Carmem com Filtro 2* e no *Processo*, primeira parte da *Trilogia Kafka*, em que a atriz fez em travesti o papel de Joseph K., e as Fernandas, Torres e Montenegro, mãe e filha, em *Flash and Crash Days*, amarga parábola sobre o processo de crescimento e os laços de parentesco. Luiz Damasceno, por sua vez, atuando em quase todos os espetáculos de Thomas desde a *Carmem com Filtro* original, tornou-se uma espécie de ator-padrão do encenador.

Isso significa encontrar a medida exata que separa a distorção da caricatura. Pois Thomas trabalha sobre fios de navalha. Usa as personagens para reduzir o homem ao absurdo. Mas não recorre à caricatura. Isso seria diminuir a dimensão trágica que confere aos homens mirrados, de olhos esbugalhados, aos tipos atrevidos, arrogantes, ridículos, tortos, com que povoa seus espetáculos. O encenador trabalha com tipos de *freak show* sem ridicularizá-los. São figuras destinadas a despertar piedade mais que confiança.

Nas tramas de Thomas, as personagens nem sempre têm nomes. São figuras de pesadelo, tiradas de um mundo de sonhos, nevoento. São jovens estranhas, exacerbadas por impulsos que não compreendem. Ou matronas surrealistas, que contam histórias desconexas, como em *Eletra com Creta*. Ou um rapaz andrógino, de cara branca e olheiras fundas, como Nosferatu, no *Processo*, muito livremente adaptado de Kafka. Ou como a velha e a jovem, esverdeada uma, amarronzada a outra, caras de permanente susto, em *Flash and Crash Days*.

A lista de personagens memoráveis é extensa. O encenador é mestre na invenção de figuras fora do normal. Pensando melhor, vê-se que são seres pinçados do cotidiano. Serventes, criados, arrumadeiras, contínuos, policiais, amigos, funcionárias, colegas de trabalho, parentes, contraventores. Thomas recheia suas tramas com pessoas aparentemente comuns. Apenas aparentemente. Porque são torcidas num viés malévolo. Imersas em jogos de imagens onde predominam tons foscos, dispostas segundo ângulos enganosamente simétricos do barroco, refletem um mundo sem lei nem lógica. Como se fossem os heterogêneos esportistas da "corrida sem rei nem roque" de Lewis Carroll.

Pode-se aprender alguma coisa sobre Thomas observando o tipo de figuras que desenha. As personagens têm diferentes funções, segundo as peças em que se encaixam. Em alguns casos, são o resultado do diálogo do encenador com obras de outros autores. Entram aí os homens e mulheres angulosos, distorcidos, que povoaram *O Processo*, *A Metamorfose*, *Praga* e as várias versões de *Carmem com Filtro*. O encenador concebe figuras que podem não ter outra função além de oficiar o rito alheio. Para isso serviam os dois homens de *Flash and Crash Days*, talvez inspirados nos detetives desastrados Dupont e Dupond, que o cartunista belga Hergé inseriu na série Tintin. Eram os perplexos atendentes na demente luta de boxe travada pelas protagonistas, a jovem e a velha.

Em *Império das Meias Verdades*, a questão não é o choque de gerações, mas o conflito homem x mulher. O diretor coloca no miolo da trama um casal mítico. Ninguém menos que o primeiro casal, Adão e Eva. A peça pode ser lida como um longo processo de aprendizado (dolorido, sofrido, humilhante, como todo aprendizado), que levará Adão e Eva até a feroz cópula que encerra a ação. Toda a civilização (não por acaso figuram na montagem um homem pré-histórico e a mulher que ele toma por presa), todo o processo de construção da consciência desemboca em seu ponto de partida, na trepada inevitável, arquejante, que mistura em doses desiguais prazer e dor. Arquitetando o processo, Mefistófeles ele mesmo. E Eva servida como prato ao demo é uma imagem que dificilmente se esquece.

Unglauber, a mais recente montagem que Thomas e a Cia. de Ópera Seca apresentaram em São Paulo, muda o foco da genitalidade para a genialidade. O artista toma a si mesmo como objeto de estudo. O título brinca com a palavra alemã "descrente" e com uma alusão nada velada a Glauber Rocha. O espetáculo é uma declaração de amor à metáfora e à alegoria. Durante quase metade do espetáculo, o artista jaz morto, nu, sobre uma asa de avião pousada em cima de um pequeno palco aninhado no centro do palco do teatro. A ação passa-se numa cozinha. Seus motores estão de novo em dupla, um general prepotente e impotente e um cozinheiro que se mutila para criar, com os membros decepados, pratos inesquecíveis. A Igreja é representada por um bispo que, sem qualquer razão para isso, permanece amarrado e amordaçado durante uma hora. Finalmente descobre-se que o religioso é uma mulher. E a inerme figura torna-se alvo de estupro coletivo. Nem sempre as figuras que povoam essas peças são o que parecem ser. Mas o diretor poderia perguntar: "E o que parecem ser?"

O universo dramático de Gerald Thomas é um campo permanentemente posto à prova. Adapta-se a cada projeto, segundo suas necessidades. Mas os espetáculos giram ao redor de alguns temas obsessivamente trabalhados. A dor de ser. O fascínio/repulsa pela sexualidade, a ineficácia da comunicação, a investigação dos limites da palavra, a observação perplexa da história. Há um pouco disso em cada trabalho. A linguagem articula-se laboriosa, penosamente, a partir das dúvidas, das hesitações, das imprecisões do dramaturgo.

ALBERTO GUZIK

Talvez o traço mais impressionante da obra de Thomas resulte da obstinação com que ele busca inventar a si mesmo. Não recusa nenhuma idéia, não rejeita qualquer fonte. Mas molda tudo com as próprias mãos. Vive com inteira plenitude a angústia do homem do final do século, que sabe demais sobre tudo. Felizes tempos, felizes eras em que um filósofo como Aristóteles ou Descartes podiam pretender armar esquemas de investigação do mundo baseados numa cosmovisão que abarcava uma parte muito significativa do conhecimento produzido pelo homem.

Só as máquinas, hoje, são capazes de dominar a massa incomensurável de informações manipuladas pelo gênero humano. Compartimentado, especializado, o conhecimento cresce assustadoramente na mesma velocidade em que se amplia a potência dos *bites* dos computadores. Os homens do Renascimento, os enciclopedistas, são modelos que só podemos olhar com inveja. Impossível competir com eles em seu conhecimento daquelas eras, daqueles mundos. Thomas tem a nostalgia do conhecimento absoluto. Suas peças são tentativas de criar sínteses abrangentes da vida. Expressas em versões modernizadas, atualizadas, das wagnerianas *Gesamtkunstwerke*, obras de arte totais. Não consegue nunca chegar à meta, porque a *Gesamtkunstwerk* é uma utopia. Nem o próprio Richard Wagner atingiu seus alvos. Mas, como Wagner, Thomas faz o impossível para chegar lá. Um belo vôo. Um esforço titânico, mas irônico. Crítico do próprio heroísmo. Esse teatro é a prova mais palpável do progresso do artista na lenta e dolorosa via que leva, por fim, à invenção de si mesmo.

GERALD THOMAS JOGA TRAGÉDIA GREGA NO URINOL

HAROLDO DE CAMPOS

Um Gerald Thomas branco. Quase branco. O que equivale a dizer: preto. Quase preto. Preto claro. Cinza. Gamas de gris. Cinza amarelo-marfim é a cabine blindada — porão de navio fundeado no nada — que a imaginação cenográfica mais uma vez sensibilíssima (poética do risco) de Daniela Thomas criou para esse Beckett extremo. Cenário subitamente lacerado por golpes laranja de luz brusca, onde uma sombra parietal capta, fantasmática, o esgar apassivado de CLOV (SCRAV, minha contribuição, que deixo aqui registrada, a uma possível renomeação em português dos personagens da peça).

A grácil Giulia Gam soube perseguir o difícil: transformar-se no seu oposto. Passada ao avesso por uma dura disciplina diretiva, por um passe de magia negra (cinza) de Thomas, transfigura-se em cena num pesado e patético lêmure lunar, cuja passividade cravada de assustadiça agressividade se traduz em réplicas tanto mais eficazes quanto mais neutras. SCRAV/CLOV, *clown, clone*, responde com um "sim" que se deseja "não", mas que não pode deixar de ser "sim", um sim-não, às mesquinhas manipulações de seu amo-carrasco, torturador-torturado, HAMM (o CANASTR'HAMM num rebatismo trocadilhesco). Esse sádico-melancólico lamurioso CANASTR'HAMM histriônico, quem o compõe soberbamente é Bete Coelho, encarnando-o com exaspera-do virtuosismo no registro vocal, nos movimentos sáurios da cabeça e do pescoço, na taquigrafia facial. Metido num esdrúxulo roupão de mandarim, entre rei-dos-mendigos e tirano doméstico, ele aparece encarpetado em seu traje de dormir, embutido num pedestal, sobre rodas. É uma ruína móvel, que se faz maniacamente empurrar para uma sempre recorrente viagem-rodízio em torno do umbigo descentrado do seu refúgio, do seu *bunker* sinistro. Neste, no seu âmbito cinza-amarelo, uma janela quase espelho se abre para um miniteatro iluminado, que duplica em modelo reduzido o teatro em que nós mesmos, espectadores, estamos. O olho senil do CANASTR'HAMM mira sem luz o teatro. SCRAV (CLOV) mira esgazeado o CANASTR'HAMM. O que os liga? O diálogo, finalmente. Essa dialética hegeliana Senhor/Escravo, onde um é a verdade negativa do outro, e o medo da morte, do "Senhor absoluto", é o limite portador da consciência angustiada, essa dialética, Beckett a reconduziu e reduziu ao espaço absurdo do seu teatro. Onde a senilidade, o vazio e a morte se jogam como jogo cênico. O jogo do fim onde o fim é o jogo. Autor/diretor, ator/espectador, quem tiraniza quem? O finisjogo (ENDGAME) do teatro final. Onde (numa cozinha que não se vê) um rato meio-morto (que não se vê) espera morrer (de todo) de morte morrida, se não for morto antes de morte matada. Um mata-dor pode ser um matador, no trocadilho através do qual Thomas transpõe a expressão *pain-killer*, embutindo uma glosa pertinente no texto original. E ao pé da página (ou da cena) o bla-bla-blá das duas cabeças cortadas e sobreviventes: NAGG (NACO?) e NELL (NECA?) — frisantes participações de Mário César Camargo e Magali Biff. A primeira, a cabeça paterna, pedindo papá; a segunda, a mãe, remoendo ninharias frívolas. Êxitos extintos, palavrório de cópula e cozinha.

Gerald Thomas, o desconstrutor, o desmancha-textos, presta nesse seu último (imperdível) trabalho um tributo deliberado de fidelidade ao texto excruciante de Samuel Beckett. Atento ao subtexto teatral, à metalinguagem em cauda-de-escorpião que o jogo de *Endgame* nunca descarta, encena-o na sua minúcia. Defuntado. Cadaveroso. Como ele é. No seu osso exposto. No seu humor supurado. É essa escandalosa fidelidade, esse hiper-literalismo no pegar Beckett pela palavra, é isso que explode (implode) — como um soco inflado de papel — para estourar no mito. Na mesmice pânica desse mito dos mitos que se chama — cotidiana vala comum — morte. Seca, dissecada liturgia. Jogo obscênico. Thomas totaliza Beckett. Tragédia grega no urinol.

13 de maio de 1990
Folha de S. Paulo

THOMAS LIBERTA CARMEM DE SEU MITO DE ORIGEM

HAROLDO DE CAMPOS

Uma (ostensiva) madona ginecológica em cena aberta.

Uma roda-totem (Duchamp) que é uma roda é uma roda é uma roda até que uma bicicleta (seu duplo de rodas) lhe ande à roda e ela fique tão simplesmente uma (o que ela é) roda.

Uma Carmem crucifixa entre farricocos desencapuzados que a levam em procissão fúnebre-nupcial. *Carmen est maigre, — un trait de bistre/Cerne son oeil de gitana./Ses cheveux sont d'un noir sinistre,/Sa peau, le diable la tana* (Théophile Gautier).

(Carmem é magra, — orla de bistre/Frisa-lhe o olho de gitana./Cabelos de um negro sinistro,/Sua pele, bronzeou-a Satã).

Não, esta Carmem 2 (Bete Coelho) não tem o olho de cigana nem a pele morena de sol andaluz como a de Gautier (e a de Mérimée/Bizet). É uma Carmem expressionista, uma pierrette translunescente, travestida de Carmem como se Edvard Munch tivesse reimaginado a sevilhana voluntariosa em gótico recorte preto-e-branco de filme de Murnau. Taconear no peito de Nosferatu, o morto-vivo (o teatro?). Vampirizar o vampiro?

É uma Carmem que se desconstrói, se questiona, não se conforma com o *Urbild* de seu mito. Quer reescrever-se como história, rejogar-se como jogo: porém com cartas não marcadas.

Tudo se passa num labirinto desconcertante de conexões e desconexões, onde um monge-bruxo Jeronimus Bosch pode cruzar com um traído tenente José e uma capa vermelha se afoga na tinta escura de Zurbarán.

Afinal: *Disparates* de Goya encenados com disparos de bateria minimalista atravessando a música monumental de Wagner.

E aquele colégio de penitentes sonoristas, lêmures cujo coro de rumores é regido pelos gargarejos de um maestro obstinadamente tartamudo?

Como Mme. Bovary para Flaubert, para Gerald Thomas: *Carmen c'est moi. Carmen c'est le théâtre.* O teatro. Livrá-lo, a ele, do ranço de seu velho discurso desamoroso. Como, a ela, libertá-la do seu mito de origem (contratipado no de Helena, grega e goethiana): *femme fatale*.

Ao invés de especular sobre o Eterno Feminino, esquadrinhar o Interno do Feminino. A equação está aí. Basta resolver-lhe as incógnitas.

A verdade é vertiginosa. "O vero" — já dizia Hegel — "é o delírio báquico". *Das Wahre ist so der bacchantische Taumel.*

TANT PIS PARA QUEM NÃO ENTENDE

Uma — levitante — mesa de Salvador Dalí, que pode ser távola ou lampadário, mas que de tão visível se envisibiliza: baldaquino suspenso sobre uma insinuada quarta dimensão. Abajur esotérico?

Uma biblioteca — nave de catedral? — que terá sido sem dúvida o Gabinete de Leitura do Castelo fantasma de Franz Kafka.

Entre alfarrábios, almagestos e incunábulos que se escondem nas impassíveis prateleiras haverá, sem dúvida, uma edição príncipe-árabe-hebraico-espanhola do *Guia dos Perplexos* de Maimônides. (É pena, nada permite crer que se trate de uma Biblioteca Circulante. *Tant pis* para o respeitável público...)

13 de maio de 1990
Folha de S. Paulo

A *M.O.R.T.E.* E O PARANGOLÉ

HAROLDO DE CAMPOS

Recordo-me de que, nos anos 60, Décio Pignatari, Rogério Duprat e Damiano Cozzella iniciaram, com a sigla M.A.R.D.A., um "Movimento de Arregimentação Radical em Defesa da Arte". Lembro-me de uma foto provocativa, estampada em revista de grande circulação, em que Décio fazia, em nome do trio, solene pregação, à maneira de *happening*, junto à estátua macrokitsch do Borba Gato, curioso exemplo de gigantesco nanico, inspirado, ao que tudo faz supor, na ornamentação bochechuda de jardins teuto-burgueses.

Naquela sigla M.A.R.D.A., ressoava, irônico, o "merdre" (com r) do *Ubu Rei* de Jarry. Esse processo retórico tem um nome rebarbativo: "litotes". Afirma-se algo para dizer-se o contrário do que se pensa. Shakespeare usou-o no famoso discurso de Marco Antonio no Júlio César (Ato 3, Cena 2: "For Brutus is an honorable man"), conforme aponta Jakobson em sua célebre análise da função poética da linguagem.

M.O.R.T.E., chama Gerald Thomas a seu último jogo cênico. *Movimentos Obsessivos e Redundantes para Tanta Estética*. A função aqui, porém, não é litótica, embora igualmente subversiva. É enfática. O hermetismo (aparente) do título assim desdobrado se resolve num exercício de literalidade. Trata-se, ao pé da letra, de exasperar o estético à força de repetição obsessiva, de teimosa redundância. A repetição, escreveu Tadeusz Kantor a propósito de *Wielopole-Wielopole*, é o "espaço metafísico da ilusão". E mais: "Essa repetição, quase um ritual/gesto ancestral do homem que, no umbral da história, queria afirmar-se/fazer alguma coisa uma segunda vez/de um modo artificial/por sua própria conta — sua conta humana — repetir qualquer coisa que houvesse sido feita pelos Deuses,/expor-se a seu ciúme e a sua vingança/afrontar os riscos/sair à frente da catástrofe que se prepara/sabendo perfeitamente que se trata de ações inúteis/sem perspectiva alguma.../...esse obscuro processo que é a REPETIÇÃO/é um processo e um desafio./Pode-se acrescentar agora facilmente que ele é/o cerne da arte"[1].

M.O.R.T.E., o antititulo enfático da peça de Thomas, por isso mesmo, poderia também traduzir-se por dois outros modos complementares, se considerarmos agora o pólo da recepção (dos espectadores) diante desse processo de signos teatrais que, levado ao extremo reiterativo, ao que poderia ser a "morte semiótica", termina por gerar informação original. Este é um problema que Max Bense e Abraham Moles explicam à luz da Teoria da Informação. O processo pode ocorrer tanto com signos teatrais quanto com outros, representativos de outras linguagens. Considere-se, por exemplo, o fenômeno da repetição na prosa de Gertrude Stein ou na de Beckett, ou ainda, em poesia, um exemplário que vai da sextina "petrosa" de Dante ao Drummond da "pedra no caminho" e à prosa concreta. No caso de *M.O.R.T.E.*, encarado o espetáculo da perspectiva de receptor (espectador/público), a sigla irônica também poderia traduzir-se alternativamente por: "Mínimas Oferendas Rituais para Tanto Êxtase (ou 'para Tanto Espanto')", conforme esse espectador se deixe tomar de amor ou ódio, invadir de paixão ou perturbar de pasmo e raiva diante da proposta sibilina que lhe faz o diretor, com reservas mentais "mefisto-fáusticas", pela voz da louca Ofélia (aliás, Santa Félia na versão de Thomas). Proposta de um pacto. De um pato ("mau jogador", na gíria). Pagar o pato ou fazer um pacto, eis a questão. Em qualquer das duas opções se insinua, derrisoriamente, um patos (como no óbvio trocadilho —

---

1. Cf. T. Kantor, *Les Voies de la Création Théâtrale*, Paris, CNRS, 11, 1983).

infame e infamante — que a língua embutiu, para facilitar as coisas, na palavra "patológico"). Patos, neste caso, vem do grego, *páthos*. É aquele sentimento que as frases feitas dos dicionários — consulte-se o *Aurélio* — associam inevitavelmente à "tragédia grega".

O Espectador/Você/Hamlet/Bete Coelho/Gerald Thomas (no vértice de uma disjunção autor/leitor, diretor/ator, diretor/público), todos eles no mesmo rodízio ambíguo, aceitam, obviamente, o pato (o pacto, o patos). Trata-se, essencialmente, de repetir. Desde o *fiat* do *Gênese* (*Bere'shith*, no começar) à crucificação, com *paredón* em vez de Gólgota e com hora marcada num relógio-marcapasso, que engravida de história (ou de "eterno retorno"?) o bucho parturiente de sua desventura (desventrada) vítima: um "pato-expiatório, Horácio. Do pacto ao parto. Óbvio como um relógio manufaturado por suíços. Ou como um ovo brancusiano. Teatro do óbvio. Do ovo (de Colombo) do óbvio".

Isto terá querido dizer talvez Gerald Thomas ao propor a "colesterização de todas as coisas" (o colesterol, como um detergente de gorduras, facilita a incorporação de nutrimentos ao sangue). Ao cumular o palco de restos cênicos (não por "acaso total" extraídos do cenário que a inventiva Daniela Thomas desenhou, com imaginação "suprematista", para uma outra montagem do próprio Gerald, *Fim de Jogo*, de ninguém menos que Beckett). Ao dispersar, nas falas e réplicas, clichês do discurso intelectual, resíduos de jargão filosofante, detritos de fraseado existencial, varreduras lógico-analíticas, tocos, "cacos"... Como Mefisto no *Segundo Fausto* de Goethe, o texto tautológico de Thomas parece recitar, irônico, diante do lixo dogmático da razão: *Wenn sie den Stein der Wiesen haben/Der Weise mangelte dem Stein* (Pedra filosofal, quando a tivessem/O filósofo à pedra faltaria!).

No plano mais propriamente da ação dramática, o diretor também reincide propositalmente na apresentação de situações polares do repertório teatral (e psicanalítico), de que Hamlet — como estoque de base, não como fonte textual exclusiva — oferece aqui os paradigmas, degradados e "estranhados" nesta sua reencenação enfática. Hamlet é Você, que depois vira um Reizinho eqüestre, de história em quadrinhos, no qual se introjetam, não por mera coincidência, despojos do Hamm senil de Beckett, magistralmente composto em deformação vocal e mímica facial por Bete Coelho. Um Hamlet assombrado pelo espectro paterno, trabalhado pelo remorso de suas frustras relações com o pai morto e malamado. Trudy, numa abreviação debochada, é Gertrudes, a mãe adulterina (Malu Pessin, num desempenho anguloso, marcante). Ofélia é Santa Félia ("Vá para um convento" e/ou "para um conventilho"). Nessa Ófelia, de vestido branco, manchado por um sangue himenal não vertido, se encarna uma paciente histérica de Charcot, às voltas com seu fetiche: um cálice (Graal) dessacralizado, que lhe serve de concha acústica ou de tamborete, conforme a ocasião (Magali Biff, na construção dessa "infelix" Félia, tem a oportunidade de mostrar todos os recursos de que dispõe, do esgar ao balbúcie, da postura à impostura). Cláudio, o tio assassino e comparsa adúltero, é personificado vigorosamente por Luiz Damasceno, que se desdobra comicamente em cena na figura de um truculento guerreiro wagneriano com traços de Rei Ubu. É ele quem reenceta a daga predatória da vontade humana de potência, com a qual a ação (repetição) de *M.O.R.T.E.* se inicia. O conúbio ritual (um cio "episcofálico" ou "sadomamútico", para dizê-lo à Joyce) do tio tirano, usurpador/fornicador, com Trudy, a madre pecaminosa, é compulsivo como as horas do relógio de Beckett, agora extraído das vísceras de Horácio (o fiel amigo de Hamlet, reduzido aqui a seu torturado confrade e testemunha inerme). Horácio. Hora + cio. De novo um trocadilho óbvio. Como a janela (*window*) de Duchamp, que se deixa associar, por rebatimento sonoro, com a viúva de *merry widow* (viúva alegre). As uvas da viúva de luvas (é só começar, que a coisa pega). Mas cabe uma pergunta: nisso tudo, quem é Polônio, o Conselheiro Acácio shakespeariano, o pai abelhudo de Ofélia, assassinado por engano? O Pai Paradigmal, Fantasmal, expressionisticamente composto, com torções de kabúki e contorções de candomblé, por Mário César Camargo, engloba também esse Polônio, aliás, mais adequadamente, Polomnibus, o respeitável público (críticos e analistas incluídos), gente que, como a personagem shakespeariana, gosta de espionar e pedir método à loucura...

Enquanto isso, na ponte fraturada e "empacotada" por Christo (o escultor, não necessariamente o Messias), desfila o lento camelo da história. Geração que vem e geração que vai. Camelo camelando, enquanto um Hamlet/Hamm — "Camelot, Príncipe da Sinamarga", na versão joyciana de Augusto de Campos) — rumina o seu remorso aflitivo e o apregoa como um camelô de si mesmo...

Se alguém estiver muito irritado (ou muito intrigado) por essa omelete à moda de Thomas da personagem de Shakespeare, preparado numa frigideira kafkiana de miolos (Cláudio, o tio-padrasto, usa um kipá de rabino, observe), basta que se recorde da *homelette* (com um homúnculo dentro) que faz Joyce no *Ulisses* e no *Finnegans Wake*, tendo por ingrediente o *Black Prince/Hamlet, le distrait*. A "questão da paternidade" é discutida num simpósio debochado de estudantes, que tem como *chairman* socrático Stephen Dedalus (retrato de Joyce, quando jovem), para quem "um pai é um mal necessário". Confira-se a análise do episódio "Cila e Caríbdis" do *Ulisses*, por Stuart Gilbert. Ficamos sabendo, aliás, desde o primeiro capítulo do livro, pelo destabocado Buck Mulliungan, que o jovem esteta de "mente mórbida" (*morbidminded*), o "filósofo embrionário" Stephen havia encontrado uma fórmula mágica para equacionar seu herói melancólico: "Ele prova algebricamente que o neto de Hamlet é o avô de Shakespeare e que ele mesmo é o espírito do próprio pai" (tradução de A. Houaiss). A relação de Hamlet com a figura paterna (na qual Thomas projeta a de Kafka) é por Joyce, de modo blasfemo, transferida para as pessoas da Santíssima Trindade, com a diferença de que, "na economia do céu, já não há casamentos, sendo o homem glorificado, anjo andrógino, a esposa de si mesmo". Em tudo isso, Joyce imiscui ainda especulações fantasiosas sobre a biografia do próprio Shakespeare: "Suntuosa e estagnante exageração do assassínio — um matador da alma, chamou-lhe Robert Greene — disse Stephen. — Não por acaso era ele filho de um carniceiro a brandir a acha-de-armas bigume e a cuspir na palma da mão. Nove vidas foram sacrificadas pela do seu pai, Pai Nosso que estás no purgatório. Os Hamlets de cáqui não hesitam em atirar. O matadouro sanguífluo do quinto ato é uma antevisão do campo de concentração cantado pelo senhor Swuinburne". No *Finnegans* multiplicam-se os jogos anagramáticos em torno de Hamlet. Um deles, King Hamlaugh (O Ridente Rei Camartelo), parece antecipar a fusão Hamm/Hamlet em Beckett, da qual Thomas se reapropria em

M.O.R.T.E., valendo-se do engenho caricatural de Bete Coelho. A mesma atriz, quando chega o momento, sabe ser um soberbo Príncipe da Desdita (El Desdichado, de Nerval?), iluminado de revés pelo "sol negro da Melancolia" (quando enuncia o fragmento noturno das *Galáxias*, ou na cena angustiante da parada geral do elenco).

No final de *M.O.R.T.E.*, o clarividente Hamlet shakespeariano (tão capaz de antevisão como incapaz de ação) acaba cego. De verdade.

A verdade o cega. Que verdade? Se verdade parece não haver? Se num mundo cada vez mais descentrado, cada vez mais cético, até mesmo o Paizinho Stálin, o Ubu-Brucutu georgiano, especialista na eliminação de poetas formalistas, acabou por ruir do seu verocêntrico podium albanês? Se a verdade, como quer Kantor, pode tornar-se "um modo insuportavelmente fastidioso", a tal ponto que a realidade, para existir por si mesma, "tenha sempre necessidade de algo que a ponha em perigo: a ilusão", cujo "aspecto metafísico", para Kantor, já sabemos, é a camelante repetição... Nesse sentido, ao fim e ao cabo, o teatro acaba sendo como o "véu de Sais" do poema de Schiller (retomado por Benjamin no seu livro sobre o auto fúnebre barroco). Quem retira o véu, para ver cara a cara essa verdade, acaba destruído sem ter palavras para dizer o que viu.

Gostaria de examinar uma outra dimensão de *M.O.R.T.E.* Aquela que em Thomas celebra suas admirações no domínio das artes plásticas. É a dimensão de Hamlet-Escultor, que mima a criação divina, instigadora, por um lado, e inibidora, por outro, da humana ("Dio boia", Deus carrasco), o "dramaturgo que escreveu o fólio deste mundo e o escreveu mal", no desabafo de Stephen-Joyce-Hamlet.

Christo (o xará do Messias), o embrulhador búlgaro de pontes e monumentos, é desde logo evocado. Joseph Beuys, outro "empacotador", transfigurador do real e do banal, também. Hélio Oiticica, enfim, o Hélio dos ambientes-invólucros, dos "ninhos" e das capas-parangolés. Como Beckett, no texto de *Fim de Jogo*, introduz uma crítica alusão a um amigo louco, pintor-gravador, indiferente às cores, mas obcecado pelo cinza, assim também Thomas homenageia artistas que praticaram a experiência dos limites, no fio da navalha, entre vida (morte) e arte. As esculturas "empacotadas" (entre as quais uma, o cruzeiro grávido, reúne dois símbolos característicos do suprematismo de Malevitch — a cruz e o círculo/esfera) são marcos, obras conclusas, historicizadas, em relação às quais nada pode a intervenção criadora do recém-vindo Hamlet-Escultor. Essa intervenção ocorre finalmente num outro plano: o do *tableau-vivant*, da escultura animada (a idéia da "marionete", de Kleist a Kantor?). A dança virtuosística de Bete Coelho, balé de morte sobre os despojos do pai, mistura de butô com desarticulações de bailadeira hindu e mímica chaplinesca, é um dos momentos mais fascinantes dessa esculturação dinâmica. Outro, o ápice de toda a peça, é a Grande Escultura Extática improvisada no palco: a morte em efígie de todo o elenco, que pára, petrificado, em cena aberta, por cinco minutos. Os intoleráveis minutos da insólita peça para piano de John Cage, capazes de enervar o auditório e deslocar o proscênio para a platéia, transformando o público numa assembléia de atores desnorteados. Uns assobiam, outros tossem; estes apupam, aqueles aplaudem. Os mais impacientes, os mais irritadiços, os mais ingênuos, saem. Sentem-se vítimas de um logro. Malogrados, os patos pagaram o pacto.

Ao tomar a escultura como emblema da criação artística, *M.O.R.T.E.* não pretende evocar apenas escultores — ou pintores, ou gravadores — da particular predileção de Thomas. Como um macrossigno subliminar, uma figura pervasiva em linha d'água, quem recebe do texto a maior homenagem não é de todo um artista plástico. É antes um pintor que foi engolido pelo teatro, que acabou encontrando na cena teatral possibilidades de expressão não limitadas pelo marco do quadro. Falo de Tadeusz Kantor, que no Brasil ficou em evidência em 1967, ao receber o prêmio de pintura na Bienal de São Paulo. Kantor, o revolucionário diretor polonês que, em 1963, já havia lançado o *Manifesto do Teatro Zero* e, em 1975, encena *A Classe (Aula) Morta* e assina o *Manifesto do Teatro da Morte*. A chave dessa homenagem, deu-a Thomas explicitamente no texto publicado em 10 de dezembro do ano passado, na *Folha de S. Paulo**, sobre o falecimento de Kantor, ocorrido três dias antes. "Tadeusz Kantor foi para mim a maior influência. O seu teatro criava uma simbiose absoluta entre a platéia e os atores. Essa sim-

---

* Ver "Diretor Espremeu Impressionismo até os Ossos", supra p. 42, (N. do O.)

biose era renovada a cada impulso, susto". E ainda: "O humor, o imenso humor em seu trabalho vem do nervosismo, da perplexidade. *A Classe Morta* ou *Wielopole-Wielopole* são, sem dúvida, teatro do susto". Acrescente-se que Kantor, em teatro, foi uma espécie de confluência de destruição e construção, de dadaísmo e construtivismo (como Kurt Schwitters, o Senhor Merz, tão admirado por Hélio Oiticica). Refira-se que ele reclamava da linhagem de Duchamp. Que se interessou por *happenings* e os promoveu (em 1970 apresentou-se em Colônia com o Grupo Fluxus). Que era também um "embrulhador" (datam de 1962 suas primeiras incursões neste campo e seu manifesto "Embalagens"; um dos numerosos exemplos de suas criações é, justamente, a *Embalagem-Viajante* de 1966, uma enigmática mochila montada sobre uma duchampiana roda de bicicleta...). Atente-se, finalmente, para a obsessão do diretor polonês pelo tema da repetição, dos estereótipos gramaticais e, sobretudo, cada vez mais, pelo da morte, do "Theatrum mortis": "Se nos pusermos de acordo quanto ao fato de que o traço dominante/dos homens vivos/é sua aptidão e sua facilidade/para estabelecer entre si múltiplas relações vitais/conviremos que é somente em face dos mortos/que surge em nós a tomada de consciência súbita e supreendente/de que essa característica essencial dos vivos/se faz possível/graças à sua carência total de diferenças/à sua banalidade/à sua identificação universal/que demole impiedosamente toda ilusão diferente ou contrária [...] São os mortos somente que se tornam/perceptíveis (para os vivos)/obtendo assim, por esse preço elevado,/ seu estatuto próprio/sua singularidade/sua SILHUETA brilhante/quase como no circo". Não à-toa Kantor (o sobrenome designa um *hazan*, cantor de sinagoga) e Thomas são judeus. Sua estética às avessas pode muito bem (sobretudo em Kantor) envolver a reelaboração laica de um teologema dessacralizado. A sua existência negativa no Xeol (a Terra Oca da Bíblia Hebraica) é que dá relevo ao tumulto passional dos vivos[2]. O armário-ataúde, portado por um bizarro cortejo, não evoca esse oco Xeol?

Por tudo isso, *M.O.R.T.E.*, para além de sua derrisão desconstrutiva e de sua desconexão irônica, adquire uma dimensão elegíaca. O

---

2. Consulte-se o *Qohélet / Eclesiastes*, 9, pp 4-6.

acaso copidescou a vida real, ou a vida resolveu mais uma vez imitar a arte. *M.O.R.T.E.* fica sendo réquiem retrospectivo para Tadeusz Kantor (como o *Fim de Jogo*, encenado por Thomas, prestou tributo, à maneira de um in memorian, a Samuel Beckett).

Mas cabe um PS. *M.O.R.T.E.* não é um fim de linha. Beckett não via nada para além de sua parede branca (quase negra de tão branca). Kantor, no seu *Grande Jogo com o Vazio*, podia visualizar a "Grande Parada do Circo da Morte" e fazer suas marionetes dançar sobre o nada, assombradas por um "carnaval de pesadelo" (o "pesadelo da história", de que Stephen Dedalus queria despertar?). O ogre antropofágico que está por trás de *A Classe (Aula) Morta*, e de cuja existência, segundo Kantor, não é necessário que o espectador suspeite, procede de uma peça que se chama, não por acaso, *Tumor Cervical*, escrita por um pioneiro polonês do teatro de vanguarda, S. I. Witkieviccz (1885-1939). O personagem que lhe dá título é um dissoluto gênio matemático, dotado de humor negro e de uma insaciável capacidade digestiva. Esse mesmo apetite frenético, agora voragem de vazio, é que parece, no final da terceira parte de *A Classe*, mover o moinho enlouquecido do "Teatro dos Autômatos", que repetem incessantemente gestos interrompidos, jamais acabados; dizem pedaços desconexos de frases, que eles jamais poderão concluir...

Na peça de Thomas, o enceguecimento pela verdade, rasgado o filó da ilusão, não encerra o jogo numa poeira de filosofemas rotos. Deixa-se ritmar por uma bateria de escola de samba, que irrompe, estrepitosa, no palco. Nessa irrupção celebrativa toma parte o próprio diretor, como também Giulia Gam, parceira convincente e comovente da admirável Bete Coelho no dificílimo jogo beckettiano (no caso de Giulia, o gesto parece afirmar, contra a fácil sedução do vedetismo, que, numa arte solidária e coletiva como o teatro — e o elenco homogêneo e afinado da Ópera Seca é a melhor prova disso —, todas as participações são especiais).

O rigoroso, disciplinado construtivismo do jovem Hélio Oiticica, nos anos 60, ganhou corpo, conheceu uma nova dimensão sensorial, quando ele praticou um verdadeiro "rito de iniciação" (cito Mário Pedrosa), descendo ao sopé da Mangueira para exercitar-se, com firulas de passista, na festa barroquizante do carnaval. Foi então que Hélio pôde fazer decolar seus parangolés, que uma vez batizei, em entrevista de "asa-delta para o êxtase". Gerald Thomas, que, ainda menino, pôde conviver com Hélio, conclui *M.O.R.T.E.* — num outro nível, equação paradoxal do lado europeu do diretor e de seu lado carioca — insinuando um "princípio esperança" (Bloch). Fazendo um apelo à ressurreição (mais à Joyce do *Finnegans* do que à Kafka do *Processo*): "Que chova sobre a nossa poesia!" Um apelo a que Bete Coelho — agora Hamlet/Hélio — dá voz ao gesto. À renovação e à surpresa. À esfuziante geometria (não-euclidiana) de um parangolé brasileiro.

14 de fevereiro de 1991
Folha de S. Paulo

THOMAS MUDA O SENTIDO DO TEATRO CLÁSSICO E FAZ O AVESSO DE CARMEM

Gerd Bornheim

O cenário é perfeito. Lembra uma expressão de Leibniz: *fabula mundi*. Ou espelho do mundo — mas espelho deste final de milênio: uma biblioteca borgianamente infinita, de uma completude que acaba se comprazendo num processo de auto-esterilização; ela é o princípio, o meio e o fim, e o que resta são margens de uma realidade que abdicou de si própria. A biblioteca é a grande personagem, que sabe tudo, devassa tudo, se antecipa a tudo, e que, silenciosamente, tudo resolve. Porque as coisas mudaram de figura.

O cenário clássico, a *imago mundi*, aquela construção cênica que reproduzia a essência geométrica do mundo e sustentava teologicamente a viabilidade humana, desfaz-se agora completamente. O Zeitgeist atual desfaz até mesmo essas pobres personagens do fim do romantismo, a prostituta Carmem e seu marionete José, tamanha força — e força desfigurante — de seu imperialismo.

A inteligência inicial do espetáculo de Gerald Thomas está aqui: ele assume por inteiro a cenografia clássica, mas lhe muda o sentido. O geometrismo existe, mas seus limites se perdem no indefinido, o esplendor de sua verdade se torna baço, obscuro, ofuscado em acréscimo por negros vapores. A majestade cósmica, a monumentalidade desse cenário é definitiva: e, dentro dele, que espaço poderia restar para a ignorante Carmem?

A pergunta inicial que se poderia colocar é justamente esta: por que a escolha dessa personagem que, a despeito de seu erotismo e de seu voluntarismo fatalista, revela-se tão frágil, situada como que às bordas do abismo que circunda a cultura ocidental? Pois a verdade da biblioteca termina sendo o abismo, ela devora até mesmo as margens de suas possibilidades. A morte de Carmem, entretanto, não é a grande novidade: Carmem sempre foi a morte. O detalhismo nuançado de Gerald Thomas vai mais longe: há uma cena em que o rosto de Carmem é reduzido à miserável condição de uma pintura de Francis Bacon. O espetáculo não mata essa velharia que é Carmem, mata a idéia de Carmem, espécie de arquétipo, digamos, que integra a generosa e embotada biblioteca. Será que o jogo não deveria ser invertido: a estúpida biblioteca é que nada entendeu da vida e das entranhas de Carmem? Tarde demais, e não há nada que sugira que esta pudesse ser a filosofia do espetáculo.

Evidentemente, Gerald Thomas não montou a Carmem de ninguém. A pseudodança da Habanera, tropeçante e desgastada pela ferrugem do tempo, sugere apenas que Bizet não passa de um equívoco de um Nietzsche qualquer. Ao menos em seus últimos espetáculos — o intróito que é *Praga*, a brilhante leitura que é *Um Processo* e a deslumbrante montagem que é *O Navio Fantasma*, de Wagner —, Gerald Thomas não monta texto de autor. O que ele faz, mesmo no caso de Wagner, é um comentário. E o importante é saber discernir a partir de que referenciais esse comentário passa a ser construído. A paixão de nosso diretor por Wagner é óbvia (escute-se *Parsifal* em *Um Processo*); Thomas simplesmente sabe Wagner. Mas não menos óbvia é sua consciência de que a grande ópera terminal de Wagner talvez seja um extremo terminal da própria cultura ocidental. Porque a arrogância de Gerald Thomas ostenta essa saúde fundamental: o reconhecimento de que as pequenas grandes histórias e as grandes pequenas histórias perderam sentido — o que está em jogo, portanto, são as bases de nosso tão sofrido Ocidente.

O fragmento, essa invenção do romantismo, é a primeira e mais visível conseqüência dessa situação. O processo de fragmentação talvez seja o pressuposto básico das criações de Gerald Thomas. Claro que há em seus espetáculos a assumida nostalgia da totalidade wagneriana; clara também a sua pulsão passional, que o aparta da frieza analítica de seu colega americano Bob Wilson (de quem só assisti a um espetáculo). Mas isso tudo é como que distanciado pela fragmentação. Brecht, que na juventude foi um atento leitor do "catálogo" inventado pela linguagem do *Ulisses* de Joyce, parece nem ter suspeitado das possibilidades do teatro neste ponto essencial. Afinal, o seu teatro, por mais que cultive o *eins nach dem anderen* e a ruptura, permanece preso a uma certa linearidade. Brecht, sem dúvida, percebeu essa possibilidade de ultrapassar as fronteiras do tempo e do espaço; o espectador, diz ele, deveria dispor da mesma liberdade de locomoção, diante de um espetáculo, que usufrui o leitor ao folhear um livro, de avançar e voltar. Com isso, de certa maneira o leitor compõe o livro. Mas o único caminho apontado por Brecht para transferir essa liberdade do leitor para o espectador foi o de convidá-lo para ver diversas vezes o mesmo espetáculo.

Outras experiências do teatro contemporâneo conseguiram, no entanto, radicalizar o tema. O tempo e o espaço passam a ser considerados de modo totalmente não aristotélico, libertos enfim da continuidade linear. Pode-se até avançar que, nos espetáculos de Gerald Thomas, em certa medida espaço e tempo passam a ser personagens autônomas. A possibilidade de ir e vir, de andar e voltar, insere-se agora na própria estrutura do espetáculo. A resultante mais visível e até surpreendente desse procedimento está numa espécie de perpetuísmo na relação entre espaço e tempo, visível também, ainda que em outro nível, na música de Philip Glass. A conseqüência é qualquer coisa como a dignificação do instante, já destituído, evidentemente, dos tradicionais atributos que lhe emprestava a teologia. Certa repetitividade acasala-se, por aí, com os procedimentos de fragmentação.

O espetáculo é transparente; consegue realmente dizer tudo o que pretende e transmiti-lo ao público. Mas há uma condição: é que o público logre desvencilhar-se do coloquialismo naturalista que caracteriza a quase totalidade da literatura burguesa. E é aqui que coisas se adensam. Recusada a temática da prosa vulgar, prejudica-se também os possíveis locutores dessa prosa. Impõe-se até mesmo a pergunta: qual é a personagem central do espetáculo? Carmem ou o Filtro? Carmem é com toda evidência apenas um pretexto, acoimado, de resto, por um processo sistemático de esvaziamento — tudo, aliás, é esvaziado. Se estivéssemos na Grécia clássica, dir-se-ia que há em definitivo apenas uma grande personagem: a Justiça, a deusa que é fundamento, medida, critério de tudo, que põe a medida na cabeça de Édipo e do espectador. Acontece que, 2.500 anos decorridos, hoje, o perfil da deusa se desfez, já não existe mais uma medida universal e objetiva. A rigor, em nosso tempo, sequer existem personagens. Sem o universal, o que poderia dar consistência à cigana Carmem? No mais, o fato de Thomas ter escolhido Kafka para a sua trilogia é apenas um ato de coerência três vezes repetido: o grande tema do tcheco está precisamente no esvaimento desse universal que é a justiça.

Não sobra nada? Sobra um pequeno "deus", maligno, terrível e arrasador, que vem diretamente da Antiguidade clássica e que é sistematicamente e incompreensivelmente (não: compreensivelmente) ignorado por todas as encenações hodiernas de tragédias gregas. Trata-se da catalisadora política da tragédia antiga: a peste. Com Gerald Thomas, esse "deus" se faz soberano e põe-se em causa o próprio sentido do mundo ocidental. Digamos, então, que assistimos a um teatro ontológico, que conta uma verdade que está além do que se vê e que sustenta os resquícios de quaisquer personagens que se atrevam a aparecer em cena. Mas, em definitivo, estamos no avesso do sentido e, por extensão, no avesso de Carmem. A referência, no final do espetáculo, à filosofia da linguagem, pode parecer um intelectualismo pedante, mas, em verdade, até mesmo o seu tom professoral diz o necessário: essa filosofia da linguagem que anda por aí já nada diz, é estéril e esterilizante, não tem olhos sequer para enfrentar o absurdo sobre o qual assenta.

Há uma pergunta certamente indiscreta, até mesmo desnecessária, mas eu a formulo: qual seria a palavra final de Gerald Thomas? O pessimismo? Responderia com o jovem Brecht: não sejam tão românticos. Há um detalhe no espetáculo que não entendi: é a insistência da batucada, que quase conclui o espetáculo. Por que o recurso a essa realidade tão localizada e que por isso mesmo soa de modo insólito? Não importa. O que importa está salvo: o espetáculo se sustenta em sua inteireza e se basta. Caio no óbvio: é raro poder-se assistir a um espetáculo de tão alto nível. Não penso apenas na beleza plástica, tão elogiada, e que atravessa sem desfalecimentos todo o espetáculo, ou ainda na perfeição técnica com que tudo é feito; penso, principalmente, na dignidade da inteligência de Gerald Thomas. Com Thomas a cena brasileira não conquistou apenas uma brilhante estética de *metteur en scène*; muito mais do que isso, o que temos agora é um pensador do teatro, e um pensador prático e criador de uma Poética, ou seja, de um modo de produzir o novo. Porque *Carmem 2* surpreende pela novidade, trata-se realmente de uma criação, ainda que, visto de uma perspectiva mais ampla, o espetáculo constitua uma síntese dos últimos trabalhos de nosso diretor e autor. O que parece ser síntese conclusiva autoriza até a perguntar: qual será o teu próximo passo, Gerald? Tens um público impaciente e uma imensa responsabilidade. Para concluir, apenas uma breve observação de crítico de teatro, coisa que não sou e nem sei ser. O tratamento das vozes, sobretudo as do elenco masculino, deixa a desejar. Isso prejudica principalmente certas frases do texto, que deveriam ser sublinhadas e não o são; são frases que revelam muito das intenções do espetáculo ou do pensamento do autor.

24 de fevereiro de 1989
Folha de S. Paulo

GALÁXIAS

SÍLVIA FERNANDES

"A dor de ser escravo da linguagem mora num determinado lugar. Nesse lugar transitam os sintomas de tal estado patológico. Sintomas que vêm e vão, como os maus pensamentos."[1]

O excerto emprestado de Daniela Thomas consegue, como suas concepções espaciais, sintetizar com precisão alguns traços fundamentais do espetáculo *M.O.R.T.E.*: a linguagem auto-referente, a repetição, o tempo transformado em sintoma espacial.

A subversão da narrativa temporal pela espacialidade é um dos traços mais presentes na peça. O tempo é capturado por imagens, objetos e personagens que compõem uma colcha de retalhos onde convivem várias épocas simultâneas. Sem limites de cronologia, compartilham do mesmo palco vazio, quase uma folha de papel cortada ao fundo por uma ponte, a temporalidade mítica de arcaicos guerreiros em duelo, um Cristo crucificado e grávido de um relógio, um príncipe renascentista paralisado diante do público, um escultor contemporâneo angustiado diante da criação, uma dançarina de butô lamentando o pai morto e uma réplica da *Roda de Bicicleta* de Duchamp. Como se não

---

1. Daniela Thomas, programa de *Trilogia Kafka*, 1988, p. 22.

bastasse, essas figuras são justapostas ao tempo lento da passagem de um camelo, ao tempo místico de uma sessão de macumba e ao tempo cotidiano do samba que fecha o espetáculo. Lençóis de tempo que a encenação justapõe como se marcasse, no espaço, a sobreposição de pedaços de história.

A descontextualização é mecanismo usado para desenraizar os fragmentos de tempo. Thomas localiza um determinado evento ou personagem em contexto totalmente diverso do original, ou, em operação mais radical, subtrai qualquer contexto que os localize. A anti-historicidade implícita nesse deslocamento, ou nessa subtração, tem seu exemplo mais claro na cena que empresta o nome de uma peça de Brecht. Apesar de o espectador não saber que aquela mulher em cadeira de rodas é chamada, no roteiro, de Mãe Coragem, a alusão não deixa de ser interessante para mostrar exatamente o seu contrário. O texto de Brecht pretendia inserir uma vida individual no contexto da guerra. Para isso, espelhava a contradição da mulher na estrutura dramática. A guerra que matou, um a um, os filhos de Coragem, era indicada como pano de fundo épico de seu drama individual. Thomas, ao contrário, abole a inserção histórica e atira suas figuras em cena como fragmentos sem contexto de origem. Desse modo, elas deixam de ser história para se transformarem em referências que iluminam o palco como reflexos de uma subjetividade. Eventos que poderiam acontecer em espaços-tempos diferentes, acontecem simultaneamente, como se a descontinuidade fosse relativizada pela pertinência a um mesmo foco organizador, uma espécie de memória gigante que os aproximasse, antes de alojá-los no palco.

A encenação é o filtro por onde passam os fragmentos desgarrados de outros tempos e outras artes, que agoram transitam como sintomas de um trabalho de memória. São os equivalentes icônicos de situações intelectuais e emotivas, reflexos de uma simbolização particular, compartilhável pelo espectador, que consegue identificar-se com a situação interior do artista. Desse modo, o repertório de símbolos tradicionais adquire uma nova substância, diretamente ligada à subjetividade do encenador. A cena é o espaço de justaposição de todos os tempos que sua memória convoca.

É por isso que a associação das figuras dentro das seqüências e das seqüências dentro do espetáculo não obedece a nenhuma organização causal. Pois o tempo sempre apareceu como uma ordem de elos causais, que implicam uma idéia de sucessão. E o elo que permite o cruzamento dos motivos do teatro de Thomas é a pertinência a uma mesma consciência ordenadora. A referência de Daniela aos "sintomas" é o indício da presença dessa consciência agregadora dos motivos, uma subjetividade que se alimenta de informação da mídia, de autobiografia, de artes, de lembranças, para transformá-las em espelho de idéias.

A "refração prismática"[2] que essas idéias sofrem quando colocadas em cena assemelha-se a uma constelação. Galáxia imóvel, paralisada na escultura do elenco mudo diante do público; galáxia que encerra o artista no armário-ataúde-teatro, em morte anunciada por outras figuras; galáxia que destrói o cruzeiro grávido de tempo e o pato-pacto teatral; galáxia que admite a presença de um arcaico gladiador lastimando aqueles "que guarnecem seus pratos de alimentos imundos como esses, feitos de sobras de tantos outros alimentos"; galáxia que mostra um Cristo/Christo em parto eterno, interrompido pela voz de Thomas/narrador — "tantas partes quebradas, estilhaçadas, insolúveis"; galáxia que permite à personagem "Você", duplo de Thomas, tomar posse da narrativa: "Eu digo: Faça-se luz"; Galáxia que remete às *Galáxias* de Haroldo de Campos: "...e nada é nada e prata é prata e nata é nata e noite noite..."

Neste momento, o tempo do narrador, sempre passado, é transformado no espaço presente do teatro. E a transformação explicita outro procedimento do espetáculo. Pois a voz no passado, justaposta ao presente da cena, gera um desnível temporal, um degrau de tempo separando espaço cênico e voz narrativa. Na verdade, o mesmo degrau que separa o tempo ficcional do tempo real da representação, a fábula da teatralidade, a história da enunciação cênica[3].

---

2. Augusto de Campos, referindo-se a Mallarmé, fala da "subdivisão prismática da idéia". In Augusto e Haroldo de Campos, *Panaroma do Finnegans Wake*, São Paulo, Perspectiva, 1986 p. 121.
3. Anne Ubersfeld, "Le temps du théatre" in *L'école du spectateur,* Paris, Editions Sociales, 1981, pp. 239-244.

Mas a narração de *M.O.R.T.E.* não narra uma fábula. Ela é autoreferente, ao menos na maior parte do espetáculo. Ao mesmo tempo que opõe o passado ao presente da cena, ela aponta, desde o princípio, para o próprio teatro, pois é o refletor que responde ao fax do narrador. "Alguém disse: faça-se luz. O iluminador subiu à cabine e timidamente acendeu um refletor". O que o narrador acentua é o aqui-agora do teatro e não o passado da ficção, simplesmente porque o relato ficcional não se concretiza enquanto tal. O que existe são fragmentos de relatos construídos pelos vários enunciadores do espetáculo. Ambíguos, feitos de temas sobrepostos e cortes auto-referentes, eles não conseguem contar uma história.

O resultado desse processo é que a estrutura que sustenta o espetáculo — a maneira de organizar as seqüências, a decupagem de luz, a interferência musical, o movimento do ator — salta para primeiro plano. Ela é a própria ficção que se narra. O encenador reaproxima a duração ficcional da duração representada, passando a impressão de que as duas são da mesma natureza. A duração referencial, de uma suposta fábula, assume as características da duração teatral.

O cruzamento dos tempos heterogêneos é regulado pela repetição de alguns motivos condutores, semelhantes a *leitmotive* musicais. Palavras, imagens, recursos luminosos, seqüências musicais ou personagens compõem um estribilho de temas recorrentes que estrutura o espetáculo. Funcionam como sinalizadores guiando o reconhecimento das idéias fixas que assombram a arquitetura da obra.

Mesmo que não reapareçam de maneira idêntica, a impressão que se tem é de que a encenação retoma continuamente o mesmo tema, como se tivesse esquecido de dizer alguma coisa e quisesse acrescentar alguns pormenores àquilo que já mostrou.

Ao mesmo tempo, esse espírito de recorrência se mistura a signos que retornam sutilmente diferentes. A reaparição do armário-ataúde, a nova morte do pai, o recomeço da crucificação, podem ser exemplos das maneiras de repetir um signo teatral para fazê-lo dizer o tempo, a presença viva e angustiante do passado e da morte. Enquanto a reincidência de motivos enrola o tempo em espiral, a mudança indica a progressão irreversível do espetáculo para o final. É a mesma imagem de *Esperando Godot,* de Beckett. Nada mudou de um dia para o outro no lugar de espera, com exceção da árvore que se cobre de folhas, indicando, ao mesmo tempo, o irreversível e a circularidade.

A imbricação do passado e do presente fica ainda mais explícita na cena do espetáculo que Thomas batiza de "Tribunal Planchon". O julgamento, uma das maiores figuras dramatúrgicas do teatro ocidental, trata exatamente de trazer ao presente o que é passado. Através do tribunal o teatro repete e, ao mesmo tempo, modifica o que passou. Ao recorrer ao tribunal que tem o nome de um encenador contemporâneo, e ao escolher Hamlet como acusado, Thomas trabalha o espetáculo na intersecção de vários tempos, como um arqueólogo que seccionasse a história.

Semelhante assentamento temporal reflete uma série de convicções difundidas em nossa cultura sobre a crise dos conceitos de causalidade, temporalidade e irreversibilidade dos eventos. Grande parte da arte contemporânea, em especial a literatura de Joyce, é o reflexo de situações temporais paradoxais. Em obras como *Finnegans Wake* ou *Ulisses,* a ruptura das relações temporais habituais ocorre de modo consciente. Elas oferecem uma espécie de diagrama do mundo contemporâneo, onde o fragmento é a mimese estrutural mais eficaz . Em sua composição, os eventos se repetem segundo um esquema fixo, e cada um contém a semente virtual de um reinício, ignorando a ação precedente e agindo como se o tempo tivesse recomeçado. É a mesma estrutura dos textos de Beckett. Em *Fim de Jogo,* por exemplo, existe a possibilidade paradoxal de inverter a sucessão cronológica, rompendo o elo lógico de causa e efeito. A espera da morte, ou a passagem do tempo, disfarçada em permanência, acabam transformando o texto numa partida onde o lance final indica uma volta ao começo. Clov está pronto para deixar seu parceiro, mas nunca se sabe se o monólogo de Hamm não é dirigido, mais uma vez, ao seu auditor. No texto de Beckett o aleatório psíquico tem mais importância que o tempo da história.

Ao processo temporal irreversível, que leva à morte, a encenação de Thomas opõe a espacialização do elemento temporal, reversível como a imobilidade do elenco, os *black-outs,* as rupturas visíveis e, principalmente, os motivos que podem retornar em intervalos regulares, funcionando como ensaios para a ação principal. É graças à repetição que "Você" — narrador-artista-escultor — Hamlet-Hamm pode ser o espectador de sua própria morte. E também de seu renascimento, graças ao movimento em espiral que faz o espetáculo girar sobre si mesmo. É a temporalidade circular que promove o retorno da peça ao seu início, exatamente na cena de Galáxias. Ao subir ao palco na primeira cena, aceitando o pacto de teatro, "Você" faz um percurso de retorno ao ponto zero. Pratica o movimento obsessivo e redundante de uma estética que examina, desmembra e ostenta exatamente o processo de criação do teatro. Através da carga anárquica de citações, da construção por *leitmotive,* das imagens poéticas, da música arrastando a cena, do tribunal, das influências, das remissões, de todos os pais, Thomas ritualiza uma concepção formal[4]. Escreve no palco uma autobiografia de encenação.

Autobiografia, porque *M.O.R.T.E.* é a escritura de um percurso de encenação. Funciona como síntese e reflexão sobre o processo de criação do teatro de Thomas, que ele sublinha com sua voz de narrador. "Você", o protagonista dessa autobiografia artística, é interpretado por Bete Coelho, a atriz que Thomas moldou em seu trabalho e que poderia, mais que ninguém, figurar seu duplo. O espetáculo é um "exercício de autofundação", onde a apropriação do gênesis bíblico é apenas uma das metáforas[5]. É a reflexão de um encenador sobre sua arte, sobre as angústias de criá-la, sobre as influências sofridas, enfileiradas no palco como esculturas. Kantor, Beckett, Shakespeare, Hélio Oiticica, Marcel Duchamp, Joseph Beuys, Cristo e Christo, Wagner, Joyce, Haroldo de Campos e tantos outros pais. Mais que uma reflexão, uma desconstrução do próprio trabalho, feita através da exposição dos processos de encenar.

À semelhança do teatro de Kantor, que Thomas tanto admira, *M.O.R.T.E.* também é uma confissão individual. Não apenas no sentido

---

4. Macksen Luiz, em sua crítica do espetáculo, faz referência a esses procedimentos. "Estética e Hipóteses", *Jornal do Brasil,* Rio de Janeiro, 12 nov. 1990.
5. Flora Sussekind, "A Imaginação Monológica". Ver infra, p. 281

de vivências particulares, mas da história de vida de um artista, "espaço de vida mental feito da matéria mais preciosa e mais delicada", que deve ser salvo do esquecimento[6].

Thomas se aplica em realizar a desconstrução da própria obra para se inscrever não numa tradição temática ou formal, mas numa auto-reflexividade, num comentário de sua enunciação e, portanto, do próprio funcionamento da cena. Como se todos os conteúdos e formas do espetáculo fossem mobilizados em função da consciência de seu funcionamento e o encenador mostrasse ao público a ordem de seu discurso. Diante da pouca coerência temática dos enunciados, Thomas coloca, como pára-raio, a coerência da enunciação, realizada através de um princípio organizador relativamente simples, às vezes até ingênuo, que não se incomoda de unir pato a pacto.

Daí a impressão de um jogo formal de variações ou de um processo de autocontemplação narcísica. É a encenação consciente de si mesma a ponto de fazer sentido e "parasitar o enunciado da fábula e o desenvolvimento dos motivos"[7].

M.O.R.T.E. é uma encenação que significa a própria encenação. E, por isso mesmo, controla a morte. Impede que a morte seja o desfecho de uma vida ou uma fatalidade histórica, o momento final para onde todos caminhamos, e a transforma em poética, em construção de teatro, em jogo final de *hamms* e *clovs*, encenado por *você*.

---

6. Tadeusz Kantor, "Sauver de l'oubli", in Denis Bablet, Jacquie Bablet e Marie-Thérèse Vido-Rzewuska, T. Kantor. *Les voies de la création théâtrale* 18, Paris, Centre National de la Recherche Scientifique 1993, p. 123.
7. Patrice Pavis, "L'héritage classique du théâtre postmoderne", in *Le Théâtre au croisement des cultures,* Paris, José Corti, 1990, p. 80.

UM PENTAGRAMA PARA *QUARTETT*

Sérgio Coelho

1. Os Açougueiros e o Amor

Com que sonham os açougueiros quando se apaixonam? Os que sujam as mãos no sangue para nos servir, os que vendem gato por lebre e fazem das tripas coração, com que recato cuidam da alma? E a alma, afinal, o que é? Músculo ou mucosa? É possível discutir o seu gosto?

Deguste-se aqui o obscuro conceito do objeto do desejo, que se tente aqui pegar o espírito da coisa. "O corpo também tem seu espírito", revela a Marquesa de Merteuil. Então, é preciso a delicadeza dos açougueiros para extirpá-lo, para remover seus ossos, para separar nervos de músculos. Na mesa de dissecção, a cabeça posta no cepo de esmolas, à espera do moedor, temos aqui uma encenação de Gerald Thomas para uma leitura de Heiner Muller do clássico de Choderlos de Laclos. Removendo camadas, regurgitando em pratos limpos o que se comeu, segue-se uma sugestão de *horsd'oeuvre* para a segunda montagem geraldiana de *Quartett*, como uma possível análise dos fragmentos do discurso amoroso encontrados no estômago da nossa época.

2. Laclos

No princípio está o texto de Laclos, indigerível, como um osso atravessado na garganta do tempo. Publicado sete anos antes da

Revolução Francesa com um estrondoso sucesso de escândalo, *As Ligações Perigosas* permaneceu maldito até o nosso século — quando a carnificina de duas guerras supurando pústulas oclusas relativizou qualquer má intenção. A fratura espetacularmente exposta revelou articulações já presentes na radiografia do general Laclos: o desejo como semente de todas as guerras.

De fato é possível, com faro arqueológico, colhermos cada fragmento das cartas que compõem o romance e reconstruirmos, por um labirinto de imbricações, máscaras cobrindo máscaras, o esqueleto dos predadores ancestrais, a coluna de nossos desejos apodrecidos. Esta é a história: a Marquesa de Merteuil, reputada malabarista da libido, foi descartada pelo conde de Gercourt que pretende se casar com a jovem e pura Cecile de Volange. Merteuil convoca para a vingança Valmont, ex-amante e seu reflexo no masculino, a quem desafia a perverter Volange antes que se case. Mas é outra a conspurcação que tenta Valmont: a de Tourvel, esposa exemplar. O tema recorrente é a deglutição do oposto, como forma de suicídio: quebrar a imagem no espelho, e morrer. A razão tenta transmutar a paixão em estratégia; e as cartas traçam uma profética arquitetura da destruição.

No nosso século, no entanto, tendo triunfado a morte, volatizou-se aos poucos o fedor de enxofre do texto de Laclos. Todo osso acaba por se alvejar, retornando ao pó cosmético de perucas de época; e dessas páginas acaba emanando um tênue e distanciador perfume, como se entre elas houvesse secado flores carnívoras. Nem mesmo o cinema conseguiu revitalizar esse herbário de flores do mal, intumescer de sangue suas cartilagens, fazer a carne mal domada, cepo do paraíso, novamente florescer.

3. MÜLLER

É Heiner Muller quem dá músculos a Laclos. Ecoando na agonia da Guerra Fria os prenúncios da grande explosão burguesa, esquarteja a trama em suas vozes básicas: Merteuil, Valmont, Tourvel, Volange. *Chef* renomado por reaproveitar sobras, Muller serve-nos aqui não tanto o braço-de-força entre os sexos, mas a impraticabilidade do desejo, em uma obscena exposição de carne viva, demonstração matemática de nossa perplexidade.

Ao "salão antes da Revolução Francesa" sobrepõe-se um "bunker após a Terceira Guerra Mundial", onde faz-se um ensaio geral para o julgamento de Deus. O oco barroco de Laclos é expresso por máscaras nuas, em improvisos noturnos, para os quais dois atores bastam: Merteuil experimenta o papel de Valmont seduzindo Tourvel, que por sua vez é representada por Valmont; Valmont seduz Volange na pessoa de Merteuil, ou seja, Merteuil na pessoa de Volange. E isso soa como um quarteto, no qual cada instrumento retoma e simula a frase do outro, em uma fuga centrífuga que borda à beira do abismo, fruto de uma pureza de construção que se mancha e se desmancha. Em um círculo vicioso, a unidade da trama se constrói na vertigem dos diálogos, em randômicas sucessões de triângulos amorosos, até que se consuma o crime do quarto fechado, desvanescendo as vozes pelas paredes trincadas que duplicam o câncer solitário do nada.

4. Gerald

Gerald se propõe a tocar essa partitura com a precisão de um legista dissecando um corpo, abrindo as feridas das imagens, expondo os nervos de cada metáfora. O espaço proposto do açougue — uma carcaça aberta, uma arena de Bacon — quer fazer fluir o impulso elétrico de cada fala, vermes corroendo a maçã: "Quero liberar seu sangue da prisão das veias, as vísceras do jugo do corpo, os ossos do sufoco da carne"; "A inveja do leite em nossos seios é que torna os homens açougueiros"...

Aqui, um toque pessoal do diretor: ao contrário de sua primeira encenação do texto, na qual Tônia Carreiro assumia Merteuil, agora só aos açougueiros é dada a palavra. Merteuil é um homem, o que pode ser sentido como um esvaziamento; mas antes de tudo Merteuil é Ney Latorraca, que domina como ninguém os reflexos da auto-ironia, um deboche contido ao fingir superficial uma dor secreta e profunda. Secunda-o Edilson Botelho, que busca com movimentos precisos um contraponto de artifícios, uma dinâmica becketiana milimétrica e póstuma, a nervosa arte cênica das feras. Assim Valmont e Merteuil, enquanto casal homossexual, podem explicitar mais claramente o mecanismo narcísico dos espelhos, e a contínua alternância dos papéis masculinos e femininos, no jogo estéril da sedução.

Tudo é simulacro: o sangue que corre nas veias é feito de *catchup* de *fast-food*, a ação é feita para as câmaras, e todo maneirismo é como uma cortina de fumaça sobre feridas abertas — no pós-moderno, nada nos excita mais. Somos açougueiros; mas quando nos apaixonamos, as palavras que nos vêm à boca são do século XVIII, tornando imediatamente visível o irrealizável do nosso desejo.

5. O Amor e os Açougueiros

Assim, destruímos aquilo que amamos: a fruta que colhemos já apodrece em nossas mãos, e a culinária mais cruel é a mais sofisticada. Alimentamo-nos de morte, e a nossa existência é uma ereção permanente que desafia o buraco sem fundo do tempo. Mas se o gesto de colher a fruta esgota-se em si mesmo, como saciar a fome utópica do desejo?

A questão é que a maçã do Éden não é uma fruta qualquer, não é ponto de chegada mas de partida, para o lugar de onde nunca se voltou. Veneno, e não alimento. No entanto, como insetos urbanos viciados em DDT, também nos alimentamos com nossa própria destruição. O fruto do conhecimento revela nossa nudez; frente ao espelho, sem remissão, pagamos a cada dia o pão com a menstruação e o suor, para que a volúpia nasça da contemplação do que se corrompe em nós. Nós — e o mundo — nos tornamos um livro decodificável. O pomo de Adão deve ser lido; e para ler, com a nostalgia das coisas impossíveis, serve o colhê-lo.

O mundo se decompõe em sentidos: paladar, olfato, audição, tato e visão; e nós em camadas: espírito, ossos, músculos, nervos até que tudo volte a ser apenas uma reação epidérmica a um espetáculo teatral. Nesse pentagrama, o estímulo em cada um desses pontos repercute e ressoa e se sobrepõe a todos os outros: um velório, que é um açougue, que é uma ópera filmada, que é um clube de sado-masoquismo, que é um convento onde se louva a morte. Os códigos estão nus e não sentem vergonha. E o resto é digestão.

Afinal, o que sabem os açougueiros sobre o amor?

A PÓS-MODERNIDADE DE GERALD THOMAS:
MATTOGROSSO E *FLASH AND CRASH DAYS*[1]

DAVID GEORGE

Como entender, definir, classificar, explicar o tão controvertido trabalho de Gerald Thomas? Eis a questão. Trata-se de tupy or not tupy, sendo ele considerado um novo antropófago, um novo Zé Celso? Seria Gerald um novo Ziembinski? — que trouxe ao Brasil novos dados teatrais do expressionismo europeu. Seria um novo Antunes? — pois este, como Gerald Thomas, absorveu influências estéticas internacionais, abrasileirando-as. Seja como for, não faltam maneiras de inserir Gerald Thomas no contexto teatral brasileiro. O que pretendemos, neste ensaio, é relacionar seu trabalho à pós-modernidade teatral, seja ela européia, americana ou brasileira, uma pós-modernidade que, partindo de Artaud, é desenvolvida por Beckett, pelos grupos comunitários dos anos 60 e 70 (Living Theater, Performance Group, Théâtre du Soleil etc), culminando na apoteose pós-moderna de Robert Wilson e Pina Bausch. Para nós, isto representa a melhor maneira de entender seu trabalho. O fato de trabalhar no Brasil é um mero acaso, mais um acaso do seu *Gesamtglücksfallwerk* ("teatro do acaso total"). Dizer isto

1. Este ensaio foi escrito sob o patrocínio do National Endowment for the Humanities, entidade do governo americano criada nos anos 60 para apoiar as artes e a pesquisa sobre as humanidades. Queremos, também, expressar nossos agradecimentos a Gerald Thomas, que forneceu muitíssimo material de pesquisa.

não significa julgamento algum. Significa contar direito a história, que é a seguinte.

Quem plantou as sementes do teatro da pós-modernidade foi Artaud, com sua idéia de acabar com o teatro "morto" da palavra e da representação, substituindo-o por um teatro ritual, sagrado. O primeiro passo, na prática, foi dado pelo teatro do absurdo. Ionesco e Beckett expulsaram do palco os postulados do realismo, substituindo-os por uma linguagem expressionista, rompendo a estrutura dramática da narrativa linear, rejeitando a psicologia "científica" da personagem. Theodore Shank escreve que os dramaturgos do absurdo inventaram formas "incorporando seu conceito de como viver num mundo que, tendo perdido deus como princípio unificador para explicar o universo, perdiam, também, a ciência..."[2]. Beckett e Ionesco, no entanto, mantiveram a primazia do texto, da estrutura verbal. Foram, em suma, modernistas. E vale a pena lembrar, também, que Gerald Thomas começou sua carreira de diretor encenando Beckett, voltando várias vezes aos textos do dramaturgo.

Dá-se o segundo passo nos anos 60 e 70. Trata-se de uma época de grandes diretores: Peter Brook, Jerzy Grotowski, Joseph Chaikin, José Celso no Brasil. Houve um esforço geral no sentido de superar "a superficialidade e a artificialidade da representação realista, com a finalidade de revelar as verdadeiras sensações do ator. Grotowski focalizou as sensações autênticas do corpo e da voz ao tentar eliminar a máscara social e todas as outras barreiras entre impulso e reação..."[3].

Os grupos — Living Theatre, Open Theater, Performance Group, Théâtre du Soleil — tentaram realizar a visão de Artaud, criando formas rituais, subjugando e às vezes eliminando o texto. A idéia do texto subjugado está, também, presente no teatro brasileiro e, é claro, constitui-se numa das principais características do teatro de

---

2. Theodore Shank, "Framing Actuality: Thirty Years of Experimental Theater, 1959-1989", in Enoch Brater and Ruby Cohn (eds.), *Around the Absurd: Essays on Modern and Postmodern Drama*, Ann Arbor, University of Michigan Press, 1990, p. 240. São nossas esta e todas as outras traduções que se encontram neste ensaio.
3. *Idem, ibidem*, p. 242.

Gerald Thomas. O maior mestre brasileiro na utilização de formas rituais no teatro tem sido Antunes Filho, desde a criação do Grupo Macunaíma. E poder-se-ia afirmar que o teatro ritual de Antunes é mais autêntico, pois a sociedade refletida, a brasileira, ao contrário da americana ou da francesa, é marcada por uma consciência mítica e por múltiplas práticas rituais.

Os encenadores pós-modernistas tomaram conta da cena teatral nos anos 80. Shank afirma que estes abandonaram os valores engajados e comunais dos anos 60 e colocaram o foco em cima e dentro deles mesmos. Ressuscitaram o individualismo, deixando para trás o grupo; tornaram-se, em suma, auto-referentes. Tais artistas individuais ou criaram seus próprios textos ou desconstruíram textos clássicos. Entre os encenadores incluem-se Richard Foreman, Robert Wilson e Pina Bausch, entre outros. Shank os denomina, um pouco desdenhosamente, "diretores formalistas", dada a tendência do grupo de criar estruturas rigidamente organizadas, e cita o exemplo dos jogos de xadrez teatrais de Robert Wilson. A crítica brasileira tem insistido sempre que Gerald Thomas deve muito ao formalismo pós-modernista de Robert Wilson. Essa correspondência, já quase um clichê muito cansativo aos ouvidos de Gerald, não deixa de ser útil ao examinar os espetáculos do encenador anglo-brasileiro.

Além do contexto internacional no qual nós colocamos o teatro de Gerald Thomas, há outros princípios teóricos que devem esclarecer-se. Gerald, no nosso modo de ver, é o principal "distribuidor" teatral no Brasil do pós-modernismo internacional; seus espetáculos estão cheios de colagem a-históricas e fragmentos estéticos nos quais representam-se todas as artes. Como ele mesmo sempre fala, porém, isso não leva à síntese wagneriana de todas as artes (*Gesamtkunstwerk* ou obra de arte total) mas ao que ele chama — e isto não deixa de constituir uma homenagem wagneriana — *Gesamtglücksfallwerk* (obra do acaso total). Tal conceito se refere nitidamente à arte de desconstrução, a essência do projeto pós-modernista, ao contrário da síntese, da unidade do modernismo internacional.

Proliferam as formulações sobre o pós-modernismo; relacioná-las todas a nossa análise necessitaria um ensaio de centenas de páginas. Vamos nos limitar, portanto, a alguns princípios básicos que serão aplicados à obra de Gerald Thomas. Um exemplo desses princípios é o seguinte: o artista pós-modernista, ao contrário do modernista, já não "cria" formas originais mas "recicla" formas do passado — signos inscritos em sucessivas camadas sedimentadas da história da arte ocidental —, misturando-as com o "lixo" da mídia e da *pop art*, num processo de multi-referência. Trata-se do encontro — para citar um exemplo de *Mattogrosso* — de Hamlet e Batman. Se a arte modernista foi pura, original, autônoma, a arte pós-modernista é contaminada e "plagiada". O modernismo manteve a separação dos gêneros, enquanto o pós-modernismo os mescla. O modernismo enfocou o sujeito humano; o enfoque do pós-modernismo se fixa na linguagem, ou melhor, na metalinguagem, no metateatro.

E daí? Como é que as teorias do pós-modernismo desenvolvidas na Europa e nos Estados Unidos nos ajudam a entender e criticar o teatro de Gerald Thomas? Dois aspectos de suas encenações são a desconstrução e a multi-referência, o jogo caótico e a-histórico dos signos culturais inscritos. Haroldo de Campos, em sua crítica do espetáculo *Carmen com Filtro 2*, escreve que a espanhola fatal não possui "o olho de cigana nem a pele morena de sol andaluz como a de Gautier (e a de Mérimée/Bizet). É uma Carmen expressionista [...] como se Edvard Munch tivesse reimaginado a sevilhana voluntariosa em gótico recorte preto-e-branco de filme de Murnau"[4]. Trata-se, segundo Campos, da Carmen desconstruída, agora desligada de seu mito.

MATTOGROSSO

A encenação intitulada Mattogrosso, de 1989, recebeu atenção não só no Brasil, mas, também, na imprensa de Nova Iorque, devido em parte à colaboração entre Gerald e Philip Glass. A peça ilustra alguns problemas da pós-modernidade no Brasil. *Mattogrosso* se compõe de referências e fragmentos esparsos; trata-se de uma colagem pós-moder-

---

4. Haroldo de Campos. "Thomas Liberta Carmem de seu Mito de Origem". Ver supra p. 215

nista, que mistura a "alta" cultura com a popular: Batman, Pato Donald e Mickey, já envelhecidos e decadentes, encontram-se com Darwin, Shakespeare e Wagner. Isso constitui um exemplo do processo pós-modernista de iluminar camadas de signos culturais inscritos. Nas palavras do encenador: "Conto a história de um nibelungado, uma vida permeada por mitos. Esses heróis são fragmentos de uma maldição. São alucinações [...] em relação a uma civilização que foi derrubando os mitos que a criaram. Batman e os outros são aspectos de uma civilização que justapõe, que superimpõe o forte sobre o mais fraco, de forma imprecisa e escapista"[5].

Arthur Dapieve escreve: "Thomas aposta na imagem. E na imagem evocada pela imagem. E assim por diante, ao infinito. *Mattogrosso* é, portanto, bastante grande para abrigar o *Anel dos Nibelungos* [...] mitos gregos retrabalhados por países escandinavos. Shakespeare; o Titanic afundado; Batman, Pato Donald e Mickey. De quebra, foram inventados *mitolungos*..."[6].

Os *mitolungos* referem-se à mitologia de Gerald — raízes, sedimentação em camadas, signos inscritos — relacionada com a arte ocidental.

Macksen Luiz, que nem sempre simpatiza com as metas do encenador, sugere o processo pelo qual Gerald tenta iluminar as camadas de signos inscritos: "As artes cênicas para Gerald Thomas se parecem com um banco de memórias, carregado de impressões esparsas [...] Não importa o que se diz, as cenas são focos que iluminam ou apagam referências fortuitas a uma vaga fábula sobre a modernidade. O olhar do espectador é conduzido para imagens que transitam por uma cultura assimilada como um clip planetário, sublinhado por um rigor formal que mecaniza movimentos para decompor sentidos ocultos..."[7].

Vale a pena citar aqui a crítica feita por Blau de "simulações e imagens super-ensaiadas de um repertório *kitsch* e arcaico. O argu-

---

5. Vera Fonseca e Thereza Jorge, "Amor, Vertigem e Decadência em *Mattogrosso*", entrevista com Gerald Thomas, *O Estado de S. Paulo*, "Caderno 2", 2 jul. 1989.
6. Arthur Dapieve, "Introdução à Obra do Acaso Total", *Jornal do Brasil*, 5 jul. 1989.
7. Macksen Luiz, "O Samba da Ópera Seca", *Jornal do Brasil*, 19 jul. 1989.

mento que se usa é que as formas e os mitos são reciclados para depois desconstruí-los"[8]. Mas isso é precisamente a finalidade da abordagem intertextual de Gerald, cuja multi-referência e mistura de "alta" cultura européia com mídia contemporânea visam a desconstruir o modernismo (europeu), uma das metas fundamentais dos artistas da pós-modernidade. Seria apenas uma "simulação" tal desconstrução, ou poderia ser original?

Segundo Marcos Veloso, "a criação é o ponto de partida da citação e não ao contrário"[9]. Isso dá uma reviravolta na fórmula: isto é, a multi-referência, em vez de constituir-se apenas numa simples reciclagem de formas artísticas, torna-se no teatro de Gerald uma nova criação, talvez uma recriação, ou, na descrição do encenador, uma formulação mitológica: "Quando eu dirijo um ator, tento fazer uma composição mitológica de todas as criaturas que compõem o teatro. Como o Hamlet pode estar isento de Medéia? Como o Estragon pode estar isento de Hamlet? Como o Titurel de Kafka pode estar isento do Titurel de Wagner em *Parsifal*? Como a história pode se livrar dela mesma?"[10].

Gerald se refere a um processo pelo qual o artista examina séculos de signos culturais inscritos. "O trabalho do encenador, para Thomas, é o de um arqueólogo que, neste final de século, recicla imagens destacadas de seu tempo histórico para alojá-las no espaço da cena"[11]. Um exemplo desse processo é a presença do Titanic em *Mattogrosso*, que depois vamos associar com Wagner, Fellini e García Márquez. Tal "arqueologia", no entanto, leva não somente ao passado mas, também, ao futuro, à visão apocalíptica que a pós-modernidade apresenta com relação à decadência da civilização ocidental.

---

8. Herbert Blau, "The Oversight of Ceaseless Eyes", in Enoch Brater and Ruby Cohn (eds.), *Around the Absurd: Essays on Modern and Postmodern Drama*, Ann Arbor, University of Michigan Press, 1990, p. 287.
9. Marcos Veloso, "*Mattogrosso* Sintetiza o Teatro de Gerald Thomas", *Folha de S. Paulo*, 14 out. 1989.
10. Apud Ricardo Voltolini, "Desafiando Kafka", *Jornal da Tarde*, 8 abr. 1988, e Sílvia Fernandes, "O Espectador Emancipado: Apontamentos sobre uma Encenação Contemporânea", *Revista USP*: Dossiê Teatro, 14, jun.-jul.-ago. 1992, p. 73.
11. Fernandes, *op. cit.*, p. 72.

Partícula dessa decadência, e parte integral do estilo pós-modernista, é a desintegração dos gêneros; para Gerald, *Mattogrosso* não é uma peça, mas uma ópera. Desde que não se canta — ouve-se apenas a trilha musical de Philip Glass — torna-se uma ópera "seca"[12]. Os atores de *Mattogrosso*, outrossim, deixam de falar. O que resta ao espectador, no fim, é um enigma paradigmaticamente pós-modernista: uma ópera onde não se canta, uma peça na qual os atores não falam. Estes últimos, ainda, são praticamente superados pela cenografia (de Daniela Thomas), fenômeno característico, também, das encenações de diretores "formalistas" como Richard Foreman e Robert Wilson.

No programa de *Mattogrosso*, Gerald nos proporciona um resumo da peça, não uma descrição de ação linear, mas um texto de signos inscritos em sua concepção metateatral. O (Friedrich Ernst) "Matto" do título, que une todas as imagens díspares distribuídas pelo palco, é uma personagem fictícia, um explorador alemão do século XIX. Se "a teoria de Darwin da lei do mais forte providenciou ao homem uma desculpa intelectual para irromper na floresta amazônica"[13], Matto é um anti-darwinista cujo lema é *survival of the defeatist*. O trocadilho parodia a frase darwiniana *survival of the fittest* (a lei do mais forte), substituindo-a pela lei do "derrotista", aludindo à civilização ocidental que fora a mais forte, mas agora, neste fim de século, encontra-se em declínio (pelo menos segundo a lei da pós-modernidade apocalíptica). Matto não possui o heroísmo do arquetípico explorador europeu do século XIX; é magro, fraco, maltrapilho. Em outras palavras, a peça, ou melhor, o libreto, trata as viagens de Matto como desconstrução de todas as viagens ocidentais de exploração e conquista.

Daí que a viagem do herói épico perde a grandeza e a certidão da Busca, a linearidade da ação, o código militar-masculino, o triunfo do herói ao voltar à civilização depois de viajar pelas terras bárbaras (as perambulações de Matto pela floresta amazônica), o otimismo

---

12. A principal influência operística — como é o caso em boa parte da obra do encenador — parte de Wagner.
13. James Brooke, "Environmental Opera Leaves Rio Puzzled", *New York Times*, 20 jul. 1989.

absoluto. O herói épico, outrora confiante e vitorioso, torna-se um *defeatist*. Esse tipo de desconstrução do signo épico já tem antecedentes no Brasil, sobretudo em *Macunaíma* (o de Mário de Andrade e o de Antunes Filho). Mas enquanto esses textos, o narrativo e o teatral, mantêm o núcleo verbal, o verdadeiro texto de *Mattogrosso* não se detecta nos signos verbais, nas notas do programa; encontra-se no metateatro audiovisual[14].

O espetáculo começa no silêncio. As luzes sobem para revelar o cenário, contendo várias camadas de signos inscritos, referências culturais e históricas no estilo pós-modernista. Telas transparentes separam palco e platéia e assim multiplicam-se os espaços.

Predomina no cenário o Titanic seminaufragado, feito de cortinado de mosquiteiro, o que acrescenta ao efeito transparente e impermanente. E há, é claro, outros signos presentes; por exemplo, *E la Nave Va* de Fellini, filme que também tem como cenário um barco intencionalmente artificial, teatral. O barco alude explicitamente a *O Navio Fantasma*, à ópera de Wagner e à encenação da ópera dirigida por Gerald; refere-se, outrossim, na mitologia de signos do encenador, às lendas nas quais se baseia a ópera: o barco fantasma fadado a velejar eternamente, numa predominação fatal que combina com a visão apocalíptica da pós-modernidade. Não podemos nos esquecer, tampouco, dos barcos fantasmas de García Márquez, que também simbolizam a decadência da civilização ocidental nos trópicos: Hilacsilag, o navio de luxo do século XIX que choca-se catastroficamente com terra no conto "A Última Viagem do Barco Fantasma" e o esqueleto do galeão espanhol encontrado no meio da selva em *Cem Anos de Solidão*. Gerald já afirmou várias vezes que o barco no cenário de *Mattogrosso* representa o naufrágio da civilização ocidental.

O palco se enche das mais variadas imagens apocalípticas: formas humanas petrificadas; pedras esparramadas por uma eterna paisagem noturna, com a lua e as nuvens em cima; caixas cheias de areia que representam túmulos e que contém cadáveres nus, muitos dos

---

14. Já escrevi sobre essa dimensão épica em *Grupo Macunaíma: Carnavalização e Mito*, São Paulo, Perspectiva/Edusp, 1991.

quais mutilados; esqueletos; peças de carne penduradas (referência a um quadro de Francis Bacon, *Head Surrounded by Sides of Beef*); uma fossa cheia de fogo. A ópera termina com uma tempestade de areia no deserto; o palco inteiro se ilumina para revelar rochas, uma árvore sem folhas que balança levemente — a sugestão minimalista do desmatamento —, o interior carbonizado de uma igreja. A cenógrafa Daniela Thomas parece também trabalhar segundo um *modus operandi* pósmodernista: "Hoje todo mundo faz reciclagem, ninguém cria"[15].

Multiplicidade de signos culturais no cenário, nas luzes, na marcação coreografada, nas vozes gravadas: estes constituem os elementos fundamentais da ópera seca de Gerald Thomas. Há escassez de diálogo; Thomas substitui o que era para Artaud o teatro morto da palavra pelo espetáculo audiovisual. Os atores falam pouco nas peças compostas pelo encenador, como *Mattogrosso*. As vozes gravadas fornecem o "texto": os espectadores ouvem com freqüência gravações da voz de Gerald — o artista pós-modernista que põe o foco nele mesmo — ou atores fazendo a dublagem de falas gravadas. A ópera se abre com uma voz eletrônica: "Queria ser uma outra pessoa, uma outra pessoa". É uma voz que morre, como a de Hal, de *2001*. Enquanto a voz sem corpo se liga de uma forma tênue à ação e aos atores no palco, acentua-se propositadamente a artificialidade da situação. Poderíamos comparar isto ao efeito brechtiano de distanciamento (pós-modernista, é claro); isto é, Gerald aponta não para a alienação política nem para a dialética marxista, mas para a posição simulada, apócrifa, do artista pós-modernista na época pós-industrial.

Gerald suplanta o teatro morto da palavra, mas consegue realizar a visão de Artaud de um teatro sagrado, ritual? Parte da resposta se encontra numa cena de *Mattogrosso*, em que os cenários e as ações se repetem em três níveis, começando na boca da cena e depois indo em direção ao fundo: 1) alguém sentado — bêbado? — está meio caído sobre uma mesa de jantar e ao lado dele, em pé, está o garçom[16];

---

15. *Apud* João Cândido Galvão, "Cenografia Brasileira nos Anos 80", *Revista USP*. Dossiê Teatro, op. cit., p. 59.
16. Numa das cenas finais de *Cidadão Kane*, a mulher deste dorme, bêbada, meio caída sobre uma mesa de restaurante, o garçom vigiando-a.

outro homem examina a mesa e, então, procura num monte de sucata, de onde tira um taco de beisebol americano com o qual bate na mesa, derrubando-a, e com ela o "bêbado" e o garçom; o homem do taco corre histericamente em círculos e some na escuridão; 2) as luzes sobem no próximo nível, onde o homem do taco está congelado em posição geométrica, de costas para a platéia, parecendo um fantasma; aparecem novos homens de taco, mesa, garçom, bêbado; o novo homem de taco pára e observa o "fantasma" do nível 1, repete a ação do primeiro, e transforma-se no novo "fantasma", segurando, agora, uma cruz; 3) depois de completada a terceira repetição, um bispo entra e descobre os corpos do garçom e do bêbado, encerrando assim as repetições, durante as quais os atores tinham estado, em vários momentos, congelados e colocados numa geometria inerte, em contraste com a geometria móvel das três repetições[17].

Os motivos repetitivos das primeiras cenas de *Mattogrosso* ecoam ao longo do espetáculo. Penitentes vestidos de preto engatinham dolorosamente através de pedras num deserto, na frente do bispo que aparece no final da cena repetida da mesa. Há, aqui, múltiplas referências à moda pós-modernista: os penitentes correspondem às valquírias da tetralogia do anel de Wagner, representam a penitência católica, sugerem escravos africanos e indígenas. Os penitentes descem à fossa da orquestra cheia de fogo — criado por efeitos de luz e fumaça — e são atacados pelos músicos da orquestra e pelo próprio encenador; na continuação dá-se um efeito de luz que lembra simultaneamente chuva no deserto, chuva ácida e uma apocalíptica chuva de fogo. O conjunto de imagens nos faz pensar na colonização européia e na subjugação dos povos aborígenes, num quadro de Bosch e num futuro apocalipse industrial. Reiteram-se cenas e imagens de morte e mutilação, contrapostas com motivos litúrgicos compostos por Philip Glass.

17. A coreografia repetida e os congelamentos são característicos do tipo de marcação — conhecido pelo termo *taskacting* — encenado pelos diretores pós-modernistas. "Em *Café Müller*, do Tanztheater Wuppertal de Pina Bausch, um homem abraça uma mulher; ao soltá-la, ela escorrega para o chão. Ela se levanta para depois ser abraçada de novo, e outra vez ela escorrega até o chão, e assim por diante" (Shank, *op. cit.*, p. 254).

São evidentes no espetáculo os paralelos com Robert Wilson. Theodore Shank escreve o seguinte sobre os diretores "formalistas": "A manipulação dos elementos é intelectual, seguindo uma série de rígidas regras auto-impostas, como num jogo de xadrez. *Einstein on the Beach*, de Robert Wilson, baseia-se numa estrutura matemática. Há nove cenas centradas em três motivos visuais: trem/prédio, tribunal/cama, campo/nave espacial. As imagens se repetem dentro de um horário matemático, e além disso a coreografia pós-moderna [e] a música de [...] Philip Glass foram também construídas com a precisão dos sistemas matemáticos"[18].

A colaboração de Philip Glass — o compositor "matemático" minimalista — com Gerald Thomas leva a resultados até certo ponto semelhantes. Enquanto menos rigidamente matemáticos que os de *Einstein*, alguns motivos e imagens de *Mattogrosso* "se repetem dentro de um horário matemático".

Qual a contribuição de Glass ao espetáculo? A trilha musical é minimalista, cheia de repetições, com fragmentos de composições litúrgicas, de Strauss e particularmente de Wagner. As partículas musicais formam um paralelo com os outros aspectos da multi-referência pós-modernista do espetáculo. A música de Glass é insinuante e contemplativa, uma *interface* entre palco e platéia. Nas palavras de Philip Glass: "É uma colagem de imagens [...] Minha música fornece uma janela musical pela qual é possível olhar"[19]. O crítico Nelson Motta apresenta um ponto de vista positivo: "...é simplesmente excepcional a música de Philip Glass, executada com talento e precisão raros em orquestras locais"[20]. Por outro lado, os detratores afirmam que o espetáculo e a música não se complementam. Segundo Reynaldo Roels Jr., do *Jornal do Brasil*: "Na metade do espetáculo já ficara claro que a música e as cenas haviam sido independentemente concebidas, e a ligação entre elas era totalmente gratuita"[21]. Philip Glass, que já cola-

---

18. Shank, *op. cit.*, p. 252.
19. *Apud* Brooke, op. cit.
20. Nelson Motta, "Gerald Marreta o Bumbo", *O Globo*, 22 jul. 1989.
21. *Apud* Brooke, op. cit.

borou com Gerald Thomas em outros projetos, como a trilogia Kafka e *Carmen com Filtro*, afirma isto: "Nossa peça mais importante foi *Mattogrosso*, que foi uma espécie de ópera. Mas foi, na verdade, feita de peças que já tínhamos criado [...] A encenação e a cenografia se conjugaram muito bem com a música. De um ponto de vista artístico foi um sucesso[22].

Ao colocar num contexto pós-modernista a música e o espetáculo, pode-se concluir que a dissonância se constitui num componente da totalidade estética. A pós-modernidade não procura nem a unidade nem a síntese, mas a desarmonia e o caos, o que Gerald define como *Gesamtglücksfallwerk*, obra do acaso total.

Para concluir, apesar de haver em *Mattogrosso* uma torrente de conceitos — estéticos, ecológicos, históricos —, Gerald deixa de produzir um teatro de idéias dentro de um programa sistemático. As referências e a desconstrução teóricas — por exemplo, Darwin — não proporcionam um fundamento de conceitos coerentemente articulados. A tendência de Gerald é subjetiva, sua obra se relaciona intimamente com sua personalidade e suas idiossincrasias, e, também, com seu vasto conhecimento da cultura artística. O significado fundamental de *Mattogrosso*, portanto, talvez se encontre no próprio inconsciente — e nos espetáculos anteriores — do encenador. Liberto dos liames que o prenderiam à realidade imediata, o teatro de Thomas também parece isolar-se no *self as context* das representações contemporâneas. O *logos* do encenador, feito umbigo da cena teatral, reflete um pressuposto básico: às vésperas do século XXI, não existem em cena os diálogos, expressão da comunidade que debate para concluir um desenlace. O drama foi substituído pela explosão fragmentária de teatralidades, todas elas referidas, em última instância, ao repertório do criador[23].

Um pensamento final: o *self as context*, a auto-referência, não quer dizer necessariamente que o encenador se leve a sério. As referências à própria obra e sua intromissão numa cena são um modo de

---

22. TV Cultura, *Gerald Thomas, Eis a Questão*, documentário, São Paulo, 1994.
23. Fernandes, *op. cit.*, p. 72.

caçoar dele mesmo e de sua persona pública. Gerald Thomas anda sempre numa corda bamba: por um lado poderia cair na excessiva seriedade, e, pelo outro, na autoparódia. Este é um aspecto de seu teatro que passa despercebido por muitos detratores e, outrossim, por muitos admiradores.

FLASH AND CRASH DAYS — TEMPESTADE E FÚRIA

Flash and Crash Days — Tempestade e Fúria, o espetáculo talvez mais controvertido de Gerald, atraiu um público muito grande, assim como um amplo panorama de atenção crítica. A obra carrega a marca registrada do encenador: a multi-referência pós-modernista. Uma das referências mais insinuantes diz respeito à dramaturgia de Nelson Rodrigues, isto é, a encenação está repleta de alusões arquetípicas, míticas e cinematográficas. Outro importante signo musical e dramático do espetáculo é a ópera wagneriana.

Flash and Crash, como chamaremos a peça daqui em diante, foi criada e dirigida por Gerald Thomas — ele também foi responsável pela iluminação — com a cenografia e os figurinos de Daniela Thomas. O espetáculo estreou no Rio, no dia 8 de dezembro de 1991, foi levado a Nova York em 1992, onde participou do festival de *Serious Fun* (diversão séria) do Lincoln Center, e subseqüentemente fez turnê na Europa. Os papéis das duas protagonistas sem nome — vamos chamá-las simplesmente de Mãe e Filha — são desempenhados por uma dupla mãe-filha de atrizes de renome: Fernanda Montenegro e Fernanda Torres.

Como seria de esperar, Gerald sabe aproveitar ao máximo essa dupla, e, ao contrário de *Mattogrosso*, o trabalho das atrizes é o centro do enfoque de *Flash and Crash*, apesar de seus efeitos visuais espetaculares. O estilo de representação não é stanislavskiano, não cria a ilusão da realidade, mas de muitas formas lembra o expressionismo, particularmente o dos filmes mudos. Isto é, o modo gestual da marcação e a expressão das caras e das vozes são espelhos de estados internos, alguns dos quais são acessíveis ao público e outros dos quais só podem ser adivinhados — ou sondados com métodos psicanalíticos —

mas que de qualquer forma produzem um impacto visceral. Como no expressionismo, o histrionismo dos atores às vezes beira o dramalhão. O estilo gestual expressionista caracteriza, também, o teatro de Nelson Rodrigues. A representação de *Flash and Crash* é muito física e por vezes cômica, integrando assim a tradição da *commedia dell'arte*. Há, também, referências a outras formas tradicionais de pastelão, como o Punch and Judy britânico, embora um Punch and Judy à moda de *grand guignol*. Poder-se-ia pensar, por outro lado, no teatro cômico grotesco de Federico García Lorca, por exemplo *El Retablillo de don Cristóbal*, peça na qual o protagonista mata várias pessoas para vingar-se das traições da prometida, Doña Rosita.

A trilha sonora cinematográfica do espetáculo fornece um fundo contínuo de emoção e presença. A música é alta, insistente e dissonante, predominando os violinos, como se a cena do chuveiro de *Psycho*, de Hitchcock, tivesse durado o filme inteiro (a associação não é gratuita, dadas as alusões de *Flash and Crash* aos filmes de terror). As composições musicais incluem segmentos de Wagner, de Philip Glass e do próprio Gerald. As vozes gravadas, muitas vezes distorcidas eletronicamente, reverberam ao longo do espetáculo. Ouvem-se também as vozes dos atores, às vezes ao vivo, outras vezes gravadas.

A cenografia de Daniela Thomas mostra, no começo, os prédios de Manhattan, com uma janela iluminada no Empire State Building. Como se uma câmera entrasse em *zoom* pela janela iluminada, as cenas que seguem têm lugar numa sala de portas e janelas altas, com paredes transparentes. O cenário inclui um vulcão no fundo, uma constante presença ameaçadora, que simboliza simultaneamente erupções de emoção violenta, sangue e desejos sexuais reprimidos. O vulcão sugere os impulsos inconscientes que a qualquer momento podem explodir. A fumaça do vulcão flutua continuamente no palco. A lava que desce pelos lados faz parte de uma paleta de vermelhos que indicam, evidentemente, o sangue, e *Flash and Crash* está tão banhado em sangue quanto um filme de Zé do Caixão. Outros efeitos incluem círculos de luz projetados no palco que de vez em quando isolam as personagens. Daniela Thomas faz o seguinte comentário sobre sua cenografia: "Meu trabalho é uma reciclagem do mundo..."[24]. Repetimos o que dissemos anteriormente: a idéia da reciclagem de imagens coloca a cenógrafa no centro da corrente pós-modernista.

Quando as luzes sobem para iluminar o cenário, a voz gravada do encenador, de além-túmulo, explica que ele tem estado preso num prédio numa cidade assustada por previsões de uma erupção vulcânica. O narrador observara uma mulher que morava no Empire State. A voz anuncia que, de repente, não era mais ele presente lá; ele se transformara na mulher. Segundo Flora Süssekind, essa narração da voz em *off* fornece a estrutura do espetáculo, é o sujeito monológico que invade as outras personagens e seu diálogo. Trata-se do sujeito invisível da obra[25]. Sílvia Fernandes escreve: "O recurso à gravação em *off* da própria voz de Thomas, que conduz e sublinha o espetáculo, revela ao público essa autoria: é a narrativa de um épico contemporâneo que filtra os mitos da criação artística para transformá-los em odisséia particular"[26]. As duas citações descrevem nitidamente o trabalho do artista pós-moderno.

Diferentemente do que vários críticos já escreveram sobre muitas das encenações de Gerald Thomas, a dimensão audiovisual não constitui o enfoque central de *Flash and Crash*. Essa dimensão é importante, porém, na medida em que cria um ambiente onírico e mutável para o jogo mítico e psíquico das personagens principais. Enquanto a voz em off monológica repete "eu... eu...", entra em cena a primeira personagem; é a Mãe (papel desempenhado por Fernanda Montenegro). O figurino dela é medieval mas coberto por uma capa de plástico vermelha. Uma flecha atravessa sua garganta, e ela anda cambaleante, agonizando. Tal coreografia da angústia, freqüente nas encenações de Gerald, é o movimento dos pesadelos, a dança macabra da incapacidade e da fatalidade.

Mãe engatinha até chegar ao lado de um boneco com uma flecha no coração, exemplo da maneira como os motivos são previstos,

---

24. *Apud* Cândido Galvão, *op. cit.*, p. 59.
25. Flora Süssekind, "A Imaginação Monológica", Ver infra, p. 281
26. Fernandes, *op. cit.*, p. 72.

repetidos, espelhados, ecoados ao longo do espetáculo, neste caso a flecha e sobretudo o coração. Mãe se levanta e movimenta-se com os braços esticados, ouve-se uma trovoada — *Flash and Crash, Tempestade e Fúria*, do título — e cai no chão. Entram em cena dois sinistros "arcanjos"; usam capacetes de mineiro com lanternas e têm asas amarradas nas costas. Ao longo da peça eles serão os ajudantes de Mãe e Filha em seus conflitos intermináveis e fatais. Os arcanjos são arquétipos, mas ironicamente não da transcendência, pois seguram as personagens no chão, arrastando-as de regresso ao combate assassino.

O conflito é iniciado por Mãe, que tenta abortar Filha. Vemos Filha pela primeira vez quando ela atravessa lentamente o palco, seu rosto deformado pela angústia, carregando um balde, símbolo da obediência filial. O vestido vermelho dela é também medieval. Ajoelha-se, mete o rosto no balde e vomita; Mãe tentara envenená-la. Seu rosto vai mudando de expressão: horror, tristeza, aflição, abre a boca, os lábios mexem mas as palavras não saem. Essa metamorfose rápida de emoções é constante no espetáculo; corresponde ao fluxo dos sonhos e às mudanças repentinas do ânimo infantil.

Nas cenas que seguem, Mãe e Filha se revezam nos atos de tortura e incesto. Na escuridão, os arcanjos se aproximam da Filha, as lanternas a iluminam, os movimentos oníricos deles são simultâneos, em câmara lenta; Filha olha-os aterrorizada. Cai um raio e Mãe aparece usando uma peruca eletrizada como a da noiva de Frankenstein: os filmes de terror constituem uma das alusões principais na multi-referência pós-modernista da obra. Filha tenta fugir de Mãe, mas os arcanjos a prendem no chão. Filha emite sons infantis, incoerentes, enquanto se masturba e balbucia "eu não sei qual meu nome, eu não tenho nenhum". A frase é repetida mais tarde por uma grossa voz eletrônica. Tal falta de nome lhe dá um caráter arquetípico, talvez num sentido junguiano (tema que examinaremos depois). Filha atinge o orgasmo enquanto Mãe chupa excitadamente um pirulito[27]. Filha se deita em posição fetal. Mãe se esconde atrás do vulcão e grita "água, águaaa",

---

27. A cena lembra a antológica cena do pirulito fálico chupado por Dona Poloca no espetáculo *O Rei da Vela*, dirigido por Zé Celso.

enquanto Filha faz um balé, dançando ao redor de Mãe, zombando dela com um cálice d'água. Filha depois agarra-a pela garganta e estrangula-a, sorrindo. Sobe em cima de Mãe e simula o ato sexual. As duas protagonistas, nas suas contínuas convulsões, mortes e ressurreições, fazem pensar no monstro de filme de terror que recusa morrer. Mas o filme de terror que é *Flash and Crash*, com sua paródia sadomasoquista, faz pensar, outrossim, no *Rocky Horror Picture Show*.

Os arcanjos entram com bolos de aniversário, colocando-os no palco. Mas não se trata de nenhuma festa infantil: a música pára, os espectadores ouvem as batidas de um coração. Os arcanjos, numa das cenas mais surpreendentes do espetáculo, arrancam o coração do peito de Mãe, jogando-o para Filha. As mãos sangrentas de Filha levantam-se detrás do vulcão, logo seu rosto, o coração na boca. Filha está coberta de sangue. Come o coração, cuspindo pedaços de carne, sorri para os arcanjos, oferecendo travessamente compartilhar a merenda com eles. De repente, fica aflita. Engatinha em direção à Mãe, cai no colo dela, tenta abraçá-la, os arcanjos a tiram. Nesse momento, Mãe arranca a cabeça de Filha, que se contorce enquanto Mãe e os arcanjos brincam com a cabeça. Os violinos cessam; o público dá risadas nervosas. Blecaute. A cena do bolo de aniversário, que acaba em mutilação, lembra variadas referências: uma longa série de filmes e contos tem fundamentado o terror na inocência infantil transformada em abominação diabólica, desde os contos de fada dos irmãos Grimm até os filmes de terror "B" de Hollywood.

Filha, a cabeça de novo no lugar, volta à cena. A voz em *off* de Gerald Thomas, dublada por Filha, declara: "Nossa. Como a senhora dormiu mal essa noite". A ironia — "foi tudo um sonho" — ressoa além desse momento, ao percebermos que o pesadelo continuará ao longo do espetáculo.

Mãe e Filha iniciam um jogo de cartas demente que estabelece um intervalo cômico no meio dos pesadelos recorrentes. Filha senta ao lado de Mãe e jogam com gestos exagerados, tentando trapacear ferozmente uma com a outra. Mãe mete o pé na cara de Filha para esta não olhar, as duas dão gargalhadas escarnecedoras, Filha chora com raiva, Mãe dá uma casquinada. Trata-se de um jogo de cartas tão louco quanto a festa de chá de *Alice no País das Maravilhas*; é também parecido com a *commedia dell'arte*, com os gestos hiperbólicos e grotescos e a brincadeira constante de tentar levar vantagem.

Numa cena posterior, Filha, como uma adolescente, fuma um cigarro e põe maquiagem. Mãe faz a pantomima de Filha, olha no espelho e vê o rosto de Filha, Mãe e Filha se olham fixamente, aproximam-se lentamente e imitam os gestos uma da outra, mãos no rosto, tocando os lábios, mãos nas cadeiras.

Perto do fim do espetáculo, Mãe descobre um boneco com uma flecha na garganta, cai no chão e morre. Filha aparece de repente com uma flecha no pescoço, transferida do boneco. Um arcanjo coloca um coração no peito de Mãe, esta ressuscita, levanta-se, ouve-se música triunfal. Os arcanjos, agora cegos com bengalas, conduzem Mãe através do palco, ela anda cambaleante em direção à Filha, presa atrás de uma cortina transparente. Pantomima dos movimentos de Mãe, a música vai morrendo e as luzes se apagam.

O leitor pode imaginar a perplexidade de muitos espectadores e críticos: "Com certeza Gerald Thomas poderia ter descoberto, para representar a hostilidade de uma filha contra a mãe, alguma imagem mais sutil do que esta: a mulher jovem estrangula a mais velha, depois a esfaqueia, arranca o coração dela e depois o devora [...] Além de afirmar que algumas mães e filhas têm problemas de relacionamento, não é nada claro de que se trata *The Flash and Crash Days*, a não ser poses, fumaça e efeitos estranhos [...] nesta peça agressivamente obscura"[28].

Segundo uma resenha da revista *Veja*, o espectador tem de "atravessar um espetáculo rigorosamente incompreensível. Não se entende patavina"[29].

Nem todos os críticos condenaram a encenação: "É uma peça mais simples, enxuta e compreensível. Dizer que é compreensível talvez seja um exagero. Não se entende tudo. Mas pelo menos pode-se acompanhar o que acontece em cena — do mesmo modo que acom-

---

28. Aileen Jacobson, "Though Nearly Silent, 'Days' Is Disturbing", *New York Newsday*, 16 jul. 1992.
29. "Ginástica em Família", *Veja*, 20 nov. 1991.

panhamos com os olhos uma dança, ou seguimos o desenvolvimento de uma obra musical"[30].

Uma maneira de descobrir significados (e signos) em *Flash and Crash* consiste em fazer uma comparação com alguns dramas de Nelson Rodrigues, onde há estruturas arquetípicas e míticas e famílias homicidas e incestuosas. As artes cênicas inovadoras também caracterizam o trabalho de Nelson e de Gerald. Poder-se-ia dizer, portanto, que *Flash and Crash* é uma espécie de "Nelson Rodrigues sem palavras". Vários escritores já examinaram as dimensões arquetípicas e junguianas da dramaturgia de Nelson Rodrigues, as quais correspondem, também, à obra do encenador.

Gerald declara o seguinte sobre o que tenta comunicar: "Minhas peças são um problema meu pessoal, e o meu problema em cima desse problema pessoal é de transformá-los em metáforas que podem ser apreendidas pelo público em geral, através de uma fantasia, em código de seduções. Porque o pesadelo de imagens não é sempre uma coisa muita sedutora. [É um] processo maquiavélico de transformar uma coisa terrível numa coisa lindíssima visualmente, num sonho, numa fantasia, em que o público pode ser incluído"[31].

Flash and Crash, então, foi claramente concebido como um pesadelo. O sonho criado para incluir a platéia tem um aspecto coletivo, e a análise junguiana fornece um meio útil para examinar a estrutura desse sonho.

Carl Jung postulou a existência do inconsciente coletivo, que gera imagens simbólicas conhecidas como arquétipos, os quais têm a forma humana nos sonhos e representam aspectos da personalidade ou psique de quem sonha. Jung definiu alguns arquétipos em termos de homem e mulher; por exemplo, a anima representa qualidades pretensamente femininas e o *animus*, características masculinas. O objetivo dessas definições é o de estabelecer um equilíbrio, uma reconciliação das dimensões masculinas e femininas de cada pessoa. O resultado

---

30. Marcelo Coelho, "Thomas Encena Luta entre o Velho e o Novo", *Folha de S. Paulo*, 13 nov. 1991.
31. TV Cultura, *Gerald Thomas, Eis a Questão*, documentário, 1994.

de tal reconciliação seria a *individuação*, o indivíduo maduro em contato com todos os aspectos de sua psique, incluindo o domínio consciente e inconsciente.

O narrador dissera no começo de *Flash and Crash* que se viu transformado numa mulher (a personagem Mãe). O símbolo da anima, no sistema junguiano, é a mulher interior do homem, e nos sonhos representa a mãe do sonhador, mas não necessariamente a mãe dele mesmo, senão a mãe interior que surge das profundezas do inconsciente coletivo e que entra na psique do sonhador. De quem é, então, a Mãe de *Flash and Crash*? Do encenador? Da Filha? Na verdade, é dos dois. Trata-se da mãe-*anim*a do autor, mas para Filha representa outro arquétipo, a sombra, que aparece na forma do mesmo sexo de quem sonha e simboliza características da psique não integradas e reprimidas, as quais se manifestam nos sonhos. Os impulsos assassinos de Mãe, particularmente, são uma projeção — *a sombra* — dos desejos reprimidos de Filha. Quem é, então, Filha? Para o sonhador ela representa uma outra dimensão da *anima*, uma outra etapa, por assim dizer, do componente feminino do inconsciente dele. E ela, também, é uma sonhadora, e o que sonha é a dança macabra com suas próprias paixões homicidas. Os arcanjos constituem uma espécie de *animu*s masculino dela, resgatando-a e, às vezes, destruindo-a. As asas deles encarnam a busca da transcendência, do crescimento, mas a masculinidade deles a prende à terra.

A *anima*, segundo Jung, manifesta-se em diferentes níveis e em etapas de desenvolvimento da personalidade. É a mãe da criança, mas não necessariamente sua protetora; é capaz de personificar forças que impedem o desenvolvimento, mantendo o indivíduo num eterno estado infantil. Pueril e impetuosa, Filha é tal *anima*. Volta-se para dentro e contra o mundo; prova disto são suas posições fetais e especialmente seu onanismo. E quando projeta a sexualidade para fora ela só vê Mãe, a fonte de gratificação imediata da criança. A *anima* infantil tenta dar o pulo para a adolescência, por exemplo quando Filha se aventura a fumar um cigarro e pôr maquiagem. A *anima*, dizia Jung, pode ser uma figura ameaçadora, até assassina. Filha come o coração de Mãe, devorando vorazmente seu amor, mas ao mesmo tempo o obstáculo contra seu crescimento. Delicia-se ao sujar-se com o sangue, da mesma maneira que a criancinha brinca com lama ou com fezes. Filha canibaliza sua inimiga para dela extrair o poder[32].

A *anima* Mãe é, às vezes, um demônio de morte; Mãe é aniquilada ao mesmo tempo que aniquila, arrancando a cabeça de Filha. Mãe e Filha constituem manifestações da mesma *anima*; repetem as ações uma da outra, são imagens de espelho. Ao encerrar-se o espetáculo, Filha, onírica atrás de uma cortina transparente, faz a pantomima dos movimentos de Mãe. No fim, as duas imergem uma na outra, uma a imagem onírica da outra[33].

O sonho do encenador se expressa através da qualidade onírica de sua arte cênica: a utilização abundante de cortinas transparentes e de fumaça que obscurece os atores e os objetos; a distorção eletrônica de vozes e música; a marcação anti-naturalista; a metamorfose constante — a flecha transferida do boneco para a Filha —, a voz desincorporada que dá forma à ação e a sua lógica circular; a desconstrução do tempo linear — figurinos medievais/lanternas/vista urbana modernista —; mas principalmente o universo do inconsciente onde os sonhos são detonados.

Gerald Thomas e Nelson Rodrigues compartilham, até certo ponto, uma visão das artes cênicas. Os dois utilizam estilos de representação expressionista para chocarem os espectadores. As vozes em *off* que Nelson introduziu no palco brasileiro em *Vestido de Noiva* e *Toda Nudez Será Castigada* são usadas reiteradamente por Gerald; a voz de além-túmulo da protagonista Geni dá início a *Toda Nudez* e informa sua estrutura, enquanto *Flash and Crash* é informado por uma voz semelhante. As técnicas cinematográficas e o clima onírico inovados por Nelson são para Gerald habituais.

Todos esses efeitos oníricos nos fazem pensar em particular nas peças rodriguianas *Vestido de Noiva* e *Álbum de Família*, que rompem a

---

32. Essa cena é, também, uma referência à antropofagia de *O Rei da Vela*, à encenação de 1967, dirigida por José Celso, o antecessor que Gerald Thomas tanto admira.
33. Nem todos estariam de acordo com a interpretação psicanalítica de *Flash and Crash*, mas pelo menos uma participante percebe na encenação um elemento junguiano-arquetípico: "Leitora do psicólogo Jung, Fernanda vê no espetáculo `uma pulsação de entidades arcaicas' ", Cesar Garcia Lima, "Fernandas Duelam no Palco", *Folha da Tarde* (sem data).

fachada racionalista da sociedade — sem falar da ilusão naturalista do teatro — e desmascaram o universo secreto do desejo inconsciente. As peças de Nelson investigam o proibido e o perverso, dão uma reviravolta na repressão sexual e desvendam o espiral incestuoso da família, com suas conseqüências brutais, até fatais. Elas estão repletas de paixões exacerbadas e hipérbole grotesca, beirando o dramalhão, e são caracterizadas por uma complexa estrutura verbal e efeitos cinematográficos. Gerald Thomas, em *Flash and Crash*, apresenta os mesmos temas e produz efeitos similares com seu próprio estilo visual único. O modernista e o pós-modernista tendem para o mesmo ponto: os laços familiares incestuosos e homicidas de Nelson Rodrigues são levados ao extremo na encenação de Thomas; os dois parodiam a comédia de costumes, com suas atribulações familiares; as personagens de Nelson falam das profundezas do inconsciente, enquanto as de Gerald agem diretamente a partir dessas profundezas quando, por exemplo, Filha devora o coração de Mãe e esta última corta a cabeça daquela. Nelson Rodrigues e o encenador se preocupam com o problema fundamental da culpa e da repressão; nas palavras de Gerald Thomas: "Meu teatro é todo feito às escondidas, como se algum grande repressor aparecesse aí e mandasse acender as luzes e pegasse todo mundo em flagrante. O meu teatro é um teatro da culpa, como se uma espécie de culpa que circundasse a ação dos atores[34].

Nelson Rodrigues trouxe ao seu teatro material que recolhera como jornalista. Gerald Thomas também utiliza a realidade externa como subtexto de *Flash and Crash*. O óbvio nível psicológico da relação mãe/filha, "o combate psíquico do erotismo e violência"[35], os ritos de nascimento/morte/renovação e o esforço de Filha de separar-se de Mãe e criar sua própria identidade, derivam em parte da vida das atrizes. Segundo Robert Myers, o espetáculo trata de um "drama doméstico baseado no relacionamento mãe-filha na vida real de Fernanda Montenegro e Fernanda Torres". Ele cita o que Fernanda filha diz a respeito da relação como ponto de partida: "Mas minha mãe é também um monstro para mim... e Gerald compreendeu e usou

---

34. TV Cultura, *Gerald Thomas, Eis a Questão*, documentário, 1994.
35. Emily Mitchell, "Postcards From the Edge", *Time*, 24 ago. 1992.

isso. A peça trata do jogo entre o monstro e a pessoa de verdade". Ao falar de "monstro", é claro, Fernanda Torres se refere à imagem da mãe como "monstro sagrado" do teatro[36].

Por importante que seja para Gerald "a vida como ela é" como fonte, seu teatro se deriva principalmente da arte mesma. O elemento wagneriano, tão presente na obra do encenador, é igualmente um ponto de partida, tanto quanto a relação mãe-filha e as fontes internas da psique de Gerald. *Flash and Crash* se baseia até certo ponto na última parte da tetralogia do *Anel*, no *Götterdämmerung*. Wagner se encontra na música gravada, com seleções orquestrais do ciclo do *Anel*, sobretudo no clímax do final do espetáculo. O papel de Mãe, em sua concepção inicial, manifesta-se no título original da peça: *A Imolação de Brunhilde*. Assim como a Brunhilde de Wagner está cercada pelo anel de fogo que a imolaria, Mãe, também, está cercada por forças sinistras que a destruiriam: o vulcão ígneo, os desígnios assassinos de Filha. Não há nenhum Siegfried para resgatar Mãe, apenas os arcanjos estranhos. Desconstrói-se, à moda pós-modernista, a figura transcendente do herói, agora ambíguo, corrompido. O conflito entre as duas Fernandas mantém uma certa qualidade wagneriana e mítica na forma de um duelo entre os deuses (ou melhor, entre as deusas). Mas não se trata dos deuses de Valhalla, e dada a tendência de Gerald Thomas de inventar trocadilhos estéticos multifacetados, é provável que sejamos testemunhas de uma batalha entre deusas míticas da classe artística numa espécie de telenovela wagneriana.

A estrutura do espetáculo é informada por elementos míticos, incluindo as fontes nórdicas de Wagner. Muitas peças de Nelson Rodrigues, outrossim, têm uma dimensão mítica. Sábato Magaldi, por exemplo, em suas edições das peças de Nelson, escolheu, de acordo com o autor, *Peças Míticas*. Os mitos existem fora do tempo, *in illo tempore*, e *Flash and Crash*, também, suspende o tempo linear. As brigas intermináveis entre as protagonistas são uma referência ao choque entre os titãs, à guerra entre os deuses nos mitos universais de origem,

---

36. Robert Myers, "A Brazilian Legend Comes to New York as a Monster Mom", *The New York Times*, 12 jul.1992.

sejam estes greco-romanos, nórdicos, ameríndios ou brasileiros. Os dois arcanjos reforçam o espaço mitológico habitado por Mãe e Filha do espetáculo de Gerald. A dimensão sobrenatural dos mitos se estende aos contos de fadas e às lendas, os quais proliferam, direta ou indiretamente, em *Flash and Crash*. Os heróis dos contos de fadas devem superar obstáculos quase impossíveis para realizar uma busca. Os obstáculos de Filha são colocados por Mãe; Filha tem de prevalecer até sobre a mutilação e a morte. Sua busca? Crescer e desenvolver-se, liberando-se do dragão, da inimiga — Mãe —, e destruindo-a. Tem sucesso? Sua busca fica sem resolução até o fim do espetáculo, porque *Flash and Crash* é meta-mito, meta-conto de fadas, meta-lenda, signos míticos inscritos em camadas à moda pós-modernista.

Uma camada é constituída de lendas e mitos brasileiros. Há várias lendas protagonizadas por figuras femininas que possuem muitas características de Mãe e Filha, lendas que contêm o tema da mutilação. Mãe às vezes assume a forma de Ceiuci, ao perseguir Filha sem piedade; como a cobra Maria Caninana envenena sua própria criança; a Filha desobediente, ao perder a cabeça, torna-se uma mula-sem-cabeça; as duas protagonistas são Iaras seduzindo uma à outra para a destruição; as duas são Icamiabas, guerreiras em estado de batalha sem fim. Os mitos e contos de fada ocidentais estão também inscritos no espetáculo. Além dos mitos nórdicos recriados por Wagner, poder-se-ia pensar em Branca de Neve e a rainha cruel que tenta matá-la, e em Cinderela e sua madrasta má. Estas duas histórias, recicladas em filmes de Disney, são particularmente apropriadas para nossa análise, porque Gerald Thomas, como outros artistas pós-modernos, tem predileção por incluir referências da arte *pop* em sua mescla cultural.

Nelson Rodrigues, embora nunca tivesse incorporado a arte *pop* — utilizou deliberadamente, no entanto, o *kitsch* —, nunca negou sua dívida ao cinema, especialmente aos filmes expressionistas[37]. Como Nelson Rodrigues, Gerald tem sido influenciado por filmes como o *Nosferatu* de Murnau, de 1922, e o *Gabinete do Dr. Caligari*, de 1919.

---

37. Não queremos dizer com isso que o gosto de Nelson Rodrigues pelo cinema tenha se limitado aos filmes mudos.

Há outras alusões múltiplas ao cinema em *Flash and Crash*, sobretudo do gênero de terror. Mãe, com sua peruca de espantalho, é a noiva de Frankenstein; Filha, coberta de sangue, é uma vampiresa; em outros momentos é a menina possuída pelo demônio de *O Exorcista*; a série *Hora do Pesadelo*, caracterizada pela constante metamorfose onírica, pode ter sido uma inspiração; há referências paródicas à torrente de filmes de terror hiper-violentos produzidos recentemente por Hollywood (Fernanda Torres compara seu papel com o monstro Jason da série S*exta-Feira 13*). São cinematográficos os efeitos especiais, o predomínio do visual sobre o verbal, a trilha sonora, a presença constante da música e as vozes em *off*. Os cortes rápidos por meio de efeitos de iluminação e as transições efetuadas pelos atores — outra marca registrada de Nelson Rodrigues — caracterizam a ação, ao contrário da tradição teatral de marcação e de ação lineares e naturalistas. As cortinas transparentes, as gelatinas e a fumaça exercem funções equivalentes aos filtros usados nas câmeras no cinema.

Para concluir, Nelson Rodrigues e Gerald Thomas praticam um teatro puro, total, sem as restrições de espaço e de tempo do realismo, um teatro despreocupado com a verossimilhança, que se comunica através da imaginação e da fantasia. Os dois provocam controvérsia raivosa, os dois experimentam grandes sucessos e fracassos desanimadores. É uma questão de Gerald prestar homenagem a Nelson ou de desconstruir a obra do dramaturgo? As duas coisas, talvez, mas se há desconstrução ela é carinhosa, e se refere não a temas nem a estilos, relacionando-se antes com a estrutura do texto verbal. Por visuais e cinematográficas que sejam as peças de Nelson Rodrigues, ele sempre praticou o jornalismo e seus textos refletem essa experiência. Gerald Thomas, por outro lado, reclama do conceito de texto de teatro verbal: "Por que o teatro tem que ser verbal? Quem inventou essa besteira de que teatro é texto? Jornal é texto. Teatro é tudo"[38]. Nelson Rodrigues teria concordado que o teatro é tudo, mas nunca teria aceito o ponto de vista segundo o qual o teatro não consiste fundamentalmente no texto verbal.

---

38. TV Cultura, *Gerald Thomas, Eis a Questão*, documentário, 1994.

A PÓS-MODERNIDADE DE GERALD THOMAS: *MATOGROSSO* E *FLASH AND CRASH DAYS*

DAVID GEORGE

Flash and Crash Days ocupa uma posição peculiar na crônica do palco brasileiro. Se há paralelos com Nelson Rodrigues — ou, pelo menos, referências pós-modernistas —, o espetáculo é, sobretudo, um exercício de vanguarda, cheio de signos alusivos a todas as artes. As referências nem sempre são fáceis de descobrir; trata-se de uma encenação que desafia o público a compreendê-la. Embora alguns críticos elogiassem o espetáculo, muitos outros o criticaram acerbamente. Se os críticos não acharam graça nos jogos estéticos, se acharam Gerald Thomas bom diretor mas deficiente como autor de textos, o exercício hermético e vanguardista que foi *Flash and Crash*, ironicamente, foi um grande sucesso de bilheteria, e os espectadores chegaram, segundo alguns cálculos, a mais de cem mil. Nem todos apoiaram o espetáculo, mas um grande número foi seduzido pelas imagens fortes, pelo humor negro e pelo dueto macabro desempenhado majestosamente por mãe/Mãe e filha/Filha.

Os Teatros Estocásticos de Gerald Thomas

WLADIMIR KRISINKY

Ao chamar sua companhia teatral de "Dry Opera Company", Gerald Thomas cometeu em 1986 um gesto voluntariamente lúdico e aleatório, um gesto que se inscreve na tradição surrealista ou, se se preferir, dadaísta e talvez joyciana, e que consiste em tomar uma liberdade voluntariamente provocadora com a língua. "Dry Opera Company", transformação fonética da *Drei Groschen Oper* de Brecht, sofre transformações semânticas suplementares quando saímos do campo do inglês. Em português e em alemão, línguas que Thomas domina perfeitamente e nas quais trabalha, a palavra inglesa *dry* se traduz respectivamente por *seca* e *trocken*, o que dá Companhia de Ópera Seca e Trocken Oper. Um espectador não erudito esquece Brecht e o trocadilho que está na origem da operação provocadora. É de perguntar então o que quer dizer "Companhia Seca". O crítico Oliver Reese[1], quando faz a pergunta a Thomas, não recebe, suspeitamos, uma resposta direta. Thomas expõe sua estética de maneira paradoxal, por metáforas e alusões humorísticas: à ópera séria, ou melhor, molhada, ele opõe a provocação fazendo secar a dignidade e o patos na temperatura tropical dos trocadilhos que

---

1. Ver a entrevista de Oliver Reese com Gerald Thomas, "Ich bin der Kuppler dieses Inzests", programa de *Sturmspiel* (nach motiven aus Shakespeares "Sturm"), Beyerisches Staatschauspiel, 1990, pp. 4-10.

não respeitam nada nem ninguém. À seriedade da arte estabelecida, Gerald Thomas opõe um discurso lúdico que não conhece limites.

Em que consiste a estética de Gerald Thomas? Seria incômodo encontrar características precisas. Trata-se de uma estética constantemente aberta, em processo de criação, em mestiçagem permanente.

Antes de expor algumas idéias, e não princípios, sobre isso, gostaria de fazer uma associação e explicar a origem do instinto teatral provocador de Gerald Thomas pela "brasilidade" que ocupa na sua identidade o lugar central e dominante. A identidade de Thomas é múltipla e totalmente indefinível. Ele se define em alemão, parafraseando Wagner, como "der fliegende Jude", o judeu voador, ao invés de "der fliegende Hollander"[2]. E essa fórmula caracteriza bem o senso inato de uma certa ubiqüidade de Thomas. A América Latina, a América do Norte, a Europa o acolhem ora no Rio de Janeiro, ora em São Paulo, ora em Nova York, ora em Stuttgart ou em Munique. Não conhecendo limites topográficos, Gerald Thomas se comporta como um artista inventor, conquistador lúdico e incansável que transgride as normas da tradição cultural ou teatral. Cria sua própria linguagem cênica, assim como cria sua própria sintaxe e seu idioma provocadores. Eu procuraria justamente na brasilidade de Thomas as raízes desse comportamento. E identifico imediatamente um modelo ao qual Gerald Thomas não é sem dúvida indiferente. É Caetano Veloso, cantor, poeta e compositor brasileiro que expressa o sentido da identidade brasileira em sua música e sua poesia. Em um poema que se intitula "Língua", Veloso expressa engenhosamente a dimensão lúdica e a espontaneidade da mestiçagem que transforma a língua românica que é o português em uma língua tropical. Essa língua, segundo o refrão de Veloso, é uma "flor do lácio sambródromo", é "latim em pó" que desconhece limites e normas: "Gosto de sentir a minha língua roçar/A língua de Luís de Camões/Gosto de ser e de estar/E quero me dedicar/A criar confusões de prosódia/E uma profusão de paródias". Guardando as devidas proporções, o teatro de Gerald Thomas cria também "confusões de prosódia" e uma "profusão de paródias".

2. *Ibidem*, p. 5.

UM ENCENADOR DE SI MESMO: GERALD THOMAS

SÍLVIA FERNANDES E J. GUINSBURG

O gesto teatral de Thomas é ao mesmo tempo paródico e respeitoso de uma certa tradição teatral. É antes de tudo lúdico e se fundamenta numa intenção de reteatralizar o teatro segundo os princípios instáveis da mistura de elementos aleatórios. Tocamos aqui na sua filosofia do acaso, que constitui a base principal de sua atividade teatral.

Para Thomas o acaso é um lance. Cada novo lance é imprevisível. Se para Mallarmé nenhum lance de dados jamais abolirá o acaso, para Gerald Thomas cada acaso desloca e perturba a sistemática e a lógica mimética do teatro. O acaso catalisa a subversão que Thomas pratica por amor ao escândalo e à liberdade. Multiplicar os lances é fazer do teatro um campo de jogo onde tudo pode acontecer. Cada jogador tem oportunidades iguais de ganhar. Cada jogador pode causar surpresas. Thomas gosta de repetir a frase de Nietzsche: "Jeder Fall ein Glücksfall"[3]. "Cada golpe é um acaso", eis o seu lema, o seu credo estético. Da mesma maneira ele parodia Richard Wagner e sua célebre fórmula da *Gesamtkunstwerk*, que se torna *Gesamtglücksfallwerk*. O que Wagner postulava como obra de arte total, torna-se ou deve tornar-se para Thomas uma "obra de arte de acaso total", ou então, traduzindo de outra forma, "uma obra de arte de acasos reunidos".

Mas o que é então o acaso para Thomas? Ele não o explica nem matematicamente, nem filosoficamente, mas metaforicamente. É preciso ser incestuoso, diz Thomas. E se nós puséssemos na mesma cama os melhores autores e filósofos, os melhores elementos da cultura, da civilização, do teatro e da literatura, nós obteríamos um bebê que não seria lá muito bonito. Mais provável que fosse até mesmo monstruoso. Mas é assim que nós somos feitos, assim que nossos ancestrais nos transmitiram sua herança. Toda arte moderna parte dessa mestiçagem, dessa mistura, que é preciso repensar e retrabalhar. A obra teatral do acaso total é um discurso cênico onde nenhuma estabilidade, nenhuma identidade, nenhuma tradição resiste à força e à imprevisibilidade dos lances. O jogo, ou melhor, um panludismo, transtorna absolutamente tudo. Leva consigo as estruturas e as normas. A prática cênica de Thomas se apresenta como uma exaltação de movimentos lúdicos e

---

3. *Ibidem*, p. 5.

aleatórios. O teatro fica em estado de equilíbrio instável, em estado de tensão dialógica e provocadora que ironiza as estruturas estabelecidas. É uma maneira possível de interpretar a prática teatral de Thomas.

Mas é, creio, uma interpretação parcial e não objetiva. É preciso compreender o sentido profundo do acaso em Thomas para explicar a originalidade e a dimensão vanguardista de seu processo. Parece-me que o acaso entendido como uma infinidade de lances é um postulado estético original, mas não permite explicar o sentido de algumas constantes nas encenações de Thomas. Não permite também compreender como seu estilo teatral se formou pela retradução em termos filosóficos e cênicos de certas tradições teatrais tomadas como pontos de referência.

O acaso seria então repetitivo e impaciente. Antes de desenrolar seu infinito, seria mais sensível a certos lances, sempre os mesmos, do que à multiplicação de novos golpes. A estética cênica de Thomas se explica melhor e mais dialeticamente quando tentamos compreender que sua teatralidade acontece entre os lances do acaso e o processo estocástico. Ao programa da multiplicação dos lances aleatórios é preciso acrescentar a necessidade de calcular as probabilidades de repetição, de previsão e de extrapolação de certas variáveis inseridas na criação cênica. Esta se compara a um processo estocástico, "função aleatória cujo argumento é o tempo, com desenrolar irreversível e inevitável"[4]. Devemos nos voltar para a evolução de um elemento cênico sobre o qual o "acaso" intervém a cada instante. Se nos processos estocásticos "a realização da experiência é uma função do tempo"[5], é preciso admitir que o tempo do espetáculo implica a realização de certas variáveis aleatórias, de certos acasos, como diria Gerald Thomas. O teatro de Thomas é determinado ao mesmo tempo pelo acaso e por um objetivo. O acaso pode significar o incesto entre filósofos e escritores aparentemente inconciliáveis, entre estruturas contraditórias e contingentes. A idéia da determinação estocástica permite calcular, na cronotopia cênica, o aparecimento e reaparecimento de certos elementos cujo caráter aleatório se

---

4. M. Girault, "Processos Estocásticos", *Encyclopaedia Universalis*, volume 15, Paris, Encyclopaedia Universalis France, 1978 (1968), p. 390.
5. *Ibidem*, p. 390.

atenua e enfraquece. É chegado o momento de explicar essas considerações com exemplos concretos, o que nos permitirá compreender em que consiste a finalidade principal da prática cênica de Gerald Thomas.

Entre as inumeráveis encenações de Gerald Thomas, escolheremos *Mattogrosso* e *Carmem com Filtro 2,5*. Nessas realizações cênicas, Thomas está excepcionalmente bem assessorado pela cenógrafa Daniela Thomas e pela atriz Bete Coelho. A presença das duas é uma das constantes que evoluem no tempo cênico e relativizam o acaso. É em parte graças ao trabalho de Daniela Thomas e de Bete Coelho que se formou o estilo de Thomas: dialético entre o antiwagnerismo e o wagnerismo, entre o barroco e o modernismo, entre o acaso e o cálculo das probabilidades. Para compreender a dinâmica do teatro de Thomas, é preciso avaliar a função da gratuidade do acaso e a persistência, em algumas estruturas cênicas, da representação e da antirrepresentação. Podemos nos perguntar que categorias críticas poderiam enquadrar esse teatro de aparência entrópica mas de fato rigorosamente disciplinado.

Gostaria de proceder por analogia e postular uma certa semelhança entre a música de Iannes Xenakis e o metateatro de Thomas. De fato, essa semelhança entre os dois processos estéticos deve chamar nossa atenção para o fato de que o acaso de Thomas é controlado e que a música de Xenakis não deixa nada ao acaso das circunstâncias criadoras e socioculturais. Sabemos que Xenakis aplica a lei dos grandes números sobre grupos complexos de acontecimentos. Essa lei parte do princípio de que quanto mais alguns fenômenos são numerosos, mais eles tendem para um objetivo determinado. Opondo-se à tradição linear e polifônica da música serial, Xenakis aplica o cálculo das probabilidades ao controle das massas, das nuvens e das constelações de sons que são então governados pelas novas características da densidade, do grau da ordem e da rapidez de mudança[6]. Todos esses com-

---

6. Maurice Fleuret, "Iannes Xenakis: Solitary Venturer", in Iannes Xenakis, *MEDEA for Men's Chorus Galets and Orchestra, SYRMOS for 18 Strings, POLYTOPO for 4 Orchestras scattered throughout the audience*, Ars Nova Ensemble and Men's Chorus of Radio ORTF., regência de Marius Constant, CE 31049, Compatible Stereo, s.d., s.p.

ponentes tornam-se parte integrante da composição. *Stochos* significa em grego "objetivo", "alvo", mas também "pensar" ou "refletir". É então no espírito dessa dupla etimologia helênica que Xenakis cria sua música. Ela é concebida como um conjunto controlado de signos e transformações cuja complexidade se resolve por uma matematização da ordem. A música estocástica de Xenakis é a consciência da finalidade que a cada vez pode ser diferentemente definida e a consciência do controle do acaso.

O metateatro de Thomas poderia ser definido por termos bastante parecidos, na medida em que seu discurso, assim como o de Xenakis, afronta massas, constelações e nuvens de signos teatrais, parateatrais e metateatrais. A reflexão de Xenakis visa estruturar a música enquanto reflexo de toda música que a precede e enquanto metadiscurso que expressa a dinâmica auto-reflexiva de sua criação. O trabalho criador de Thomas joga com as estruturas teatrais estabelecidas ou pré-estabelecidas, mas ao mesmo tempo visa produzir uma metaestrutura auto-reflexiva cuja função é ao mesmo tempo crítica e lúdica. O teatro que já há tempos perdeu sua virgindade mimética se transforma em uma máquina infernal que se desconstrói e se reconstrói sob nossos olhos. Entre o lance ao acaso e a finalidade espaço-temporal e lúdica da cena se ergue uma materialidade do visível, do cinético e do metamimético. O teatro de Thomas é uma citação incessante do teatro, do pré-teatro, do pós-teatro e uma dicção lúdica e estocástica que avança para um objetivo determinado sob a empresa espaço-temporal e somática da cena. Podemos então ver como esse teatro, que no começo só afirma o acaso, controla e ultrapassa a gratuidade aparente do acaso.

O modelo estocástico da música de Xenakis se aplica à análise do trabalho cênico de Thomas sob a condição de se atribuir à analogia uma função epistemológica. A analogia entre o *estocos* da música e o *estocos* da discursividade cênica alarga o campo problemático de um saber. Vamos tentar pôr em prática esse modelo analógico.

Afirmando que cada lance é um acaso, Thomas pré-supõe que todos os parâmetros do teatro — ação, personagem, diálogo, espaço, tempo, jogo, corpo específico do ator, ritmo, canto, dança, luz, música, ópera, tragédia, comédia, grotesco, poesia e prosa — podem ser submetidos a golpes do acaso e que podem sofrer um tratamento lúdico. O teatro não tem nenhuma identidade estável. Sua forma e seu conteúdo são conjuntos imprecisos aos quais um diretor pode administrar um tratamento aleatório. Entretanto, se notarmos bem, percebemos que o tratamento aleatório fixa ou mesmo esgota bastante rapidamente seus limites e se deixa submeter a um certo controle mas ao menos deixa entrever uma finalidade. É assim que o princípio de *estocos* torna-se primordial. É assim que o teatro de Gerald Thomas se transforma em vários teatros concorrentes, em estruturas e em processos estocásticos.

Ao falar de "teatros estocásticos" e não simplesmente do teatro de Gerald Thomas, quero evidenciar o fato de que cada espetáculo, cada encenação, propõe combinatórias diferentes e processos estocásticos diferentes. Poderíamos também expressar esse problema de outro modo. Em cada encenação de Gerald Thomas, a lei dos grandes números age de forma diferente e produz um controle específico de acasos combinados. "O termo acaso se usa para designar seja relações lógicas entre eventualidades abstratas, seja relações observáveis entre fenômenos concretos"[7]. No primeiro caso falamos de probabilidades matemáticas; no segundo, falamos de acaso. No teatro de Gerald Thomas o acaso age precisamente desta maneira. É uma série de relações observáveis entre fenômenos.

Tomemos como exemplo *Carmem com Filtro 2,5*. Esse espetáculo toma como ponto de partida uma série de fenômenos concretos entre os quais o encenador estabelece relações observáveis: Carmem é uma personagem da literatura e da ópera. Carmem é uma cigana (*gitane*). Uma *gitane* é um cigarro. Um cigarro é um objeto que se fuma com ou sem filtro. Mas Carmem, a personagem, é uma mulher. Uma mulher tem seus sentimentos, entre os quais o amor. Nesse exemplo, na estrutura narrativa pré-estabelecida, Carmem ama José, mas ela ama em seguida outro homem, Escamillo. Thomas passa em revista as diferentes versões de Carmem, as encarnações patéticas ou

---

7. B. Saint-Sernin, "Hasard", *Encyclopaedia Universalis*, vol. 8, Paris, Encyclopaedia Universalis France, 1976 (1968), p. 257.

patêmicas, as vulgarizações que seguiram à publicação de *Carmem* de Prosper Mérimée. A ópera de Bizet, claro, as diferentes versões cinematográficas, romances populares. Humoristicamente e ironicamente Thomas brinca com as diferentes encarnações do personagem. Brinca também com as diferentes opiniões e as diferentes músicas, a de Bizet, a de Wagner, a de Philip Glass, a do "samba exaltação" de Ary Barroso. Os lances de acaso que sobrepõem as diferentes encarnações, visões, opiniões, controvérsias ou atitudes enriquecem e desrealizam o arquétipo cênico de Carmem. Assim como um cigarro, como uma *gitane* filtro, Carmem será fumada, aniquilada antes que uma outra *gitane* seja introduzida na boca dos futuros fumantes. Mas onde e como age aqui o *estocos*, quer dizer, o objetivo, a direção, o pensamento coordenador, a lei dos grandes números? Entre a personagem-cigarro, a personagem-acaso e a personagem-papel, seja ele cantado, dançado, gestualizado ou dialogicamente acentuado, se intercala o corpo dançante, o corpo pulsional da mulher. O corpo da atriz Bete Coelho. O gestual e a dança tornam-se então o processo estocástico do espetáculo. Eles resolvem todos os lances ocasionais. Tendo uma biblioteca ao fundo, o corpo de Bete Coelho executa seqüências de movimentos, gestos e gritos. Os movimentos da atriz formam uma lógica idiossincrática e subjetiva de pulsões cinéticas. A estocástica do espetáculo consiste em estabelecer uma dialética entre a serialidade dos pontos de vista, das opiniões, e o que poderíamos chamar de império do corpo no sentido wagneriano.

    A seu modo Gerald Thomas põe em prática a intuição profunda e o postulado implícito de Wagner, que em *A Obra de Arte do Futuro* (1849) constata que "na base da arte humana há o movimento do corpo. E no movimento do corpo se introduz o ritmo que é o espírito da dança e o esqueleto do tom"[8]. Essas fórmulas wagnerianas parecem guiar o empreendimento estético de Thomas em *Carmem*. Para além de sua dimensão irônica e brincalhona se constitui o processo estocástico que impõe a dança, o ritmo e o movimento como reguladores dos

---

8. A. Symons, "The Ideas of Richard Wagner", in E. Bentley (ed.), *The Theory of the Modern Stage*, London, Penguin Books, 1990 (1968), p. 288.

acasos. Assim o corpo da atriz-dançarina-ritmista-tonista torna-se o correlato objetivo do espetáculo.

No espírito wagneriano se concebeu uma outra obra, uma outra "ópera seca" de Thomas: *Mattogrosso*, de 1989. A música foi composta por Philip Glass. Aqui Thomas não economizou meios. A obra é monumental, com um coro e uma orquestra onde dominam simetricamente os violinos, as trombetas e os trombones, assim como a percussão. Quarenta e três atores evoluem em cena.

A idéia de *Mattogrosso* é original[9]. De novo, há na origem um acaso e uma "brincadeira" — uma das palavras preferidas de Gerald Thomas, que em *Mattogrosso* brinca com a idéia de uma utopia. O protagonista principal é o grande explorador do século XIX, Friedrich Ernst Matto. Ele explorou florestas tropicais das quais trouxe setenta blocos de notas onde se encontram desenhos e mapas. Sabemos fora isso que ele assobiava *Lohengrin*. Tinha visões. Era como Hamlet, à beira da loucura, e acreditava ver Virgílio. Matto era um desencantado. Sonhava com uma ordem política e, de certa forma, levantava já questões ecológicas. Quando voltou para a rainha a quem falou de suas visões, expôs-lhe as teses de Hegel sobre a identidade e sobre a autoridade. A rainha não o compreendeu. Tomou-o evidentemente por um louco. Desesperado, Matto se deixa morrer. Nas suas notas, desculpa a rainha. Está consciente do fato de que para os outros sua vida pode ser incompreensível. Nota que o saber concebido de forma abstrata causa muitas complicações. E que é impossível deixar-se prender por uma única idéia. E acaba seu discurso dizendo: "Que Deus proteja a rainha. Ela identificou a conseqüência de minha incompreensão". Em seu testamento Matto pede para ser enterrado em um local de dezessete metros de largura por trinta de profundidade e que ao lado de seu caixão fossem postos centenas de caixões de formas diferentes. Em cada um se depositaria uma pequena porção de terra colhida no local onde fosse enterrado Matto. Todos os caixões seriam fechados, inclusive o de Matto. Eis a história.

---

9. Cf. Philip Glass, Gerald Thomas, *Mattogrosso*, programa do espetáculo, São Paulo, Tucano Artes, s.d., s.p.

No que toca às idéias que estão na origem dessa ópera "seca", de novo Gerald Thomas parte de um jogo de palavras. Sua intenção é aleatoriamente e ludicamente polêmica, porque ela invoca com Darwin. À evolução das espécies Thomas opõe a "devolução das espécies"; à célebre fórmula survival of the fittests (sobrevivência do mais apto) ele opõe survival of the defeatist (sobrevivência do derrotista).

O que Thomas assinala fortemente nessa obra, tanto no plano temático quanto no plano cênico, é a analogia com a primeira e a quarta parte da tetralogia wagneriana *O Anel dos Nibelungos* (*O Ouro do Reno* e *O Crespúsculo dos Deuses*). Essa analogia diz respeito sobretudo, me parece, à problemática das exigências ético-religiosas da alma moderna, dividida entre o amor e a caridade, entre a vontade de prazer e dominação e a vontade de renúncia. Essas exigências se concretizam no mito do amor oposto à fascinação fatal do ouro. É também a problemática do eterno devir da alma (*Werden*) que termina no infalível crespúsculo dos deuses (*Raquarok*). Esta busca é regida pela lei do *Hort* (potência), que deve afrontar as adversidades do mundo. Tal é também o destino de Mattogrosso. Personagem wagneriano em sua exuberância metafísica e por sua loucura, ele perfaz uma busca cognitiva. Podemos admitir uma vez que neste jogo Wagner constitui um "correlato objetivo".

O wagnerismo de Gerald Thomas se traduz por uma materialidade cênica totalizante que conjuga o drama e a ópera, a dança e o monumentalismo visionário. Além disso, é também uma visão do mundo, uma *Weltanschauung* que Thomas repensa e reinstala em cena. Na cenografia suntuosa e sóbria de Daniela Thomas se desenrola pateticamente e monumentalmente esse drama da consciência rasgada. É um teatro de sombras e de gigantes regido por uma música "pós-moderna", logo sóbria e citacional, metawagneriana, composta para a ocasião, interdiscursivamente, por Philip Glass.

O que me parece constituir o regulador essencial do processo estocástico presente em *Mattogrosso* é a recriação do mito do herói e de suas determinações modernas. Novamente Wagner deve nos guiar aqui. Na *Ópera* e *Drama* de 1851 ele descreve as condições da criação artística, e mais especificamente dramática, no mundo moderno.

Wagner constata que do lado oposto do *fatum* grego, que era uma necessidade interna, nosso *fatum* é um estado político arbitrário que aparece como uma necessidade externa para a manutenção da sociedade[10]. Se nessas condições, o criador deve reinventar um mito que condensaria a imagem da energia humana, das suas aspirações e de seus conflitos em uma ação narrativa sintética[11].

Tal é justamente o processo de Gerald Thomas em *Mattogrosso*. As perspectivas aleatórias se resolvem estocasticamente pelas perspectivas míticas, intelectuais e dialéticas que contém e expressam uma visão da condição humana exemplificada pela história de Mattogrosso. A teatralidade da "devolução das espécies humanas" torna-se um espetáculo monumental, um pouco sombrio, insistindo na visibilidade intensa dos monstros humanos que administram e que afrontam o poder. Esse espetáculo mostra a loucura travando luta com um *status quo* do mundo que a vontade de saber que caracteriza *Mattogrosso* não consegue abalar. Resta-nos que o gosto da utopia sobrevoa essa "ópera seca" e lhe dá a dimensão vertiginosa de um discurso artístico agônico que abala as certezas ideológicas sobre as quais se fundamenta o poder. *Mattogrosso* é a história de um *farmakos*, de uma vítima em conflito com as ordens estabelecidas. O apetite metafísico e utópico que caracteriza o protagonista wagneriano de uma nova comunidade humana, comunidade ecológica que se está constituindo.

Liberation
Tradução de Sérgio Coelho

10. Cf. A. Symons, op. cit., p. 299.
11. *Ibidem*, p. 300.

A IMAGINAÇÃO MONOLÓGICA

FLORA SÜSSEKIND

OUVIR COM OS OLHOS

O primeiro impacto do espectador de Gerald Thomas e Bia Lessa costuma ser visual. As formas de iluminação e a expansão vertical (lembrem-se os vários andares em *Carmem com Filtro*, por exemplo) ou horizontal (como na multiplicação de faixas, interiorizadas, de palco, separadas por tela transparente, em *Eletra com Creta* ou *Mattogrosso*) da cena, no caso de Gerald Thomas; o aproveitamento do espaço aéreo do palco enquanto zona de imprevisíveis interferências (via papel picado, como no *Exercício nº 1*, via folhas, areia, água, pedras, como em *Orlando*) ou enquanto lugar para desenhos diversos com linhas e cordas no vazio, como as que atravessam e rabiscam o palco em *Exercício nº 1* ou *Cena da Origem*, no que diz respeito a Bia Lessa. É, pois, esse aspecto plástico o que chama a atenção, de saída, nas encenações de ambos. E o que os próprios diretores mais parecem mesmo se divertir em sublinhar. Daí o palco propositadamente sempre "sujo" de Bia Lessa ou as sucessivas citações visuais (Magritte, Duchamp, Christo, Anselm Kieffer, Francis Bacon) espalhadas por Gerald Thomas.

Se esse caráter plástico não é, sem dúvida, pista falsa, não é, no entanto, pista única. Podendo, inclusive, a atenção exclusiva aos aspectos visuais do teatro de Bia Lessa e Gerald Thomas deixar escapar um de seus recursos mais significativos — o modo como trabalham o som em *off* e a trilha musical —, assim como o movimento, perceptível desde fim dos anos 80, em suas montagens, em direção à presentificação — muitas vezes auditiva — de um sujeito, à incorporação de um princípio formal narrativo ao seu método teatral.

No caso de Bia Lessa *não* se trata propriamente de constituir um sujeito sonoro em off. Há, por exemplo, uma trilha musical todo poderosa que cumpre a função narrativa em *Exercício nº 1*. Há, por outro lado, a interferência de uma voz em *off* em *Orlando* e *Cartas Portuguesas*, funcionando de modo digressivo em *Orlando*, e à maneira de um comentário prévio sobre o tom e o desdobramento do sujeito amoroso em *Cartas Portuguesas*. Neste caso é, então, em cena que se encontra o sujeito, servindo o aviso, por meio de uma velha fita de propaganda, logo no começo da montagem de *Cartas Portuguesas*, de que talvez os "graves" e os "agudos" não estivessem perfeitos, de impulso contrário, técnico, anti-subjetivo. Fala gravada cuja entonação neutra interfere, de saída, no tom rasgadamente apaixonado do texto, e cujo teor parece comentar, de modo auto-irônico, a opção, de Bia Lessa, por duas atrizes, dois timbres de voz, para interpretarem o sujeito amoroso das cartas de sóror Mariana Alcoforado.

Em se tratando de Gerald Thomas multiplicam-se os exemplos de cenas de dublagem, interferências de registros vocais diversos, trilhas deslocadas, ruídos de batucada, rotação alterada na reprodução da voz gravada, ruído de tique-taque, das batidas do coração, além de muitas intromissões da voz do diretor em *off*, configurando-se, assim, uma verdadeira ampliação — por meio do som — do espaço cênico. Criando-se, então, um verdadeiro espaço cênico outro, exclusivamente sonoro, em diálogo, justaposição ou franca oposição ao que se apresenta no palco. Lembre-se, nessa linha, a voz de fora em *Eletra com Creta, Mattogrosso, The Sad Eyes of Karlheinz œlh*. E do caráter claramente de relato que assume *The Flash and Crash Days*, montado em 1991; da sua longa primeira fala, em off, em primeira pessoa, que estrutura toda a representação. E das interferências dessa voz gravada, do próprio Gerald Thomas, noutras falas, noutros corpos, ao longo do espetáculo.

Delimitação auditiva de um comentarista mecânico, impessoal, ausente, em contraponto à subjetividade cindida, ao monólogo epistolar, a duas vozes, da religiosa, mas capaz de, por contraste, sublinhá-los, em *Cartas Portuguesas*; inclusão de um narrador de fato, o sujeito invisível de um monólogo desdobrado visualmente no confronto entre duas figuras femininas, dois tempos diversos, em *The Flash and Crash Days*. Um sujeito presente, visível, duplicado, que relata fragmentariamente uma história de amor; um narrador só voz, e por isso mesmo dotado de presença fortíssima, dá a ver a própria divisão: estratégias diferentes para ênfase semelhante num sujeito, numa voz narrativa.

Não que esse interesse, esses sinais de uma preocupação narrativa sejam exclusividade de Bia Lessa ou Gerald Thomas. Parecem apontar, na verdade, para um movimento mais amplo que, no teatro brasileiro recente, incluiria desde a investigação de Antunes Filho sobre as formas de sedimentação das histórias na tradição oral, tomando por base "Chapeuzinho Vermelho", ao trabalho com um narrador explícito, como o de *Nossa Cidade*, de Thornton Wilder, na remontagem da peça pelo grupo TAPA em 1989, à ênfase na figura do corifeu, e sua utilização à maneira de um narrador convencional, na *Antígona* dirigida por Moacyr Góes, ou à transformação da sucessão de vozes telefônicas que invadem o cotidiano da protagonista de *Nadja Zulpério*, de Hamilton Vaz Pereira, e de sua secretária eletrônica, em verdadeiro fio condutor sonoro do espetáculo.

Quanto à literatura recente, se, por um lado, a opção por formas mais curtas de relato parece sugerir certo retraimento da voz narrativa, nota-se, por outro lado, uma preocupação constante com o próprio sujeito, muitas vezes apresentado, no entanto, em estado de evidente instabilidade ou quase agonia. Basta lembrar o narrador de *Hotel Atlântico*, de João Gilberto Noll, que se vê privado sucessivamente de mapa, pouso, perna, movimentação, audição, visão, perdas relatadas por ele quase de fora, como observador da própria decomposição. Basta pensar, noutra linha, no começo de *Vastas Emoções e Pensamento Imperfeitos*, de Rubem Fonseca: "Acordei tentando me segurar desesperadamente, tudo girava em torno de mim enquanto eu caía sem controle num abismo sem fundo". Instabilidade que, no entanto, o escritor se encarrega de atenuar, ao longo da narrativa, procurando colar a este sujeito, via "citações" em série, máscara intelectual coesa. Esforço de unificação, via repertório "culto", da voz narrativa, no que se refere ao romance de Rubem Fonseca. Noutra direção, sem esse tipo de ponto fixo, há o movimento de interiorização, os exercícios em torno do monólogo narrado ou autônomo, realizado nos romances de Marilene Felinto; ou, ainda, movimento inverso, há o esforço de exteriorização, de configuração de um sujeito autodescritivo, por parte de Noll, de que é exemplar tanto o desdobramento do narrador num outro, agonizante, que lhe serve de objeto de observação, em *Bandoleiros*, quanto a fusão de agonia e observação, das funções de sujeito e objeto, numa única voz narrativa em *Hotel Atlântico*.

Representações teatrais e literárias recentes de figura ou voz com função narrativa, que se aproximam não só pela tematização, pelo isolamento, ou pela ênfase no próprio sujeito, mas, ainda, porque, nesse movimento, parecem se situar por vezes numa espécie de "fronteira entre o dramático e o narrativo"[1]. Fronteira em que se esbarram monólogos narrados e dramáticos, em que se encontram, por caminhos opostos, os elementos narrativos que se multiplicam no teatro, de um lado, e o "espetáculo de si" a que se submete tantas vezes o narrador de ficção, de outro.

Porque se, nas décadas de 60, 70 e na primeira metade dos anos 80, formas predominantemente coletivas de criação e o trabalho freqüente com colagens textuais — como as realizadas por Luiz Antônio Martinez Correa, por exemplo, em *O Percevejo* ou *Ataca, Felipe!*, com base no teatro de Vladimir Maiakóvski e Artur Azevedo respectivamente — pareciam descartar a mediação de narradores ou a visualização de um princípio nítido de organização da matéria ficcional, parece se estar assistindo, nos últimos anos, pelo contrário, a um impulso monológico, a uma reindividualização, a um esforço de delimitação, em meio a elementos propriamente teatrais, de uma dimensão narrativa somada a eles.

---

1. Ver, a respeito, de Michael Issacharoff, "Vox Clamantis: L'Espace de l'Intelocution", *Poétique 87*, Paris, Seuil, set. 1991, em especial p. 317.

Ao mesmo tempo, no que se refere à prosa de ficção, se a preocupação com o próprio sujeito, com a narração, por vezes passa a dominar o quadro ficcional, isso parece trazer consigo, no limite, a possibilidade de anulação mesma da perspectiva narrativa, da distância, "a ponto de o ponto de vista e a coisa descrita serem uma coisa só"[2], a ponto de se sugerir algo próximo a uma objetivação dessa fala, dessa voz-que-narra. Objetivação, busca de uma figura ou voz de narrador, para a qual parecem se encaminhar de fato, noutro campo, noutro meio — a rigor, não-narrativo — de expressão, os monólogos, as vozes e os relatos gravados do teatro de Gerald Thomas e Bia Lessa.

Corpos sem Voz

A disjunção — não é difícil perceber — é um dos princípios básicos do método teatral de Gerald Thomas. De que são exemplos evidentes o coração arrancado de "Ela" (Fernanda Montenegro) — e devorado, em seguida, por sua duplicata mais jovem — e a cabeça separada do corpo da "jovem Ela" (Fernanda Torres), em *The Flash and Crash Days*; ou a mesa, sobre a qual se esperaria que Carmem dançasse, colocada, todavia, acima de sua cabeça, suspensa no ar, enquanto ela dança em *Carmem com Filtro*; os corpos nus pelo chão, de que só se vêem pedaços, em *Mattogrosso*; um corpo de mulher, de que só se vêem as pernas abertas, arrastado num carrinho pelo chão, em *Carmem com Filtro*; um olho enorme, solto, e feito em pedaços quase no fim da representação em *The Flash and Crash Days*. Desmembramento perceptível igualmente na multiplicação de referências literárias, musicais, visuais, quase sempre, elas também, em pedaços, ou na ênfase constante numa separação entre voz e corpo, fala e emissão, entre o som ou o ritmo da voz e a figura que parece produzi-los; numa aproximação, por outro lado, entre capacidade narrativa, autoridade ficcional e invisibilidade cênica.

---

2. Cf. Dominique Rabaté, *Vers une Littérature de L'Épuisement*, Paris, José Corli, 1991. Em particular, p. 126, na qual se faz comentário semelhante, mas ligado a contexto diverso.

Esse tipo de procedimento, no seu caso, funciona, em parte, como referência explícita ao universo ficcional de Samuel Beckett, em particular à sua associação entre perda do corpo, imobilização e narração[3], entre perda de identidade, desindividualização — daí o anonimato de tantos de seus personagens — e um movimento em direção a algum tipo, hipotético, de experiência da própria realidade por parte de seus narradores[4]. Não apenas aproximações de Beckett, os desmembramentos e desajustes, de que está cheio o teatro de Gerald Thomas, evocam também — provavelmente de modo involuntário — certas atitudes características à dramaturgia e às encenações simbolistas de fins do século XIX.

Nesse sentido, é possível tomar como paradigmática a tentativa de Lugné-Poe ao dirigir *La Gardienne*, de Henri de Régnier, em 1894, de separar a movimentação cênica das vozes dos intérpretes. Procurando, para isso, esconder do público, no fosso da orquestra, os atores que diziam o texto de Régnier e, ao mesmo tempo, deixar à mostra, no palco, apenas um outro grupo que, por trás de uma cortina transparente, se dedicava exclusivamente a uma pantomima muda.

Tentativa meio malograda à época esta de Lugné-Poe, que chama a atenção, no entanto, para o interesse, nos dramas poéticos do simbolismo, como assinala Peter Szondi, ao comentar a montagem de *La Gardienne*, pela "dissociação da ação cênica e da palavra"[5]. Processo aparentemente próximo ao empregado por Gerald Thomas hoje. Com diferenças patentes, no entanto.

De cara, por conta do uso de meios técnicos de reprodução, ampliação e distorção da voz, que, de fato, garantem ao sujeito em *off* uma invisibilidade, a possibilidade de plena ausência corporal. Possibilitam, por exemplo, a recepção simultânea de vários sons e ruí-

---

3. Sobre esse aspecto da obra de Beckett, consultar, de Eric Eigenmann, "Mise en Scène de Léffacement", *Critique*, pp. 519-520, Ago.-Set. / 1990.
4. Ver, a respeito, de Wolfgang Iser, "Subjectivity as the Autogenous Cancellation of its Own Manifestations" *in*, *The Implied Reader*, The Johns Hopkins University Press, 1990.
5. Cf. Peter Szondi, "Sept Leçons sur *Hérodiade*", *in Poésies et Poétiques de la Modernité,* Presses Universitaires de Lille, 1982, pp. 130 e ss.

dos, como na justaposição da voz, baixa, de Billie Holiday cantando *Solitude*, dos estalidos de "Ela" com a língua e a boca, de outra música e de outros ruídos mais, num dos momentos em que "Ela" fica inteiramente só no palco em *The Flash and Crash Days*, por exemplo. E permitem, ainda, rotações diversas numa mesma fala, vozes diversas para um mesmo corpo ou a mesma voz invadindo a fala de mais de um ator.

O fato, por exemplo, de falas (em *off*) com voz idêntica (do próprio Gerald Thomas) interferirem nas de outras figuras (as duas "Elas") visíveis no palco, em *The Flash and Crash Days*, parece funcionar como indício a mais de se tratarem ambas de desdobramentos deste mesmo sujeito-só-voz. O começo da ópera *Mattogrosso* — com uma voz, gravada e distorcida eletronicamente, tentando se colar a um corpo visível em cena, mas, ao mesmo tempo, sublinhando nessa fala ("Uma outra. Uma outra pessoa.") sua alteridade e uma distância indescartável — serve, neste caso, de objetivação prévia, nessa oposição entre som e imagem, de uma tensão surda, que parece acompanhar outra, esboçada diversas vezes, entre séries de corpos, cadáveres e miseráveis, e a gente que, com dificuldade, passa no meio deles durante todo o espetáculo.

Outro ponto, em que as disjunções presentes no teatro de Gerald Thomas se afastam das ensaiadas nos dramas e encenações de fins do século XIX, é o interesse dos simbolistas em utilizar a separação entre texto e ação para realçar a palavra, autorizar o verso, o alexandrino em particular. Ao contrário, no teatro de Gerald Thomas, não há essa fonte (verbal) privilegiada de sentido. Não é de estranhar, então, que boa parte de suas "vozes em *off*" se apresentem em rotação estranha, que certo plurilingüismo tome conta, por vezes, das falas; que outro tipo de ruído corporal (estalos com a língua, respiração ofegante, soluços) ou jogo com a voz (como a imitação da risada do "Picapau", dos cartuns de televisão e cinema, por parte de Fernanda Montenegro, para compor certas atitudes vocais de "Ela" em *The Flash and Crash Days*) substitua freqüentemente falas convencionais, vozes articuladas. Ou que se assista, ainda, à transformação de palavras e frases em sílabas quebradas por um coro de vozes ("Vo/Ci/Fe/Rar. Posso."), a certa altura, em *M.O.R.T.E.*

Ou, nessa mesma peça, à bela invasão de suas falas finais, próximas a um manifesto, por uma percussão fortíssima, sobreposta à voz de "Você" (Bete Coelho), enquanto se diz:

Estou cego de verdade, estou cego de verdade, estou cego de verdade, cego de verdade. Quem faria isso comigo? Os de cima? Os de Baixo? Olhe fundo nos meus olhos e diga: Aqui um universo? Que eu não ria. Que eu não ria. A maquinaria propícia: os menores erros... eu disse os menores erros são percebidos. Se a maquinaria fosse perfeita não precisava perfeição no resto. LUZ. AQUI. SOM. Se nossa maquinaria fosse uma realidade, não criaria essas palavras que a destroem. Mas de que vale? Nossos poetas estão mortos. Nossa música não tem heroísmo. Nós não temos corpos, somos fracos, somos rasos. Nossos casos moribundos. Julgamentos um acaso. Nossa obra a obra do acaso total. CLAMO.

Palavras ensurdecidas pelo ruído, crescente, de uma batucada, que sai debaixo de uma ponte e acaba ocupando não apenas todo o espaço sonoro, mas o palco também. E empurrando "Você" e "Santa Félia" com suas dúvidas irônico-hamletianas, pela platéia, para fora dali.

Um tempo

A última cena de *M.O.R.T.E.*, com a expulsão de "Você" do palco, seguido ao longo do corredor do teatro por "Santa Félia", munida de uma espada, sem que se chegue a efetivar, porém, neste caso, qualquer assassinato visível, chama a atenção para ainda um outro aspecto em que se aproximam — e se afastam — essas manifestações teatrais atuais e o drama poético simbolista. Trata-se da sugestão de retomada — mais nítida talvez em *The Flash and Crash Days* — do tema da "Espera", em geral a espera da morte, tão freqüente no teatro da virada do século.

Servem de exemplo, nesse sentido, os trechos de Mallarmé para sua *Herodíade* inacabada, o drama *A Intrusa* (1890), de Maeterlinck, ou a ópera *Espera* (1909), de Shoenberg, todos, como assinala Peter Szondi, em "Sept Leçons sur *Hérodiade*", em torno especialmente do que separa alguém que vai morrer dessa morte ou de algum tipo de encontro com a morte[6]. O que implicava, de hábito, uma interiorização do drama e do desenho dos personagens em direção às variações de estado de espírito de um único deles, sem maior desenvolvimento de interação exterior ou situação temporal definida.

Se, a rigor, cenas-de-espera recentes, como a expectativa amorosa da religiosa, convertida em *vox clamantis*, nas *Cartas Portuguesas*, encenadas por Bia Lessa, ou a tensão por conta do atemorizante aparecimento de "Ela" e das possíveis conseqüências — dentre elas a morte ("É bem possível que eu seja achado morto", diz o narrador em *off*) — dessa visão que retorna ("A última vez em que ela apareceu foi em 1º de julho de 1954 causando danos irreparáveis. Cabia a mim, portanto, achar um fim definitivo para ela. Ou, pelo menos, reurbanizar, na medida do possível, os seus estragos"), em *The Flash and Crash Days*, podem parecer marcadas por atemporalização, espacialização, estática, do tempo, semelhantes às dos dramas poéticos finisseculares, por não envolverem marcos temporais nítidos, não é bem isso o que se dá. Mas sim um outro tipo de movimento, de temporalização.

No caso de Bia Lessa, o simples interesse em trabalhar com uma figura como a do Orlando, do romance de Virginia Woolf, marcada pela multiplicidade temporal, por um alargamento da duração individual, já evidenciava um esforço de objetivação cênica da temporalidade, no qual se inclui, ainda, o reforço — em torno da história-em-estações da protagonista — de uma dimensão narrativa. Já em *Cartas Portuguesas*, se o mais nítido é mesmo uma espera, o fundamental na sua tematização do tempo se torna, aí, a afirmação — por meio sobretudo das repetições de trechos e movimentos, e da bipartição da voz e da figura religiosa — de temporalidades diversas no decorrer de cada período particular de tempo, o interior de cada uma dessas falas, sempre em dois timbres.

Diversidade temporal trabalhada muitas vezes, por Gerald Thomas, por meio de uma tensão evidente entre os tempos verbais empregados e de uma interferência mútua de passado e presente. Em

6. Szondi, *op. cit.*, p. 77.

geral entre a narração no passado e a ênfase na atualidade da encenação. Isso é o que se observa em *The Flash and Crash Days*, onde o relato é apresentado no passado (e, portanto, se sabe que o narrador por essa voz em *off*, autodefinida como de um morto, já aconteceu) e, no entanto, os conflitos entre os dois desdobramentos femininos do narrador se atualizaram a ponto de tomarem visualmente o lugar de sua fala e figurarem, numa cena crescentemente muda, num jogo de cartas interminável (um pouco, até pelos figurinos, como o de xadrez do *Sétimo Selo*, de Ingmar Bergman), o presente contínuo, inconcluso, que passa a dominá-lo.

Às vezes é, pois, via figuração cênica direta — como no contraste temporal entre as duas "Elas" — que Gerald Thomas procura sublinhar a temporalidade nas suas encenações. O recurso mais freqüente, porém, nesse contraponto entre especialidade e temporalidade, no seu caso, é mesmo a ênfase já referida no som, na voz, na configuração, via voz, de um princípio narrativo. "Toda a paisagem nasce de súbito a um som"[7], como no poema de Hopkins. Por contraste ou pelo som, não é de estranhar que essa preocupação com a temporalidade aproxime tantas vezes suas peças do relato. Se é, sobretudo, "no romance que o tempo se encontra ligado à forma"[8] — vide Lukács —, é exatamente nessa fronteira entre a cena e a narrativa que Gerald Thomas ensaia o seu método teatral.

LINHAS

Não foi certamente à toa que Bia Lessa convidou Gerald Thomas para gravar o comentário sobre a mediocridade na criação artística ("A mediocridade, como o próprio nome indica, é o gosto, a opinião, a criação, que se coloca no meio. O problema da autocrítica do medíocre é que ele só tem a própria mediocridade para julgar a sua mediocrida-

---

7. O poema é "A Repeat that, repeat", a tradução, de Augusto de Campos.
8. Georg Lukács, *Teoria do Romance*, Lisboa, Editorial Presença, s/d., p. 142. A referência a este trecho me foi em parte lembrada por certos comentários de Peter Szondi sobre Ibsen em *Theory of the Modern Stage* (Cambridge, Polity Press, 1987).

de. Da mesma forma que um asno só tem sua asnice para medir suas asneiras. Daí a grande satisfação dos medíocres[...]"), interpolado, em dado momento, em *Orlando*. Trata-se, em parte, de digressão em torno das dúvidas do protagonista, àquela altura, quanto à própria capacidade e quanto ao meio literário inglês em geral; em parte, de implicância indisfarçada dirigida ao meio e ao público teatral brasileiro; em parte, ainda, de inequívoca auto-ironia, de desestabilização, por parte de ambos os diretores — e graças apenas à rápida excitação ("Seremos nós medíocres? Com toda certeza... que não.") —, dessa voz que, aparentemente todo poderosa, invisível, invade o espaço sonoro da encenação.

A escolha da voz de Gerald Thomas para esse comentário gravado não é significativa, porém, simplesmente pelo teor da fala em questão. Mas muito mais como uma espécie de citação, por parte de Bia Lessa, a esse movimento característico do encenador, como se viu, de ampliar — sobretudo por meio do som, do *off* — a presença, a atuação de elementos narrativos na sua técnica teatral. A citação, em meio à encenação de *Orlando*, de tal movimento, se indica uma aproximação, serve, no entanto, também, de sinal de contraste.

Porque se há um aproveitamento relevante do som ora sob a forma de presentificação de uma fala, como os sons que interferem no monólogo de Giulia Gam em *Cena da Origem*, ora enquanto comentário, parêntese auditivo, como em *Orlando* ou *Cartas Portuguesas*, há um outro tipo de *off* e de princípio narrativo mais característicos ao universo teatral de Bia Lessa.

Ao texto em *off* que põe em dúvida a "definição" sonora do espetáculo ("Assistiremos a uma demonstração de alta fidelidade, onde os graves e os agudos ainda não estão perfeitos"), em *Cartas Portuguesas*, ou ao *Number Nine*, dos Beatles, que irrompe na trilha musical de *Exercício nº 1*, sublinhando o seu caráter de teste, ensaio, seria possível acrescentar a uma outra forma de *off*, com a qual Bia Lessa tem trabalhado repetidas vezes: o sótão, a parte superior, em geral fora da vista do espectador, do espaço cênico.

É daí, desse outro off, que vem a chuva quase incessante de papel picado que conduz o *Exercício nº 1*. É daí, igualmente, que surgem areia, folhas, pedras, água, lâmpadas acesas, que marcam as diversas "estações" por que passa Orlando. E se vozes e ruídos de fora muitas vezes instabilizam, invisivelmente, o espaço sonoro, neste caso, deste outro *off*, é o espaço cênico visível que se vê submetido à decisiva indeterminação. Pela intromissão dos mais diversos materiais (papel, areia, pedra, água), como já foi assinalado; pela súbita transferência do pólo de emissão, do palco para esse *off* quase aéreo, ocupado, em *Cena da Origem*, por uma figura visível (a atriz Giulia Gam) de narrador, literalmente desdobrada em sucessivas "linhas" que cruzam o espaço aéreo do teatro.

Bia Lessa opta, aliás, por uma região particularmente marcada pela transitoriedade, pelo movimento, por uma incontornável instabilidade — o branco (ou negro) do espaço cênico — para esboçar, ali, sua forma mais característica de figurar a temporalidade e incorporar um princípio narrativo visível ao teatro: a linha. Daí as inúmeras linhas, em geral retas, que, feitas de corda ou fachos de luz, interferem em tantas cenas, motivam outras, e parecem mesmo narrar, de modo geométrico paralelo, o que se sugere nas falas dos atores ou na trilha gravada. Linhas principalmente horizontais em *Orlando*, como na sugestão de um navio ou na disposição das lâmpadas acesas, indicativas da entrada no século XX; muitas linhas diagonais, em *Cena de Origem*, na direção das luzes que iluminam Giulia Gam, nos verdadeiros varais aos quais se fixam, recortados em papel, os elementos recém-criados, e submetidos a um moto contínuo aéreo no espetáculo; linhas de vários tipos, com dominância talvez de verticais e retas livres, contrapostas a uma chuva de "pontos", numa montagem mais antiga, *Exercício nº 1*, mais muito mais bonita, e verdadeiramente paradigmática do encaminhamento posterior do método teatral de Bia Lessa. Em especial no que se refere a esse destaque cênico do *off* da linha.

Elemento narrativo, sinal de temporalização: às funções atribuídas por Bia Lessa à linha no seu teatro se poderiam aproximar certas observações, bem conhecidas, de Wassily Kandinsky a esse respeito em *Ponto. Linha. Plano*. "O elemento-tempo é, em geral, mais perceptível na linha do que no ponto — o comprimento corresponde a uma noção de duração. Ao contrário, seguir uma linha reta ou seguir uma curva exige durações diferentes, mesmo que o comprimento das duas seja idêntico [...] A linha oferece, quanto ao tempo, uma grande diversidade de expressão. O conteúdo-tempo confere, também, diferentes colorações interiores à linha horizontal e à linha vertical mesmo que o seu comprimento seja idêntico [...]"[9]

Não é difícil, então, aproximar, por exemplo, a função da duplicação de tempos e timbres nas falas de *Cartas Portuguesas* dos movimentos simultâneos de linhas em *Exercício nº 1*, como a exibirem uma faixa de tempo habitada por temporalidades ou possibilidades narrativas diversas. Curioso, também, é o fato de Bia Lessa não trabalhar, de hábito, com linhas quebradas, intensificando, assim, ao que parece, a duração. Outro exemplo significativo, nesse sentido, é a tensão entre linhas e pontos (a chuva) que marca visualmente o *Exercício nº 1* e parece figurar contrastes, neles embutidos, entre temporalização e espacialização, narração e mudez, movimentos e paradas. Tensão a partir da qual Bia Lessa parece reforçar, no seu método próprio, e sobretudo via "linha", uma dimensão narrativa.

Eu Disse Eu

Tensões entre linha e ponto, fala gravada e cena atual, voz de um e corpo de outro, corpos desmembrados e figuras duplicadas, voz em *off* e corpo sem voz, diagonais e verticais: é em meio a esses contrastes que se ensaiam, pois, aproximações entre princípio narrativo e técnica teatral. Impulso no sentido de reforçar, no teatro, a voz narrativa, intenso, como no plano da prosa de ficção recente, mas difícil, crítico mesmo, como aí, tendo em vista o "vazio da experiência", a "impossibilidade de traduzir em experiência o próprio cotidiano"[10] que tem marcado os tempos atuais e a vida moderna em geral e debilitado a "arte da narração" tradicional e a própria figura do narrador[11], como

---

9. Wassily Kandinsky, *Ponto. Linha. Plano*, São Paulo, Martins Fontes, 1987, p. 96.
10. Ler, a respeito, o importante trabalho de Giorgio Agamben, *Enfance et Histoire. Destruction de l'Expérience et Origine de l'Histoire*, Paris, Payot, 1989.
11. Cf. Walter Benjamin, "Le Narrateur. Réflexions sur l'Oeuvre de Nicolas Leskov", in *Rastelli Raconte... et Autres Récits*, Paris, Seuil, 1987.

foi assinalado por Walter Benjamin no seu ensaio sobre Nicolas Lescov. O que parece fazer da consciência de tais expropriações, do próprio esgotamento narrativo, assim como da necessidade de refundar, a todo momento, a própria fala, ponto de partida obrigatório para quaisquer possíveis aproximações entre teatro e relato.

Não é à toa, diante desse quadro, que tanto Gerald Thomas quanto Bia Lessa tenham se sentido como que obrigados, nos últimos anos, a "fundar" não só essa voz narrativa a que recorrem, mas o próprio exercício teatral de modo geral, teatralizando verdadeiras "cenas de origem". No caso Bia Lessa, encenando, sob a forma de monólogo, a tradução do *Eclesiastes* de Haroldo de Campos. No de Gerald Thomas, transformando sua peça *M.O.R.T.E.* em parte numa espécie de exercício de autofundação, por meio de repetidas apropriações do gênese bíblico, que servem, aliás, de ponto de partida para a encenação e para o realce, logo na primeira fala, numa função meio deus artifex, do seu narrador-em-*off*: "Alguém disse: Faça-se luz. O iluminador subiu à cabine e, timidamente, acendeu um refletor. Alguém viu que a luz era boa e alguém disse: que nasça entre a terra e o espaço, entre o erro e a falha, entre o porão e o sótão. Alguém disse: que se produza nesse lugar, que se discuta nesse lugar, que reine nesse lugar a expressão das espécies. Que elas evoluam lá. Que elas se multipliquem lá. Esse alguém era CEGO".

Como em toda a *Cena da Origem* ("E Deus disse seja luz"), idealizada por Bia Lessa, opta-se, aí, de início, por um relato em terceira pessoa ("Alguém disse"), como a preservar distância e certa impessoalidade. Procedimento aos poucos alterado, em *M.O.R.T.E.*, à medida que "Você", "criatura" desse sujeito em off, vai assimilando, em suas falas, pedaços do relato genésico ("Luz. Aqui!"; "Eu digo: Faça-se luz!"). E impulsionando, dessa maneira, a corrosão dessas falas, agora inconclusas, fragmentadas, mesmo quando na voz de seu narrador inicial ("Alguém disse: Faça-se luz. O iluminador sub..."). Só parcialmente recompostas quando se troca a terceira pela primeira pessoa narrativa: "Eu disse: Faça-se luz!" Quando se sugere, portanto, uma estrutura monológica para o relato. Como se essa gênese fosse, na verdade, a do seu próprio narrador.

Estrutura monológica que, em vez de reforçar identidades, daria lugar, em *The Flash and Crash Days*, ao relato por um sujeito-só-voz, da própria materialização numa figura a princípio quase muda, só-corpo: "De repente eu já não estava mais ali. Esse... Esse eu... Esse... Esse eu, que havia transcendido os limites daquele quarto, era só... Era só um corpo morto. E eu... Eu... Me via transformado nela. Nela. E, portanto, esse furacão, do qual falavam... Meu Deus. Eu... Eu a via chegando. E, no entanto... Eu..."

Enquanto se repete, em *off*, a palavra "eu", entra, com as mãos no pescoço, a boca entreaberta, como se pretendesse falar ou gritar, e com uma seta enorme atravessada na garganta, essa "Ela" de que fala, em que parece se transformar, naquele momento, o narrador-de-fora. "Ela está em minha voz, e grita!": o trecho tirado do *Héautontimorouménos* baudelairiano quase podendo servir de legenda a essa primeira aparição de "Ela".

Uma cena que funciona, na verdade, como forma de reflexão teatral tanto sobre o processo de criação de uma personagem, quanto sobre as tensões inerentes à adoção de forma monológica. De um lado, necessária como reforço da voz narrativa; de outro, pressionada, ao que parece, à fragmentação. Daí a duplicação visual e vocal do sujeito do "monólogo amoroso" de *Cartas Portuguesas*. Daí as duas "Elas" em *The Flash and Crash Days*. Daí, ainda, a quantidade de cenas de luta corporal, no teatro de Gerald Thomas. Entre gladiadores, por exemplo, em *M.O.R.T.E.*, entre Eletra e Sinistro, em *Eletra com Creta*, entre Carmem e Micaela (*Aquarela do Brasil* ao fundo), em *Carmem com Filtro 2*. Espécie de vestígio em miniatura da própria idéia de conflito teatral, ou, talvez, paradoxalmente, de retomada — via monólogo — de uma dimensão dialógica. De figuração, no interior mesmo desse teatro impelido ao relato, de mão dupla possível. De relato que se redramatiza.

junho/julho/agosto de 1992
Revista da USP 14

COLEÇÃO SIGNOS
(Últimos Lançamentos)

15. *Nada Feito Nada*
    Frederico Barbosa

16. *Bere'shith — A Cena da Origem*
    Haroldo de Campos

17. *Despoesia*
    Augusto de Campos

18. *Primeiro Tempo*
    Régis Bonvicino

19. *Oriki Orixá*
    Antonio Risério

20. *Hopkins: A Beleza Difícil*
    Augusto de Campos

21. *Um Encenador de Si Mesmo: Gerald Thomas*
    Sílvia Fernandes e J. Guinsburg (orgs.)

22. *Três Tragédias Gregas*
    Guilherme de Almeida e Trajano Vieira